INGRID WERNER (Hrsg.)

Kalte Schnauzen, heiße Fährten

AUF DEN HUND GEKOMMEN Von witzig und herzerwärmend bis spannungsgeladen und gruselig: Diese Krimis mit tierischen Helden sind ein Muss für jeden Hundeliebhaber und Krimifan.

Fiebern Sie mit, wenn unsere vierbeinigen Freunde den Mörder in eine Falle locken, die Spur eines Entführungsopfers aufnehmen, jemanden vor dem Erfrieren retten oder Leichen aus dem Wasser ziehen. Folgen Sie ihnen ins Künstlermilieu Münchens, ins gewitterumwölkte Nordrhein-Westfalen, in einen Schweizer Schrebergarten und ins Punk-Berlin der 80er-Jahre. Die Tatorte und Verbrechen sind genauso vielfältig wie die Fellnasen.

Mit Beiträgen von Catharina Aydemir, Raoul Biltgen, Bettina Brömme, Nadine Buranaseda, Stefanie Gregg, Laszlo Hartmann, Thomas Kastura, Beatrix Mannel, Edith Polkehn, Barbara Saladin, Ingrid Werner und Christine Ziegler.

© Manuela Obermeier

Ingrid Werner hat sich mit ihren Berufen Bankkauffrau, Juristin, Heilpraktikerin und Mutter von drei Kindern perfekt auf das Schreiben von Krimis vorbereitet. Seit 2010 mordet sie auf dem Papier – in kurz oder lang. Ihre Kurzkrimis wurden mehrfach für Krimipreise nominiert und sie bekam das begehrte Stipendium »Tatort Töwerland«. Neben Krimis sind Hunde ihre Leidenschaft. Diese Anthologie widmet sie ihrer wundervollen Retriever-Mix-Hündin Sammi.
Mehr Informationen zur Autorin: www.werner-ingrid.de

INGRID WERNER (Hrsg.)

Kalte Schnauzen, heiße Fährten

KRIMIS
RUND UM DEN HUND

GMEINER

25. 09. 24

Für Almut,

viel Vergnügen beim

Lesen!

I. Werner

Immer informiert

Spannung pur – mit unserem Newsletter informieren wir Sie
regelmäßig über Wissenswertes aus unserer Bücherwelt.

Gefällt mir!

Facebook: @Gmeiner.Verlag
Instagram: @gmeinerverlag

Besuchen Sie uns im Internet:
www.gmeiner-verlag.de

© 2024 – Gmeiner-Verlag GmbH
Im Ehnried 5, 88605 Meßkirch
Telefon 07575/2095-0
info@gmeiner-verlag.de
Alle Rechte vorbehalten
1. Auflage 2024

Herstellung: Mirjam Hecht
Umschlaggestaltung: U.O.R.G. Lutz Eberle, Stuttgart
Coverdesign: Ingrid Werner mit einer Illustration von Icons8 via Canva
Druck: GGP Media GmbH, Pößneck
Printed in Germany
ISBN 978-3-8392-0602-7

INHALT

QUALITÄT SEIT 2002

Bettina Brömme

»Brigitte?« Ich sah irritiert von dem eng beschriebenen Dokument auf. »Der Hund heißt Brigitte?«

Der Notar schüttelte sanft den Kopf und betrachtete mich nachsichtig.

»Sie hat es vorgezogen, ihn ›Brieschiett‹ zu nennen. Wie die Bardot. Brieschiett Bardot. Sie kennen die Schauspielerin bestimmt.«

Weit hinten aus meinem Gehirnkasten wurde das Bild einer blonden Frau mit großem Mund und großem Busen abgerufen. War sie nicht in den 60ern ein Star gewesen? Und hatte es nicht vor ein paar Jahren einen Skandal um sie wegen Rassismusvorwürfen gegeben? Ich würde das googeln.

»Wie kam sie denn da drauf?«

»Na ja, der Pudel ist genauso blond, wie es Brigitte Bardot einmal war. Crème, um genau zu sein. Wie Café au Lait«, erläuterte er. »Ihre Tante hat die Französin zeit ihres Lebens verehrt.«

»Ist mir neu«, entfuhr es mir und der Notar hakte sofort nach: »Wann, sagten Sie, Herr Grützke, haben Sie Ihre Tante das letzte Mal gesehen?«

Ich kratzte mich am Hinterkopf. »Zu meiner Abiturfeier. Also vor knapp 18 Jahren. Über Brigitte Bardot haben wir damals jedenfalls nicht gesprochen.«

»Vermutlich eher über den Smart, den sie Ihnen zum bestandenen Schulabschluss geschenkt hat.«

Der Mann wusste Bescheid, das musste man ihm lassen. Ich rutschte ein wenig unbehaglich auf dem harten Besucherstuhl herum, auf dem ich vor seinem protzigen Schreibtisch saß.

»Schauen Sie, es ist nicht so, wie Sie es sich vermutlich vorstellen. Ich hatte immer ein gutes Verhältnis zu meiner Tante«, erläuterte ich. »Wenn auch kein allzu enges. Ich habe sehr viel gearbeitet in den vergangenen Jahren. Ich habe ja keine Familie. Außer ... meiner Tante. Bis vor vier Wochen.«

»Das geht mich alles nichts an.« Der Notar hob abwehrend die Hände. »Ich bin nur dafür da, Ihnen den letzten Willen der Verstorbenen darzulegen.«

Ich nickte. »Und das mit dem Hund ist unvermeidlich?«

»Wenn Sie den Nachlass annehmen möchten, ja. Ohne Hund kein Erbe.« Er lehnte sich in seinem überdimensionierten Chefsessel zurück und kreuzte die Arme vor der lavendelfarbenen Krawatte. Dem einzigen Farbtupfer in diesem grauen Büro.

»Falls Sie sich nicht um Brieschiett kümmern wollen – oder können –, bekommt das örtliche Tierheim alles.«

Ohne es verhindern zu können, entfuhr mir ein Stöhnen.

»Und wie alt ist Brieschiett?«

»Vier. Im besten Alter. Das Tier wird Ihnen noch locker zehn Jahre treu zur Seite stehen.«

Ich stützte den Ellenbogen auf der schmalen Armlehne ab und vergrub mein Kinn in der Hand. Was sollte ich mit einem Hund anfangen? Als Kind hatte ich mich schrecklich vor den Vierbeinern gefürchtet. Ich hatte nie um ein Haustier gebettelt, nicht mal um einen Goldfisch. Nie hatte ich Froschlaich nach Hause gebracht, um die Entwicklung bis zum Minifrosch zu beobachten. Ich war Geisteswissenschaftler, kein Biologe. Ich fand Tiere eher unappetitlich und sie verunsicherten mich. Ich hatte nur einen einzigen Freund, der einen Hund besaß –, und von dem hatte ich bestimmt seit zwei, drei Jahren nichts mehr gehört. Oder war es eine Katze?

»Ähm«, kam es mir da in den Sinn. »Aber dürfte ich Brieschiett fremd betreuen lassen?«

Die Geschwindigkeit, in der der Notar mit dem Kopf schüttelte, machte jede Hoffnung in Sekundenschnelle zunichte.

»Sie kontrollieren das?«

»Wir haben da unsere Möglichkeiten«, teilte er mir mit einem breiten Grinsen mit. »Vielleicht sollte ich Ihnen noch einmal zusammenfassen, was das Erbe alles umfasst.«

Ehe ich mich wehren konnte, begann er schon vorzulesen: »Erstens: ein Barvermögen von 234.000 Euro. Zweitens: eine 120 Quadratmeter große Eigentumswohnung im Dachgeschoss des Anwesens Bergerstraße 35. Drittens: vier Ladengeschäfte im Erdgeschoss des Anwesens Bergerstraße 35, drei davon verpachtet, eins leerstehend. Viertens: ein Nummernkonto ...«

»Ist ja schon gut«, unterbrach ich ihn.

»Sie werden den Hund mögen«, versprach mir der Notar.

Zwei Stunden später versuchte ich, eine riesige Kiste voller Hundeaccessoires in meinem Auto unterzubringen. Ich fuhr zwar nicht mehr den Smart, den mir Tante Hella vor bald 18 Jahren geschenkt hatte, aber auch der Fiat 500 war nicht gerade für eine Großfamilie gedacht. Als literarischer Übersetzer waren meine finanziellen Mittel sehr überschaubar.

»Vielleicht packen Sie die Sachen lieber einzeln ins Auto?«, hörte ich die Stimme der jungen Mitarbeiterin aus der Hundepension. Ich fuhr herum und stieß mir den Kopf am Türrahmen. Sie lächelte mich etwas gequält an und stellte eine zweite, immerhin kleinere Kiste neben dem Wagen ab.

»Ja, das ist vermutlich besser«, stimmte ich zu, platzierte meinen Karton daneben und öffnete ihn. Futternäpfe, Decken, ein Körbchen, verschiedene Leinen, Dosen voller Hundefutter, Kackbeutel, Spielzeug und ein paar Dinge, deren Zweck ich auf den ersten Blick nicht erkennen konnte, lagen darin wild durcheinander.

»Dann hole ich solange mal Brieschiett.« Sie nickte mir aufmunternd zu, und als sie sich umdrehte, hatte ich für einen kurzen Moment die Vision, einfach davonzufahren. Sollte das Tierheim doch all das Geld bekommen. Besitz macht unfrei, das wusste jeder!

Aber dann fiel mir die Steuernachzahlung ein, die ich tätigen musste. Und mein altersschwacher Computer. Die Schulden bei meinem Freund Meini. Und die Tatsache, dass ich seit bestimmt fünf Jahren keinen Urlaub mehr gemacht hatte.

Das Körbchen passte gerade so hinter den Beifahrersitz, den ich, so weit es ging, nach vorne schob. Die Dosen quetschte ich mit den Leinen und den Decken hinter den Fahrersitz, und kaum hatte ich das Spielzeug in die letzten freien Ecken verfrachtet, hörte ich ein garstiges Knurren.

»So, und das ist jetzt die Brieschiett.« Lag in der Stimme der Tierpensionsmitarbeiterin etwa Erleichterung? Als sei sie froh, den Hund loszuwerden?

Langsam drehte ich mich um. Der Pudel war viel kleiner, als ich erwartet hatte. Er ging mir kaum bis zum Knie. Nahm ich zumindest an, denn im Moment lag Brieschiett flach auf dem Asphalt und die junge Frau schleifte sie an der Leine hinter sich her. Vermutlich der Grund, warum Brieschiett so knurrte.

»Sie mag keine roten Autos«, erklärte die Mitarbeiterin. Na, das ging ja gut los. »Und getragen wird sie auch ungern.«

Sie drückte mir die Leine in die Hand, verabschiedete sich mit einem »Ich muss dringend weiterarbeiten« und ließ mich mit meinem Neubesitz allein zurück.

Brieschiett lag weiter flach auf dem Boden und knurrte vor sich hin.

»Ähm, ähm …«, rief ich der Frau nach. »Was mache ich denn jetzt?« Aber da fiel schon die Tür der Hundepension ins Schloss. Ein paar Minuten stand ich ratlos vor dem Hund, der zutiefst beleidigt wirkte. Brieschiett war mittlerweile aufgestanden und versuchte, zurück zur Pension zu laufen, was ihr natürlich nicht gelang, da ich ja die Leine fest in der Hand hielt. Sie ignorierte mich komplett und bellte nun laut und durchdringend. Es war völlig klar: Ich wollte Brieschiett nicht und sie wollte mich nicht.

»Es tut mir leid«, sagte ich. »Aber wir müssen irgendwie miteinander klarkommen. Ich muss meine Steuerschulden zahlen. Ich habe keine Wahl.«

Brieschiett kläffte weiter und ich kam mir vor wie der größte Depp. Es waren noch keine fünf Minuten vergangen und ich sprach mit einem Hund. Was erwartete ich?

Dass sie sich umdrehen und sagen würde: »Ach so, du, klar. Jetzt, wo du's sagst ... Na, dann komme ich eben mit.«

Natürlich geschah nichts dergleichen. Im Gegenteil, aus dem Bellen wurde ein erbärmliches Winseln und ich hatte die Befürchtung, gleich würde mich irgendein Passant wegen Tierquälerei anzeigen.

Stattdessen ging die Tür der Hundepension auf, die Mitarbeiterin kam mit genervtem Gesichtsausdruck heraus und streckte mir ein kleines Beutelchen entgegen.

»Das habe ich noch gefunden. Damit bekommen Sie sie sicher ins Auto.«

Ehe ich nachfragen konnte, was sie meinte, war die Frau schon wieder verschwunden. Ich öffnete den lila Beutel mit den goldenen Applikationen und starrte auf kleine, hellbraungraue Würmchen. Sofort stellte Brieschiett ihr Rumgeheule ein, kam auf mich zu und sprang an meinem Bein hoch. Ihre schwarzen Knopfaugen betrachteten sehnsuchtsvoll das Behältnis. Ich senkte es und sie vergrub ihre Nase darin. Ah, Hundeleckerli!

Während sie alles um sich herum vergessend schnabulierte, packte ich sie unter dem Bauch, hob sie vom Boden auf und setzte sie in den Fußraum vor dem Beifahrersitz. Brieschiett zuckte nicht mal mit dem Stummelschwanz. Eins zu null für mich. Oder nein, eher für sie. Denn ich hatte sofort verstanden: Willst du, dass dein Hund kooperiert, dann gib ihm eine Belohnung. So einfach war es für sie, mich zu konditionieren.

Die nächsten Tage vergingen ganz im Modus »trial and error«. Musste Brieschiett dringend pinkeln oder hatte sie Hunger? – Meist beides. Konnte ich sie morgens um halb sieben irgendwie davon überzeugen, dass es noch nicht Aufstehzeit war? – Nein. Wie viele Leckerli waren okay, ohne dass sie sich überfraß? – Nicht zu viele. Kam sie beim Spaziergang zu mir zurück, wenn ich sie von der Leine lassen würde? – Ja, nach langem Geschrei. Und vor allem: Würde ich ihr ihre Marotten austreiben können? Denn eines wurde mir schnell klar: Tante Hella hatte das Tier offensichtlich so verwöhnt und verhätschelt, wie es nur ging. Ohne mit der Wimper zu zucken, erkor Brieschiett mein Bett zu ihrem Schlafplatz. Sie bettelte beim Essen so vehement, dass ich nicht anders konnte, als ihr etwas abzugeben. Und sie hörte auf meine Kommandos nur, wenn ihr der Sinn danach stand und ich mich schon fast heiser gebrüllt hatte.

Eigentlich hätte ich stinksauer sein müssen – auf Tante Hella, die mir dieses Tier beschert hatte, und auf Brieschiett, die meinen Tagesablauf komplett durcheinanderbrachte. Doch irgendwie … ich hätte es nicht erklären können … gewöhnte ich mich schnell an ihre Anwesenheit. Und sie sich offensichtlich an meine. Denn wenn sie morgens mit ihrer rauen Zunge über mein Gesicht fuhr, erwachte ich anders als sonst. Ich fühlte mich … munterer. Ich freute mich darauf, mit ihr herumzutoben, ihr seidenweiches, herrlich lockiges Fell zu streicheln und ihr geschäftiges Treiben rund um den Futternapf zu beobachten. Ich spürte, dass mir die viele Bewegung im Freien mindestens so guttat wie ihr, und mich durchströmte purer Stolz, wenn ich bemerkte, dass sie immer besser auf Kommandos hörte. Ich vernachlässigte vor lauter Hund sogar meine Arbeit und mein Sozialleben. Ein Blick aus ihren tiefschwarzen Augen gab mir mehr, als es ein Kneipenabend vermocht hätte.

Und ich bemerkte, wie klug Brieschiett tatsächlich war. In meine zum High five dargebotene Hand mit ihrer

Pfote einzuschlagen, war für sie ein Kinderspiel. Auch die Befehle »Platz« oder »Bring das Stöckchen« erfüllte sie traumwandlerisch. Und mir machte es unerwarteten Spaß, ihr die absurdesten Dinge beizubringen. So hob sie bald ihre Pfoten im gleichen Takt wie ich Arme und Beine, sodass es aussah, als würden wir miteinander tanzen. Auch auf Kommando eine Tür zu schließen, verstand sie rasch. Die allermeiste Freude bereitete es uns jedoch, wenn ich mit den Fingern eine Pistole formte, »Peng« rief und sich Brieschiett wie von einer Kugel getroffen zur Seite fallen ließ und tot stellte. Wir erweiterten das Kunststück sogar. Ich packte sie spielerisch am Hals, schüttelte sie sanft hin und her und tat so, als würde ich sie erwürgen. Nach kurzer Zeit schnaufte sie einmal kräftig aus und entspannte alle Muskeln so, als hätte sie das Zeitliche gesegnet. Die Hundeleckerli, die für diesen Trick draufgingen, waren nicht mehr zu zählen.

Vor lauter Hund war ich gar nicht dazu gekommen, mich um den Rest meines ja doch beträchtlichen Erbes zu kümmern. Erst als ich das Gefühl hatte, das Zusammenleben mit Brieschiett verlief in ruhigeren Bahnen, entschloss ich mich, endlich die Dachgeschosswohnung und die vier Ladenlokale zu besichtigen. Es war längst überfällig, dass ich meine Mieterinnen, von denen ich bisher nur die Namen wusste, kennenlernte.

An einem der ersten warmen Frühlingstage zogen wir also gegen Mittag los, Brieschiett und ich. Die Bergerstraße lag in einem in die Jahre gekommenen Neubauviertel am Stadtrand und sie beherbergte neben Hochhäusern auch eine Ladenzeile mit Geschäften des täglichen Bedarfs. Ein Supermarkt, einen Bäcker, eine kleine Pizzeria, ein paar

Ärzte und eine Sozialstation gab es hier. Und »meine« Läden. Wie an einer Perlenkette aufgefädelt lagen sie nebeneinander: ein Massagesalon, ein Nagelstudio, ein Hundefriseur und eine Änderungsschneiderei. Letztere stand leer, und wie ich dem umfangreichen Nachlass hatte entnehmen können, hatte Tante Hella diese persönlich betrieben. Ich spähte durch das mit löchrigen Gardinen verhangene Schaufenster ins schummrige Innere. Mit Mühe machte ich eine Theke aus, auf der eine altmodisch wirkende Kasse stand. Daneben ein paar Garderobenständer mit nackten Bügeln, eine Schneiderpuppe, einige offenstehende Kartons mit Stoffballen darin. Der Laden wirkte heruntergekommen und armselig. Zum ersten Mal fragte ich mich, wie es Tante Hella geschafft hatte, so ein Vermögen anzusparen. Nur durch die Vermietungen? Aber wie hatte sie sich den Kauf der Immobilien leisten können? Sicherlich hatte sie immer sparsam gelebt, der Hund war ihr einziger Luxus gewesen. Dennoch: Mit Änderungsarbeiten an zerschlissenen Hosen und ausgeleierten Rockbünden war doch gewiss kein solcher Staat zu machen. Und selbst wenn sie mir damals in einer großzügigen Geste den Smart geschenkt hatte – Tante Hella hatte mir kaum je eine Weihnachtskarte geschrieben oder mir zum Geburtstag gratuliert, geschweige denn mich irgendwie finanziell unterstützt. Obwohl wir die letzten Nachfahren der schmalen Äste des Familienstammbaums waren, unser Verhältnis war noch deutlich dürrer gewesen. Vielleicht war das so eine Marotte bei uns: Wer blutsverwandt war, hielt Abstand voneinander. Sie und mein Vater hatten sich, soweit ich das wusste, nie viel zu sagen gehabt, zu ihren gemeinsamen Eltern hatte es kaum Kontakt gegeben. Und auch zwischen meinen Erzeugern und mir war immer Distanz gewesen. Meine Eltern hingegen hatten in einer ziemlich symbiotischen Beziehung gelebt. Kein Wunder vielleicht, dass sie zusammen gestorben waren.

»Ah, die Brieschiett!«, rief plötzlich eine Frauenstimme in den höchsten Tönen. Der Hund begann, eifrig an der Leine zu ziehen und bellte begeistert. Kaum fünf Meter entfernt entdeckte ich eine blonde Frau, deren grelle Schminke und üppige Tattoos an den Unterarmen nicht davon ablenken konnten, dass sie die 50 vermutlich überschritten hatte. Ich löste den Pudel von der Leine und er warf sich der Frau geradezu in die Arme. Sie kraulte ihn, ließ sich unbekümmert das Gesicht abschlecken und bedachte ihn mit einer Kaskade an Kosenamen. »Meine Hübsche! Du Süße! Ja, du putzige, kleine Briiiiiieschiiiiiett! Bist du endlich wieder da? Wo warst du denn die ganze Zeit, du Racker? Brauchst du ein Leckerli? Du brauchst doch ein Leckerli!«

Mich beachtete sie nicht weiter und zog den Hund durch die Tür des Nagelstudios. Die sechs Plätze darin waren unbesetzt, offenbar hatte die Frau nach einer Mittagspause gerade erst wieder aufgesperrt.

»Ähm, hallo!«, rief ich hinterher und folgte den beiden. Ein chemisch-beißender Geruch empfing mich, der mir fast den Atem nahm. Neidisch sah ich auf die FFP2-Maske, die um das Handgelenk der Nageldesignerin baumelte. Ich blickte mich rasch um: Der Laden wirkte steril und unpersönlich, nur die Großaufnahmen an den Wänden von Fingernägeln mit den bizarrsten Mustern lockerten die Atmosphäre etwas auf.

»Ich bin Theo Grützke. Der Erbe von Frau Grützke, meiner Tante«, stotterte ich. Ich fühlte mich, als wäre ich vor den Rektor meines Internats zitiert worden.

Die Frau ließ Brieschiett irgendwelche Hundekekse aus

ihrer Hand knabbern. Sie blickte nur kurz auf, stieß ein »Aha« hervor und wandte sich wieder dem Pudel zu.

»Meine Tante ist vor vier Wochen verstorben«, erklärte ich und endlich richtete die Frau sich auf.

»Ich weiß. Mein Beileid.«

Täuschte ich mich oder war ihre Kondolenzbezeugung etwas schmallippig ausgefallen?

»Und Sie haben jetzt alles geerbt?«, wollte sie als Nächstes wissen. Mit einem Mal wurde mir klar, warum sie so kurz angebunden war. Vermutlich hatte sie Angst, dass ich die Pacht erhöhen oder sie gar rausschmeißen würde.

»Ja, hab ich«, antwortete ich also. »Aber keine Sorge, ich habe nicht vor, irgendwas anders zu machen als meine Tante.«

Statt der erwarteten Erleichterung sah ich ein tiefes Misstrauen in ihre Züge treten.

»Sie können hier genauso weiterarbeiten wie bisher ...«, versicherte ich ihr.

»Das ist doch die Brieschiette! Meine Brieschiette! Komm her, du kleiner Fellknäuel!«, war da die nächste Frau zu vernehmen. Durch die Ladentür war eine zierliche Asiatin in einem beigen Gymnastikanzug getreten. »Warum hast du nicht gleich gerufen mich, Carola?«, fragte sie vorwurfsvoll und kauerte sich zu Brieschiett auf den Boden. Das wilde Gefiepe und Gekraule ging von vorne los.

»Hab ich dich schlimm vermisst! Wo du gesteckt hast?«

Erleichtert stellte ich fest, dass auch andere Menschen so mit Hunden redeten, als erwarteten sie eine Antwort. Die gab statt Brieschiett ich.

»Ich bin das neue Herrchen von Brieschiett«, erklärte ich. Genau wie zuvor diese Carola beachtete mich die Asiatin kaum.

»Dao, er will alles so machen wie Hella«, zischte Carola und nun ließ die zweite Frau den Hund doch los und richtete sich auf.

»Okay«, sagte sie leise und ich bemerkte, dass Carola sich mit Mühe zurückhielt, sie in die Seite zu stoßen. Dao fuhr fort: »Waren Sie schon bei die Nicole? Von die Hundefrisur? Wo alles passiert ist?«

»Sch«, machte Carola.

Erstaunt sah ich zwischen den Frauen hin und her.

»Wo was passiert ist?«, fragte ich nach.

Die beiden warfen sich einen bedeutungsschwangeren Blick zu.

»Kommen Sie mit«, forderte mich Carola schließlich auf. Brieschiett schien genau zu verstehen, was Carola plante, denn sie schoss aus dem Laden hinaus, bog nach rechts ab und begann, mit den Vorderpfoten an der geschlossenen Tür des Hundefriseurs nebenan zu kratzen. Das Schaufenster war mit großen Folien abgeklebt, auf denen Fotos von putzigen Hunden aufgedruckt waren. Man konnte kaum erkennen, dass Licht im Laden brannte.

Carola klopfte lautstark gegen die Tür und endlich erschien eine ausgesprochen attraktive dunkelhaarige Frau in meinem Alter, die zögerlich von innen aufschloss. Wir betraten den Laden und ich fühlte mich eher wie in einem Operationssaal als in einem Hundesalon. Rollwagen voller Gerätschaften standen in dem nüchternen, dunkelgrau gestrichenen Raum herum, in einer Ecke war ein riesiges metallenes Waschbecken angebracht, in der Mitte wartete ein höhenverstellbarer Trimmtisch auf Kundschaft. Ringsum war es blitzsauber, alles wirkte unbenutzt, als sei es brandneu, und es roch angenehm nach Shampoo. Eine Wohltat im Gegensatz zu Carolas Nagelstudio.

»Der Erbe«, sagte Carola zur Begrüßung nur und die Besitzerin wich zurück. Die Blässe in ihrem ebenmäßigen Gesicht ließ mich an Schneewittchen denken. Nur der rotgeschminkte Mund leuchtete, während sich ihre strahlend blauen Augen verfinsterten.

»Äh, Entschuldigung«, nuschelte ich. »Ich wollte nicht ... also, mein Aufkreuzen hier ist rein informativer Natur ... Wir können alles lassen, wie es war.«

Nicole, Carola und Dao blinzelten einander zu. Carola nickte kaum sichtbar und Nicole wandte sich zu mir. Als Erste der drei streckte sie mir die Hand entgegen. Ihr Griff war warm und weich. Dann bückte sie sich und hob Brieschiett behutsam vom Boden auf. Anstandslos ließ sich der Hund das gefallen.

»Nun, irgendwann musste es so weit sein«, sagte sie und bemühte sich um ein Lächeln. »Bitte, schauen Sie sich gerne um.«

Ich stand da und verstand nur Bahnhof. Warum reagierten die drei so merkwürdig auf mich? Sah ich aus wie ein Mafia-Pate?

Nicole vergrub ihre Nase in Brieschietts Fell und stieß weitere, diesmal unverständliche Kosenamen aus.

»Sie müssen bald mit ihr zum Scheren kommen«, sagte sie dann und setzte den Hund wieder ab.

»Gerne«, antwortete ich und spürte, dass ich unbedingt dafür sorgen musste, diese wunderschöne Frau nicht einfach nur dämlich anzustarren.

»Und wenn Nicole schnittet den Hund, ich mach Massag'. Bei Sie«, erklärte Dao. »Ganz sportlich. Oder Füße. Wie Sie mögen.«

Beinahe wartete ich darauf, dass mir Carola ein paar hübsche Gelnägel anbot. Doch die starrte auf den Boden

und stieß dann hervor: »Ich mach auch medizinische Fußpflege. Falls Sie Bedarf haben.«

»Danke schön, das ist sehr freundlich von Ihnen.« Ich
nickte in die Runde. »Aber was meinten Sie vorhin mit
›wo es passiert ist‹?«

Nicole wies auf den blank gewienerten PVC-Boden
unter dem Trimmtisch.

»Hier hatte Ihre Tante den Unfall«, erklärte sie.

»Hier? Den Unfall?«

Wieder warfen sich die drei Blicke zu.

»Hat man Ihnen nichts gesagt?«, wollte Carola wissen.
Ich schüttelte den Kopf.

»Ähm, man sagte mir, sie sei bei einem Unfall ums Leben
gekommen, da bin ich automatisch von einem Autounfall
ausgegangen. Der Notar meinte, ihm seien keine Details
mitgeteilt worden.«

»Sie ist hier ...« Nicole deutete wieder neben den
Trimmtisch. »Also, ich konnte wirklich nichts dafür ...
Ich habe sie hundertmal drauf hingewiesen, sie kannte
die Abläufe ...«

»Machen Sie sich keine Vorwürfe«, sagte ich und sie
schenkte mir ein wunderhübsches Lächeln.

»Hundehaare sind sehr, sehr rutschig. Ich habe sie immer
gebeten, auf Abstand zu bleiben. Aber sie wollte Brieschiett unbedingt selbst festhalten. Na ja, und da hat sich
unsere kleine Pudeldame beim letzten Mal wegen irgendwas erschreckt, hat geschnappt, Hella ist nach hinten ausgewichen und dabei ist sie auf den Hundehaaren ausgerutscht.«

»Und mit dem Hinterkopf sehr unglücklich auf die
Kante des Heizkörpers da geknallt«, ergänzte Carola. »Wir
konnten nichts mehr für sie tun. Gar nichts!«

»Obwohl wir ganz schnell alle waren da«, meldete sich Dao. »Nixe zu machen.« Sie schob die Unterlippe etwas vor, aber irgendwas an ihrem Blick ließ mich glauben, dass sie nicht aufrichtig war.

»Haben Sie sehr an Ihrer Tante gehangen?«, fragte Nicole.

»Nun ja, wir hatten nicht so engen Kontakt«, erklärte ich. »Wäre ich nicht das einzige lebende Mitglied unserer Familie, hätte ich vermutlich nichts geerbt.«

»Oh, das tut mir leid.« Zum ersten Mal an diesem Tag klang ein Ausdruck des Bedauerns aufrichtig.

»Ich stehe schon lange auf eigenen Füßen«, betonte ich und machte eine wegwerfende Handbewegung. Und es entsprach der Wahrheit: Meine Eltern waren bei einem Segeltörn ums Leben gekommen, als ich 16 gewesen war. Da ich zu diesem Zeitpunkt bereits seit vier Jahren auf ein Internat gegangen war, hatte ich mich erstaunlich schnell an mein Dasein als Waisenkind gewöhnt. Und auch wenn ich damals einen etwas engeren Kontakt zur Schwester meines Vaters gehabt hatte, hatte sich unser Umgang nach meinem Abitur immer mehr verflüchtigt. Ich hätte gelogen, hätte ich gesagt, ich vermisste sie. Meine Eltern hatten keine Reichtümer besessen, aber das Erbe hatte gereicht, um mich durchs Studium zu bringen. Ich war bis heute froh, von niemandem abhängig oder jemandem verpflichtet zu sein.

»Also, die Damen«, leitete ich meinen Abschied ein. »Ich werde mir die Mietverträge in Ruhe anschauen, aber ich kann jetzt schon sagen, dass Sie keine Erhöhungen befürchten müssen. Falls Sie irgendein Anliegen haben, melden Sie sich gerne.« Ich pulte aus der Innentasche meines abgewetzten Jacketts drei Visitenkarten heraus, die ich extra eingesteckt hatte.

»Aber kommen Sie mit Brieschiett zum Scheren.«

»Und zur Massag'.«

»Und zur Fußpflege.«

Mit wirren Gedanken im Kopf und Brieschiett an der Leine
ging ich zum Aufzug des Hochhauses, das sich über der
Ladenzeile auftürmte. Von außen war der Bau potthässlich.
Mit der gräulich verblichenen Fassade wirkte er ziemlich
heruntergekommen, an zugestellten Balkonen prangten
zerschlissene orangefarbene Markisen, die Wände rechts
und links des Eingangs waren von Schmierereien verun-
ziert und ein paar der Briefkastenklappen hingen schief in
ihren Angeln.

Während ich in den zwölften Stock hinauffuhr, sinnierte
ich darüber, ob die drei Frauen bei meinem Auftauchen so
zurückhaltend gewesen waren, weil sie Angst gehabt hatten, ich würde sie für den Tod meiner Tante verantwortlich
machen. So etwas käme mir niemals in den Sinn. Unfälle
geschahen nun mal, wie ich früh hatte lernen müssen. Vielleicht sollte ich ihnen das noch einmal erklären.

Als ich die Tür zur Wohnung von Tante Hella öffnete,
dachte ich zuerst, ich hätte mich geirrt. Statt der erwarteten düsteren Bruchbude empfing mich gleißender Sonnen-
schein, ein dicker Perserteppich dämpfte meine Schritte
und vom Flur gingen zahlreiche Türen ab.

Brieschiett flitzte sofort ins Wohnzimmer und hüpfte
in einen ausladenden, flauschig verkleideten Hundekorb.
Sie zerrte einen alten Kauknochen hervor und machte sich
genüsslich darüber her. Keine Frage: Brieschiett war begeistert, wieder daheim zu sein. Nach einer ersten Besichti-
gungstour stellte ich fest, dass Tante Hella hier offensichtlich in Saus und Braus gelebt hatte. Überall standen teure

Markenmöbel herum und manche der Deko-Objekte wie chinesische Vasen oder goldene Kerzenständer kosteten vermutlich mehr als der Monatslohn, den ich mir schwer verdienen musste.

Neben dem großzügigen Wohnzimmer, an das über die gesamte Breite eine geräumige Dachterrasse grenzte, gab es eine riesige Küche, zwei Schlafzimmer, ein Büro, zwei Bäder und sogar ein kleines Ankleidezimmer. In dessen Schränken befanden sich nicht nur säuberlich nach Farben sortierte Kleider, Hosen und Röcke, sondern auch unzählige Hundeaccessoires. Kaum zu glauben, was es alles gab – von fellbesetzten Regenmäntelchen über strassverzierte Futterschalen bis zu einem regelrechten Hundekinderwagen. Ich rechnete es Brieschiett hoch an, dass sie trotz all dieser Verwöhnkinkerlitzchen so ein bodenständiger Hund war. Sie hatte einfach Charakter.

Nachdem es mir gelungen war, der Jura-Kaffeemaschine in der Küche einen Espresso abzuringen, setzte ich mich mit diesem in Tante Hellas Büro. Es gab in den Regalen nicht allzu viele Aktenordner, dafür prangte ein fetter Apple-Computer auf einem modernen Schreibtisch mit dicker Glasplatte. Ich fuhr das Gerät hoch, und nachdem ich ein paar Schubladen in dem schwarzen Metallrollcontainer unter dem Schreibtisch geöffnet und durchwühlt hatte, fand ich einen zerknitterten Zettel mit Passwörtern. »Bardot_29_09«, lautete eines davon und ich probierte es aus. Bingo. Mit einem Schnurren gab der Computer seinen Inhalt preis. Ich erwartete, nichts großartig Interessantes zu finden. Was sollte eine Frau Ende 60 schon abgespeichert haben? Vielleicht ein paar Briefe an alte Freundinnen? Fotos von Kurzurlauben? Okay, vermutlich die Mietverträge und all den Verwaltungskram für ihre Immobilien. In der Tat fand ich sehr schnell eine Übersicht über die Objekte. Als ich jedoch die Mietsummen las, fiel mir vor Erstaunen beinahe der Unterkiefer herunter. Die Frauen zahlten um die 5.000 Euro Pacht pro Monat. Das kam mir ziemlich überteuert vor. Ich rechnete kurz nach und kam auf einen Quadratmeterpreis von um die 150 Euro. Und das in dieser Gegend! Wie machten die drei das bloß? Au weia, und ich hatte versprochen, alles so beizubehalten wie bisher – kein Wunder, dass sie mir nicht gerade freundschaftlich gesonnen waren.

Ich suchte weiter und fand in einem Ordner namens »Umsätze« Dutzende Dateien, die nur mit fortlaufenden Datumsangaben benannt waren. Wahllos klickte ich auf eine.

»23. März 2022«, las ich. Darunter stand: »Nagelstudio«, und dann waren wohl Kunden aufgelistet:

Schneider	37,50
Baumann	61,90
Kötter	46,20
Filser	19,90

Mindestens 20 Namen waren hier verzeichnet. Sollten das alles Kunden sein, die an einem Tag einen Termin gehabt hatten? Da musste Carola sich aber ganz schön ins Zeug legen, um alle zu bedienen. Doch vermutlich hatte sie noch weitere Mitarbeiterinnen. Immerhin gab es im Laden Platz für sechs Kundinnen gleichzeitig. Ähnliche Eintragungen fand ich für den Hundefriseur, den Massagesalon, die Pizzeria an der Ecke sowie einen Waschsalon und ein Sonnenstudio, die mir bisher nicht aufgefallen waren. Die letzten drei waren wohl von Tante Hella verwaltet worden. Offensichtlich liefen die Geschäfte prächtig. Konnte das sein?

Ich arbeitete mich durch die fast zwei Jahrzehnte umfassenden Dateien und bemerkte, dass die Namen und Geldsummen einigermaßen konstant waren. In mehreren Fällen hatten die Geschäftsinhaber wohl aufgegeben, alle paar Jahre tauchten neue Personen auf. Darunter auch Nicole. So wie es aussah, führte sie den Salon erst seit rund elf Monaten. Spaßeshalber recherchierte ich im Internet den einen oder anderen der Ausgestiegenen. Die Suchergebnisse ließen mich frösteln.

Fathi Cukur, früherer Inhaber des Sonnenstudios, hatte sich vom Dach des Hochhauses in den Tod gestürzt. Als Grund dafür wurden Überschuldung und eine bevorstehende Pleite genannt. Eine Pleite? Bei den Umsätzen? Auch Wladimir Uschinskow hatte ein unrühmliches Ende gefunden und sich von einem Zug überfahren lassen. Hier waren ebenfalls Existenznöte angenommen worden.

Erschrocken fuhr ich zusammen, als mich etwas am Hosenbein zupfte. Zum ersten Mal, seit sie bei mir lebte, hatte ich Brieschiett für mehrere Stunden vergessen. Nun aber kauerte sie neben dem Stuhl und ihr Blick wollte mich eindeutig mahnen, sie nicht dermaßen zu vernachlässigen.

»Gleich, Brieschiett, gleich!« Ich hob sie auf meinen Schoß, wo sie sich wie eine Kugel zusammenrollte, und kraulte sie mit der einen Hand, während ich mit der anderen weitere Dateien durchklickte.

Nach etwa drei Stunden beschloss ich, dass sowohl Brieschiett als auch ich einen Spaziergang benötigten. In meinem Kopf fuhren die vielen Zahlen Karussell und etwas frischer Sauerstoff war dringend notwendig.

Die erwünschte Klarheit brachte er leider nicht. Immer wieder stellten sich mir die Fragen: Was hatte Tante Hella da getrieben? Schutzgeld erpresst? Aber wie sollte das gehen? Vermutlich hatte die alte Dame ja nicht damit drohen können, jemanden krankenhausreif zu schlagen, um irgendwelche Gelder einzufordern. Soweit ich mich erinnerte, war Tante Hella von ebenso zierlicher Statur gewesen wie mein Vater. Bis heute war es für mich ein Wunder, dass ich es selbst bis zu einer Größe von gut einem Meter achtzig gebracht hatte.

Meine Tante als Mafia-Patin? Das konnte ich mir kaum vorstellen. Aber irgendetwas musste es mit diesen Zahlen ja auf sich haben. Vielleicht war der frostige Empfang der drei Ladeninhaberinnen weniger Ausdruck eines schlechten Gewissens gewesen als vielmehr der Tatsache, dass sie irgendetwas zu verbergen hatten? Nur was?

Ich sollte noch einmal mit den Frauen sprechen. Ein Blick auf die Uhr zeigte mir, dass es gleich sechs war. Kurz vor Ladenschluss.

Auf mein »Komm, Brieschiett« reagierte der Hund inzwischen tadellos und wir machten uns auf den Weg in die Einkaufspassage.

Nicole steckte gerade den Schlüssel von außen in ihren Laden. Im Massagesalon brannte noch Licht und aus dem Nagelstudio hörte ich Geschepper.

»Können wir kurz reden?«, hielt ich die schöne Frau auf. In der ersten Sekunde wollte sie meine Bitte am liebsten ausschlagen, dessen war ich mir sicher. Aber da stürmte Brieschiett auf sie zu und Nicole hockte sich zu ihr und kraulte sie liebevoll. Jetzt wäre eine Ausrede sehr unglaubwürdig.

Sie nickte also zu mir hoch, stand auf und öffnete die Tür wieder. Ich stupste Brieschiett an, sodass sie Nicole folgte, dann holte ich Dao und Carola dazu.

»Okay«, fing ich an. »Was für Geschäfte hat meine Tante betrieben?«

»Eine Änderungsschneiderei«, sagte Carola und ihre Miene wirkte wie versteinert. Dao nickte zustimmend.

»Hatte Zaubererfinger. Konnte mache, dass ich aussah in alte Kleid wie neue Königin.«

»Ja, schön, und in echt?«

»Ich weiß nicht, was Sie meinen.« Der finstere Blick stand Nicole ganz und gar nicht und ich hätte sonst etwas dafür gegeben, ein weiteres Lächeln von ihr zu bekommen. Aber erst einmal musste ich das hier klären. Und offensichtlich deutlicher werden.

»Kommen Sie, ich habe Listen gefunden. Mit Namen. Und Geldbeträgen.«

Die drei Frauen standen nun ganz nah um den Trimmtisch herum, auf dem Brieschiett lag, den Bauch nach oben gereckt. Sie streichelten sie ohne Unterlass. Es sah etwas verkrampft aus.

»Hat sie mit Drogen gedealt? Haben Sie für die alte Dame mit Drogen gehandelt?« Was für ein absurder Gedanke, überlegte ich, kaum hatten die Worte meine Lippen passiert. Tante Hella und Drogen! Das war, als würde ich eine Hundezucht aufmachen wollen.

»Nein!«, riefen nun alle einstimmig.

»Aber … bitte … mit der Pacht von drei … Entschuldigung … schlecht laufenden Läden hat sie sich unmöglich dieses Luxusleben leisten können. Und ehrlich gesagt verstehe ich auch gar nicht, wie sie die vier Ladenlokale jemals hat kaufen können. Und die große Wohnung! Sie war Schneiderin.«

»Na ja«, beeilte sich Carola zu sagen. »Sie hat die Immobilien, das hat sie mir mal erzählt, bereits gekauft, als die Anlage hier gebaut wurde. 1974. Da war das alles noch ganz günstig.«

»Da war sie 19! Kaum vorstellbar. Und davon hätte mir mein Vater bestimmt berichtet. Er war nicht allzu gut auf seine ältere Schwester zu sprechen gewesen. Er hat immer gesagt, er würde ihr Leben mitfinanzieren. Wie hätte sie sich da Immobilien leisten können?«

Meine Gedanken schweiften zurück zu der Zeit, kurz bevor meine Eltern starben. War da nicht irgendwas mit Tante Hella gewesen? Hatte mein Vater nicht irgendwann verkündet, er habe ihr den Geldhahn abgedreht? Und dennoch hatte sie mir kaum drei Jahre später einen Smart geschenkt?

»Seit wann hatte sie denn die Schneiderei? Wissen Sie das?«, fragte ich. Nicole und Carola zuckten mit den Schultern. Aber Dao wies nach draußen.

»Steht doch dran an Laden. Auf die Scheibe.«

Ich ging mich kurz davon überzeugen. Tatsächlich: »Hella's Änderungsschneiderei. Qualität seit 2002«, war dort zu lesen. Die Schrift war schon ziemlich verblichen, aber die Jahreszahl und der grässlich falsche Apostroph waren eindeutig erkennbar. Drei Jahre vor meinem Schulabschluss war das gewesen. Wenn sie den Laden bereits Anfang der 70er erworben hatte, wie sie gegenüber Carola behauptet hatte, warum hatte sie ihn dann erst rund 30 Jahre später eröffnet? Das stank doch alles zum Himmel.

Ich fasste einen Entschluss und kehrte in Nicoles Salon zurück. Jetzt war Schluss mit Geduld, Höflichkeit und Gezaudere.

Noch immer kraulten die Damen Brieschiett. Ich schob Dao achtlos zur Seite und packte ohne viel Federlesens den Pudel um den dürren Hals. Brieschiett quietschte kurz auf, ich schüttelte sie – nicht ganz so sanft wie sonst – und der Hund ließ ein herzzerreißendes Fiepen los. Dann zuckten alle Gliedmaßen und ich bekam selbst einen Schreck. Dennoch rief ich tapfer: »Wenn ihr mir nicht sagt, was hier los ist, muss der Hund dran glauben!«

Wie zur Untermalung meiner Worte stellte Brieschiett sich tot. Schlaff lag sie in meiner Umklammerung, nicht mal ihre Schnüffelnase zuckte.

»Um Gottes willen! Was sind Sie für ein Unhold!«, schrie Carola.

»Nicht! Nicht die Brieschiette!«, keifte Dao.

»Bitte, nein, das ist es nicht wert!«, rief Nicole und legte ihre Hand sanft auf meinen Unterarm.

»Geldwäsche«, stieß Carola verächtlich aus und nach einem kurzen Zögern ließ ich den Hundehals los. Brieschiett gab ein tiefes Schnaufen von sich und leckte meine Hand ab. Schnell wühlte ich in meiner Hosentasche das Beutelchen mit den Leckerli heraus und gab ihr welche. Nicoles Blick traf meine Seele. Ich war sicher, sie hatte meine Trickserei durchschaut, aber sie sagte nichts. Im Gegenteil – mit einem Mal wirkte sie beinahe entspannt.

»Ihre Tante hat hier Geldwäsche betrieben«, führte sie aus. »Im großen Stil. Wir sind alle ihre Stroh…frauen gewesen.«

»Hab ich kaum Kundschaft in mein Salon«, bekannte Dao. »Aber doch hab ich auf Papier am Ende von Monat verdient viel, viel Geld.«

»Und Brieschiett war beinahe der einzige Hund, der je auf diesem Trimmtisch Platz genommen hat.«

»Die Gelnägel, die ich Kundinnen verpasst habe, kann ich an einer Hand abzählen. Nur Hella kam regelmäßig.«

»Aber … aber …« Ich starrte fassungslos von einer zur anderen. »Die Läden sind nur fake? Aber sie sind doch ausgestattet. Man kann doch hineingehen …«

»Nur mit Voranmeldung«, klärte mich Nicole auf. »Und leider sind wir immer ausgebucht.«

Nun ging mir ein Licht auf, warum alle drei Läden so gestaltet waren, dass man von außen kaum hineinsehen konnte.

»Die meiste Arbeit machte es, sich Namen für den Terminkalender auszudenken. Und darauf zu achten, dass die Kundinnen und Kunden in regelmäßigen Abständen wieder auftauchten. Also, die angeblichen«, berichtete Nicole.

»Und dafür hat Ihnen meine Tante Bargeld besorgt und Sie damit bezahlt. Aber woher hatte sie das Bargeld?«

»Dieses Geheimnis hat sie mit ins Grab genommen«, erklärte Carola schnell. »Wir wissen es nicht. Wir wollten es auch gar nicht wissen.« Irgendwie glaubte ich ihr nicht. Nun gut ...

»Und haben Sie nie versucht, sie ... anzuzeigen? Auszusteigen? Dem Ganzen ein Ende zu setzen?«

Jetzt starrten alle drei zu Boden. Nur Nicole streichelte weiter die quietschfidele Brieschiett.

»Na ja, warum hätten wir das tun sollen? Es war leicht verdientes Geld«, räumte die Hundefriseurin ein. Oder was immer sie war.

»Bis ...«, zischte Dao und ihr Gesicht bekam etwas Maskenhaftes.

»Bis?«, hakte ich nach. Die drei Frauen warfen sich kurze Blicke zu, nickten knapp.

»Hella wollte aussteigen«, erklärte Carola. »In den Ruhestand gehen.«

»Da wär futsch das schön Leben ...« Dao zupfte an Brieschietts Locken.

»Sie wollte uns kündigen ...«, verriet Nicole. »Wir mussten etwas tun.«

»Erst kam sie zu Massag' zu mir. Wie jede Mittwoch. Diesmal hab ich ihr betäubende Creme unter Massag'öl gemischt«, gestand Dao.

»Die hatte sie von mir. In großen Mengen kann diese Salbe verhindern, dass Sauerstoff vom Blut aufgenommen wird.« Carola schob sich einen ihrer dunkelvioletten Gelfingernägel in den Mund und kaute nervös darauf herum.

»Es kommt dann schnell zu Atemnot, Verwirrt- und Benommenheit, Kopfschmerzen.« Nicole räusperte sich. »Ich tat so, als würde ich ihren Zustand nicht bemerken. Und Hella, die immer ihre Autorität beweisen wollte, bestand darauf, erst den Hund scheren zu lassen, bevor sie sich hinlegte. Na ja ... und dann noch die Hundehaare auf dem Fußboden ... da hat sie gar nicht gemerkt, was mit ihr geschah.«

»Ehrlich, wir nixe gemacht. Sie ganz allein ausgerutscht. Zack. Boom. Weg. Ganz fix.« Dao nickte ernsthaft zu jedem ihrer Worte. »Jetzt Sie wissen. Jetzt nichts mehr die Brieschiette tun! Bitte!«

Völlig entkräftet ließ ich mich neben den Hund auf den Trimmtisch fallen.

Die Gedanken purzelten durch meinen Kopf. Geldwäsche. Betäubungssalbe. Unfall. Hundehaare ...

In diesem Moment öffnete sich die Ladentür. Ein kleiner älterer Mann im Trenchcoat und mit Hut betrat den Hundesalon. Das Erste, was mir auffiel, war, dass er keinen Hund bei sich hatte. Vielleicht wollte er nur einen Termin vereinbaren?

Niemand sagte ein Wort. Brieschiett kuschelte sich eng an mich und fletschte die Zähne. Sie schien den Kunden nicht zu mögen. Ob sie ihm schon mal begegnet war?

»Wir wollten gerade schließen«, sagte Nicole ruhig.

Der Mann beachtete sie gar nicht, sondern blickte nur mich an. Er mochte Mitte 60 sein, vielleicht auch schon älter. Seine dunklen Augen bohrten sich in mein Gesicht. Als er zu lächeln anfing, erkannte ich ihn.

»Nun, mein Sohn«, sagte er freundlich. »Dann wollen wir dich mal ins Geschäft einführen. Und hoffentlich baust du nicht so einen Mist wie deine Tante.«

TOTE HAUT

Catharina Aydemir

Es fiel mir schwer, meinen Ekel zu verdrängen, als ich die Plastiktüte über das noch warme Häufchen stülpte und das verknotete Bündel mit einem gekonnten Wurf im nächsten Mülleimer versenkte. Noch sechs regenverhangene Tage, dann würden meine Nachbarn das zottelige Tier, das jetzt über die kniehohe Absperrung zum Ufer des Nymphenburger Kanals sprang, wieder abholen. Dass ich dann nicht mehr in aller Herrgottsfrüh Gassi gehen musste, beruhigte den Morgenmuffel in mir. Bis dahin würde die Hündin allerdings mit ihren Matschpfoten meinen hellen Teppichboden vollends zerstört haben und die frisch gekauften Wiener würden sich vermutlich auch weiterhin in Luft auflösen.

Ich klappte den Kragen meines Mantels hoch. Coco Flanell, wohl irgendeine Kreuzung aus irischem Wolfshund und Scheuerbürste, stolperte schwanzwedelnd auf mich zu und zerrte einen Ast aus dem Gestrüpp.

»Jaa, fein … Komm, lass aus!«, lobte ich die Hündin halbherzig, während sie mir erdige Pfotenabdrücke auf die Wildlederstiefel stempelte. Knurrend verteidigte Coco ihre Trophäe, die ich ihr versuchte abzunehmen. Durch einen plötzlichen feuchten Hundenieser bekam ich das

Stück Holz zu fassen. Artig legte die Hündin den Kopf schräg, hechelte und wartete, bis ich ihr die Beute wieder aushändigte.

»Was ist das denn?« Mich beschlich ein ungutes Gefühl.

Coco, deren Aufmerksamkeitsspanne glücklicherweise der eines Goldfischs glich, raste bereits wieder einer aufgeschreckten Taube hinterher. Da ich keine Latexhandschuhe dabeihatte, schlüpfte ich mit der Hand in eine der Kottüten, betupfte damit einen Fleck auf dem Ast und verrieb die klebrige Substanz zwischen den Fingern. Mein medizinisches Studium brauchte ich nicht, um die dunklen Flecken als Blut zu identifizieren. Ich roch am Holz. Eine unterschwellige chemische Note mischte sich unter den Geruch nach Eisen und Moder. Wie bei Coco vorhin kitzelte es auch mich in der Nase.

Die Hundedame riss mich aus meinen Beobachtungen. Aufgeregt rannte sie immer wieder am schlammigen Ufer auf und ab und bellte das Wasser an.

»Bist du jetzt leise!«, ermahnte ich die struppige Hündin und stakste, noch mit dem Ast in der Hand, zu ihr.

Im trüben Wasser, zwischen schwimmendem Laub und Unrat, suchte ich den Grund für Cocos Nervosität. Als ich ihn entdeckte, stockte mir der Atem. Etwa 30 Zentimeter unter der Wasseroberfläche trieb ein menschlicher, lebloser Körper. Das Gesicht zeigte nach unten. Eine Wolke aus langen rötlichen Haaren umspielte eine klaffende Wunde am Hinterkopf. Die helle, aufgeweichte Haut der Hände signalisierte mir, dass bereits jede Hilfe zu spät kam. Erschrocken sah ich mich um. Was sollte ich tun?

Ich holte mein Handy heraus und verständigte die Polizei. Es hatte zu regnen aufgehört. Die Luft roch feucht und erdig. Hoffentlich war es noch früh genug, um auf keine weiteren

Spaziergänger zu treffen. Ich zog Coco zu mir und setzte mich auf die niedrige Brüstung, die den Kiesweg vom Kanalufer abtrennte. Ihre Hinterbeine zitterten leicht. Konnte der Hauch des Todes für Cocos feinen Geruchssinn präsent sein? Gedankenverloren beobachtete ich das schaurige Treibgut und fragte mich, wie lange die tote Frau wohl schon im Wasser lag. Durch meinen Ex-Mann, einen Forensiker, hatte ich bereits einige Menschen post mortem gesehen. Mal mehr, mal weniger gut in Schuss. Die unappetitlichen Fotos von aufgeschnittenen Torsi hatte er des Öfteren auf dem Küchentisch ausgebreitet, um meine Meinung zu erfragen. Unfassbar, dass ich diesen Mann trotzdem 21 Jahre lang ertragen hatte.

Daher wusste ich allerdings, dass sich die Tote noch nicht lange im kalten Kanalwasser befinden konnte. Ein menschlicher Körper schwamm nur so lange an der Wasseroberfläche, bis die Luft aus der Lunge entwichen war. Dann sank er zum Grund und zersetzte sich dort, was je nach Wassertemperatur mehrere Jahre dauern konnte. Soweit ich es vom Ufer aus erkennen konnte, fehlte auch die schmierig weiße Fettschicht, die sich bei einem fortgeschrittenen Verwesungsprozess auf der Haut bildete. Wer hätte gedacht, dass sich das überflüssige Wissen, mit dem mich mein Ex-Mann pausenlos beschallt hatte, doch einmal als nützlich herausstellen sollte?

Die Sonne kämpfte sich durch die Wolken. Mehrere Polizeiwagen hatten auf der südlichen Auffahrtsallee geparkt und Polizeibeamte sperrten den Fundort weitläufig mit Plastikband ab.

»Warum haben Sie das Beweisstück denn überhaupt angefasst?«, fragte mich Kriminalhauptkommissar Brauner und tütete den Ast ein.

»Ich hatte mit dem Hund gespielt und die Blutflecken auf ihrem Stöckchen erst gar nicht bemerkt«, passte ich die Wahrheit ein wenig an.

»Und sehen Sie sich mal den Boden an!« Seine blauen Augen funkelten durch runde Brillengläser. »Überall Pfotenabdrücke Ihrer Hündin. Können Sie mir mal erklären, wie wir da noch brauchbare Spuren des Täters selektieren sollen?«

»Wir hatten nicht vor, beim Gassigehen eine Leiche zu entdecken«, konterte ich. Kommissar hin oder her, so musste ich mich nicht zurechtweisen lassen.

»Sie müssen jetzt den Fundort verlassen, Frau Furthmayer.«

»Doktor Furthmayer«, berichtigte ich und wunderte mich über meine Haarspalterei. Die Nennung meines Titels war mir als Dermatologin sonst egal.

»Gut, Frau Doktor.« Brauner zog das Wort unnötig in die Länge. »Sollten wir noch weitere Fragen haben, kommen wir auf Sie zu.«

Froh, die Befragung überstanden zu haben, drehte ich ihm den Rücken zu und sah zum Kanal. Feuerwehrleute in Wathosen stiegen in das hüfthohe Wasser, um die Leiche zu bergen. Der wachsame Blick der Hündin folgte dem weißen Plastiksack, den die Männer an Schlaufen hinter sich herzogen.

»Denk nicht einmal daran!«, ermahnte ich Coco und wollte eben die Leine fester packen, als sie sich losriss und ins Wasser hechtete.

»Um Himmels willen! Können Sie nicht auf Ihren Köter aufpassen?« Die Stimme des Kommissars überschlug sich. Coco schwamm zielsicher auf die Tote zu. »Sofort raus mit der Töle!«, schrie er den Einsatzkräften zu. Die Feuerwehrleute ließen den Bergesack kurzerhand auf der Wasseroberfläche liegen und dirigierten Coco wieder zum Ufer. Wie ein behaarter Gummiball sprang die tropfende Hündin auf uns zu.

»Die wird doch nicht …!« Die Frage des Kommissars erstarb, als Coco neben ihm das Fell ordentlich ausschüttelte.

»Igitt, geht's noch? Nehmen Sie schnellstens den Hund an die Leine!«, presste Brauner hervor und wischte sich über den hellen Mantel.

Ich nahm Coco an die kurze Leine und begab mich schleunigst auf den Heimweg.

Es wurde eine unruhige Nacht. Immer wenn ich die Augen schloss, sah ich die roten Haare der Toten im dunklen Wasser hin und her treiben. Nach unzähligen Versuchen einzuschlafen gab ich es auf und quälte mich aus dem Bett. Über eine dampfende Tasse Kaffee und mein Tablet gebeugt saß ich kurz darauf am Küchentisch und durchsuchte das Internet nach Berichten über das gestrige Ereignis. Coco schnarchte zusammengerollt auf ihrem Kissen. Bei der Onlineausgabe einer lokalen Zeitung wurde ich fündig.

Die junge Frau hatte wirklich höchstens eine Nacht im Wasser gelegen. Sie hatte keine Ausweispapiere bei sich gehabt und ihr durch das Wasser beschädigtes Smartphone musste erst wiederhergestellt werden. Ich scrollte weiter zu einem Foto, das bei der Identifizierung helfen sollte. Auf einem Tisch mit schwarz-weißer Zentimetermarkierung war der Unterarm der Toten abgelichtet worden. Die Haut war fast lückenlos von Tätowierungen überzogen. Ich konnte nachvollziehen, warum die Polizei für ihren Aufruf an mögliche Zeugen ein Bild der Hautverzierung statt des vom Wasser aufgedunsenen Gesichts der Frau gewählt hatte.

Die feinen Linien einer tätowierten Schwalbe sahen frisch gestochen aus, denn die Umrisse der Federn waren sauber gezogen und dunkel. Anders als bei älteren Tattoos, deren Linien oft verschwammen oder verblichen. Ich zoomte noch näher in das Bild. Unter den Schwanzfedern des Vogels blitzten weiße, narbenähnliche Flecken heraus. In meiner Praxis hatte ich oft derartige Pigmentstörungen gesehen, die auftraten, wenn sich ein Patient mit gebräunter Haut einer Tattooentfernung unterzog. Der dafür verwendete Laser konnte oft nicht zwischen dunklen Haut- und Farbpigmenten unterscheiden und die so entstandenen hellen Stellen normalisierten sich erst nach einiger Zeit.

»Na, wenn das mal kein neuer Hinweis ist!«, murmelte ich, speicherte das Fahndungsfoto in meiner Cloud und nahm einen letzten Schluck meines inzwischen kalten Kaffees.

»Coco?« Sofort hob die Hündin den Kopf und ihre Rute klopfte aufs Kissen. »Wie sieht's aus? Wollen wir zwei Mädels Gassi gehen?« Aufgeregt preschte sie zu mir und drückte die feuchte Nase an meine Hüfte. Ich strich ihr über das borstige Fell. Große Lust, dem aufgeblasenen Hauptkommissar zu begegnen, hatte ich zwar nicht, aber ich freute mich, ihm als Dermatologin einen Hinweis geben zu können, auf den die Polizei sicher noch nicht gestoßen war.

»Frau Doktor!« Wieder diese affektierte Betonung. »Wie wäre es, wenn Sie als Zivilperson Ihre Nase und die Ihres Hundes aus den Ermittlungen heraushalten würden?« Mit einem Seitenblick stierte er auf Coco, die ihre Schnauze auf seinem Bürorollcontainer abgelegt hatte.

»Also möchten Sie nichts mit meinen Informationen anfangen?« Die Überheblichkeit, mit der uns der Kommissar in Empfang genommen hatte, klang noch in mir nach.

»Doch, natürlich werden wir jeden Hinweis verfolgen. Aber haben Sie eine Ahnung, wie viele Hautarztpraxen wir kontaktieren müssten, um diesem schwammigen Anhaltspunkt nachzugehen? Und dazu kämen ja auch noch die Tattoostudios, die Laserentfernungen durchführen. So viel Manpower haben wir absolut nicht.«

Bei diesem verstaubten Ausdruck atmete ich tief durch und stand auf. »Dann wünsche ich Ihnen viel Erfolg, Herr Hauptkommissar!«

An Arbeit war nach dem grausigen Ereignis nicht zu denken. Wie gut, dass ich bereits gestern eine Vertretung für die nächsten Tage organisiert hatte. So hatte ich jetzt Zeit, meinem Ärger über die Impertinenz des Kommissars bei einem Spaziergang mit Coco Luft zu machen. Natürlich hatte ich Ahnung, wie viele Hautarztpraxen es im näheren Umkreis gab. Aber nur wenige Kollegen boten auch Tattooentfernungen an, mich eingeschlossen. So schwer, wie Brauner dachte, war es nicht. Ich zog das Handy aus der Tasche.

»Wann bist du eigentlich auf den Hund gekommen? Ich dachte immer, deine Tagesroutine würde ein Haustier kategorisch ausschließen.« Meine Freundin Susanne, die ich seit dem Studium kannte, kraulte Coco hinter ihren Schlappohren, die einzige weiche Stelle in ihrem Fell.

Ich berichtete kurz über meine Hundesitterdienste für die Nachbarn und kam dann schnell auf den Grund unseres Treffens zu sprechen. Auch ihr hatte ich das Ermittlungsbild vorab geschickt. Kurz darauf hatte sie mich eingeladen, nach ihrer Sprechstunde vorbeizuschauen.

»Lea«, begann sie zögernd, »so gerne ich dir helfen würde, aber gerade du müsstest doch wissen, dass ich an die ärztliche Schweigepflicht gebunden bin.« Der Computerbildschirm tauchte ihren Schreibtisch in unnatürliches Licht.

»Aha, du kennst sie!«, deutete ich Susannes Zurückhaltung. Meine Kollegin schwieg und kraulte nur noch intensiver. Coco schmiss sich mit einem tiefen Seufzer auf den Boden und drehte ihr den behaarten Bauch zu. Susanne ließ sich das Angebot nicht entgehen, bückte sich und strich der Hündin sachte über die durchscheinende rosa Haut, bis Coco vor Wonne die Zunge weit aus dem Maul hing.

Während Coco Susanne ablenkte, linste ich in die gerade von ihr geöffnete Patientenakte. Fünf Fotos protokollierten den Verlauf einer Lasersitzung. Darunter auch ein Bild vor dem ersten Eingriff. Der Schriftzug »Leopold« war deutlich zu lesen. Später waren davon nur noch weiße Pigmentflecken zu sehen. Mit einem Räuspern richtete sich meine Freundin wieder auf und bedachte mich mit einem wissenden Blick.

»Okay, die Frau hieß Jule INKredible, aber mehr als ihren Künstlernamen bekommst du von mir nicht.«

»Vielen Dank für deine Hilfe, Suse! Wir müssen dann auch wieder weiter.« Grinsend stand ich auf. Auch Coco hievte sich hoch und schüttelte sich. Sie warf einen enttäuschten Blick zurück, als ich sie zur Tür zog.

»Das hast du prima gemacht, kleine Kratzbürste!« Ich wuschelte Coco durchs Fell. Durch ihren Einsatz hatten wir einen Hinweis auf die mögliche Identität der Toten.

»Auf geht's, Cocolein! Ab zum Polizeirevier!« Der wieder einsetzende Nieselregen konnte meinen Elan nicht stoppen und auch Coco war noch lange nicht müde. Sie sprang bellend um mich herum. Ihre Gesellschaft erfreute mich mehr, als ich jemals gedacht hätte.

Das Klingeln meines Handys hinderte mich daran weiterzustürmen. Ich öffnete die Nachricht meiner Nachbarn. »Megaschön hier! Bleiben noch eine Woche länger. Hoffe, dir und Coco macht das nichts aus?«

Hätte man mich das vor zwei Tagen gefragt, hätte ich sofort nach der nächstgelegenen Hundepension gegoogelt. Doch seit gestern sah das anders aus. Ich tippte: »Uns geht's wunderbar. Verbringen gemeinsame Quality Time. Genießt die Sonne!«

Ich wiegte das Handy in der Hand und überlegte. Kurz entschlossen gab ich »Jule INKredible« in die Suchmaschine ein und wurde von der Vielzahl an Einträgen überrascht. Darunter auch die Instagramseite des Tattoostudios Haut Couture in der Nähe des Rotkreuzplatzes, auf die ich sogleich tippte.

Da ich das Gesicht der Frauenleiche im Wasser nicht gesehen hatte, konnte ich es auch der Tätowiererin nicht zuordnen, die mir hier entgegenlächelte. Das lange rote Haar passte zwar, aber auf keinem der Bilder konnte ich einen näheren Ausschnitt ihres Unterarms finden, um ihn mit dem Fahndungsfoto zu vergleichen. Auf dem aktuellen Post hielt diese Jule stattdessen stolz das neu gestochene Tattoo eines QR-Codes an ihrem Bein in die Kamera. Unter dem Foto nur ein Hashtag: #Checktdasaus.

Ziemlich extrem, aber waren in dieser Szene nicht die meisten etwas schräg drauf? Ich haderte mit meiner Idee, wieder direkt zurück zu Brauner zu gehen. Vielleicht wäre es besser, mit Coco zuerst das Studio aufzusuchen? So konnte ich vorfühlen, ob die Tattookünstlerin tatsächlich die Tote aus dem Kanal war.

»Moment, mit dem Wolf kommen S' aber net in den Bus!«, fuhr mich der Fahrer an, als sich die Türen öffneten. Ich sah zu Coco hinab, die ausnahmsweise artig neben mir auf dem Bürgersteig saß. Was hatte der denn für ein Problem? Bevor ich mich rechtfertigen konnte, war der Bus aber schon wieder abgerauscht und hatte uns an der Haltestelle stehen lassen.

»Ich wollte sowieso lieber mit dir zu Fuß gehen«, versicherte ich der Hündin und drehte mich um. Neonbuchstaben schrien mich von einem Plakat herunter an.

»Scanne jetzt den QR-Code und registriere dich zum großen Gewinnspiel!«, forderte eine Lotterie auf. Ich eilte vorbei, denn der Nieselregen kroch mir inzwischen in jede Pore. Abgeschlafft und durchgekühlt standen wir eine halbe Stunde später vor dem Tattoostudio Haut Couture.

»Franz-Josef, aus!«, schrie ein athletischer Mann neben mir. Schon von Weitem hatte ich ihn angestrengt in das Ladenfenster gaffen sehen. In seinen Hund, ein laufendes Fellknäuel, das bislang lustlos an der Tür geschnüffelt hatte, kam Leben, sobald wir uns näherten. Er zog die Flexleine bis zum Anschlag und sprang unaufhörlich an Coco hoch. Mit zwischen die Hinterbeine geklemmter Rute drehte sich Coco um die eigene Achse, um dem aufdringlichen Zwergspitz zu entfliehen.

»Ist das Ihrer?«, fragte ich.

»Jo eh!«, fuhr mich der Mann an und zerrte an der Leine. Dabei löste sich eine Strähne seines streng nach hinten gegelten Haars. »Derns Ihren damischen, verlausten Bett-vorleger von meinem Hund weg, bittschön!«

»Moment, erstens hat Coco keine Läuse und zweitens bedrängt Ihr Hund meinen.«

Wie auf Kommando heulte der Wadenbeißer auf. Coco hatte sich gegen die lästigen Annäherungsversuche zur Wehr gesetzt und Franz-Josef einmal kurz in die Hinter-läufe gezwickt. Die Augen seines Besitzers blitzten wild auf. »Spinn i! Nehmas jetzt den Gantschn weg!«

»Coco, hier, bei Fuß«, befahl ich und kämpfte mit der Leine, in die sie komplett eingewickelt war. »Nur schnell weg hier!«, flüsterte ich und drückte die Tür des Studio-eingangs auf.

»Na, des passt!«, knurrte der Fremde.

»Wie bitte?« Ich hielt inne.

»Sie können dem feinen Herrn Tätowierer glei ausrich-ten, dass er meine Julia nicht mehr vor mir verstecken kann! Passen S' bei dem lieber a bisserl auf.«

Der Kerl hat eindeutig noch andere Probleme als seinen liebeskranken Rüden, dachte ich und stieß die Glastür auf. Um mich zu versichern, dass mir der Spinner nicht folgte, warf ich noch einen Blick durch die Fenster. Er war glück-licherweise abgezogen.

Erleichtert trat ich in den menschenleeren Raum. Mir wehte ein schwacher Geruch nach Desinfektionsmittel in die Nase, der Coco sogleich leise winseln ließ.

»Ich konnte den Gestank auch noch nie leiden, Coco-lein.«

Mein Blick schweifte über eine Lederliege und Vitrinen voller Piercingschmuck.

»Hallo?«, rief ich. Keiner antwortete. An den Wänden hingen gerahmte Tattoovorlagen. Zwischen Zeichnungen von Drachen und Totenköpfen fielen mir Fotos von einem untersetzten Mann auf. Seine rechte Gesichtshälfte war komplett von schwarzen Schnörkeln überzogen und über dem weißen Vollbart baumelte ein schwerer Nasenring. Umso größer war der Kontrast zu einer anderen Person, von der nur ein Foto die Wand zierte. Die junge Rothaarige beugte sich lächelnd über einen Kunden und stach ihm ein Muster in die Haut. Wegen ihres Langarmshirts konnte ich auch hier keinen Vergleich zu den Tätowierungen auf dem Fahndungsbild anstellen, aber lugten da nicht Schwanzfedern unter dem Ärmel hervor? Ich hörte das Klackern von Cocos Krallen auf dem Fliesenboden und ihr angestrengtes Schnuppern entlang der Fußleisten. Ein Hundeniesen ließ mich zusammenzucken.

»Hast du mich erschreckt! Was ist denn da?«, fragte ich flüsternd. Mit der Vorderpfote kratzte Coco an einer Tür. Es war so still in dem Studio, dass das leise Fiepen der Hündin mich nervös umschauen ließ. Doch wir waren allein und so wagte ich es, die Tür zu öffnen. Ein weiterer Raum für Körperkunst erwartete uns. Dass hier drin eine Frau die Nadel schwang, war auf den ersten Blick erkennbar. Das Sofa in der Ecke hatte weiße, mit Pailletten verzierte Kissen und die lederne Liege wurde von unten mit pinken LEDs beleuchtet.

»Kann ich euch helfen?«

Ich fuhr herum und sah in freundliche Augen, die mit einem Nasenring um die Wette funkelten. »Ich will mich tätowieren lassen«, improvisierte ich. »Ist die Künstlerin nicht da?«

»Jule?«, bellte der Typ lachend und lauter als Coco je zuvor. »Nee, die is mit ihrer Mutter zum Wellness gefahren. Das hab ich auch grad schon ihrem nervigen Ex-Freund gesagt, der andauernd vor dem Studio herumhängt.« Mit einem Nicken zeigte der Mann Richtung Fenster, strich sich den Bart mit der Hand glatt und streckte sie mir anschließend zur Begrüßung hin. »Ich bin Harald und der Chef von dem Laden. Nen Schmetterling kann ich dir auch auf den Arsch stechen.«

Welch grausame Vorstellung! Obwohl ich zugeben musste, dass der Mann trotz seines extravaganten Aussehens mit den Beschreibungen des Spinners von vorhin wenig gemeinsam hatte. Sein Lächeln zauberte einen Kranz Fältchen um seine Augen. Er hatte sich zu Coco hinuntergebeugt. Seine von Schnörkeln überzogenen Hände wühlten durch ihr Fell, was sie mit Freudentönen untermalte.

»Meinen Sie den Hünen mit dem Zwergspitz, den ich gerade vor Ihrem Laden getroffen habe?« Auf sein Angebot, meinen Hintern zu verschandeln, ging ich besser gar nicht ein.

»Ja, der Ösi will nicht wahrhaben, dass Jule mit ihm Schluss gemacht hat, und stalkt sie seitdem.«

Sofort fiel mir der weggelaserte Männername ein. Leopold, typisch österreichisch. Sollte Jule unsere Tote sein, würde ich verstehen, dass sie den schnellstens aus ihrer Erinnerung löschen und den Namen von der Haut entfernen lassen wollte. Aber konnte das auch Grund genug sein, ihr den Schädel einzuschlagen und sie in den Kanal zu werfen?

»Und, was is jetzt?«, riss mich Harald aus meiner Überlegung. »Schmetterling, Totenkopf oder hast du 'ne eigene Vorlage dabei?« Er stand mir so nah, dass ich eine leichte Alkoholfahne roch.

»Ich«, wand ich mich, »würde dann abwarten, bis Jule INKredible aus ihrem Kurzurlaub zurück ist.« Beim Klang des Namens zogen sich Haralds buschige Augenbrauen zusammen.

»Schön, die is nächste Woche wieder da. Brauchst aber 'n Termin. Jule is immer ausgebucht.« Schon wandte er sich von mir ab und trat gegen einen Karton voller Cremetuben, der im Weg stand. Hatte ich ihn gekränkt?

Zurück auf der Straße setzte ich mich mit Coco auf die Stufe eines Hauseingangs gegenüber dem Laden und wählte Brauners Nummer. Mir schwirrte der Kopf. Irgendetwas stimmte hier nicht, doch ich hatte schon zu lang Detektivin gespielt. Sollte Brauner mit meinen Hinweisen machen, was er wollte. Vielleicht hatte ich mich komplett verrannt und die fremde Tätowiererin war gestern wirklich in einem beheizten Pool statt im eisigen Kanalwasser geschwommen. Immerhin waren Schwalben ein beliebtes Motiv für Tattoos und Laserentfernungen inzwischen üblich.

»Brauner.«

»Herr Hauptkommissar?«, begann ich vorsichtig.

»Ah, die Frau Doktor.« Bildete ich mir das ein oder konnte ich tatsächlich ein Augenrollen aus seiner Stimme heraushören? »Ist Ihnen noch etwas zu den Ermittlungen eingefallen, womit ich meine Kollegen durch München schicken könnte?« Er lachte.

Ich schluckte meinen aufsteigenden Unmut hinunter. »Ich weiß, dass wir uns aus Ihren Ermittlungen heraushalten sollten, aber ...« In wenigen Sätzen berichtete ich ihm von der Tattookünstlerin und meiner Vermutung, sie könnte die Tote aus dem Kanal sein.

»Die Frau wurde von ihrem Ex-Freund gestalkt, einem unsympathischen Kerl, dessen tätowierten Namen sie sich höchstwahrscheinlich vom Arm lasern ließ. Die weißen Flecken, die ich Ihnen gezeigt habe. Wissen Sie noch?«

»Wo sind Sie jetzt?« Brauner schnaufte ins Telefon.

»Noch vor Ort. Warten Sie!« Ich stand auf und sah mich suchend nach einem Straßenschild um. »Volkartstraße, gegenüber dem Tattoostudio Haut Couture.« Als mein Blick auf den Laden fiel, erkannte ich den vor der Tür angeleinten Franz-Josef. »Ist der schon wieder da?«, murmelte ich und ging noch mit dem Handy am Ohr über die Straße. Coco trabte hinter mir her.

»Frau Doktor?« Der Kommissar klang ungeduldig.

»Moment!« Vorsichtig spähte ich durch das Ladenfenster. Jules Stalker-Ex-Freund gestikulierte wild vor Harald herum, der mit beschwichtigenden Handbewegungen Schritt für Schritt zurückwich.

»Herr Hauptkommissar, hier wird es hitzig. Der Ex-Freund bedroht den Chef des Ladens. Mist! Jetzt hat er ihm eine gewischt!«

»Frau Furth...?«, setzte Brauner an, doch da hatte ich ihn schon weggedrückt und mit Coco den Laden gestürmt.

»Lassen Sie den Mann in Ruhe!«, schrie ich. Harald hastete in den hinteren Behandlungsraum. Leopold hinterher.

»Du sagst mir jetzt sofort, in welchem Hotel meine Julia ist und mit wem!« Der Ex-Freund schubste Harald, der das Gleichgewicht verlor und aufs Sofa fiel. Leopold war sofort über ihm und drückte ihn mit beiden Händen am Hals in die Polster.

»Spinnst du?«, presste Harald hervor. Er zog die Hände des anderen mit Gewalt auseinander. Mit einem kräftigen Schub machte er sich Platz. Jetzt war es Leopold, der nach hinten taumelte. Harald wollte den günstigen Moment nutzen und aufstehen, da stieß er mit dem Kopf gegen das

Regal über ihm. Mit Gepolter begrub es ihn unter sich. Benommen sank er wieder in die Kissen.

Coco bellte wild und zog an der Leine. Ich hatte jede Menge zu tun, um sie bei mir zu halten.

»Bist deppert?« Der Österreicher steuerte nun auf uns zu. »Was mischt du dich jetzt da ein?«

»Ich hetze den Hund auf Sie!«, drohte ich mit zitternder Stimme, hielt Cocos Leine jedoch immer noch fest umklammert. Dass ihn die Hündin mit gefletschten Zähnen anknurrte, schien Leopold nicht zu beeindrucken. Er kam noch näher.

»Verdammt, jetzt ist's aber genug«, stotterte ich, wich zurück und riss ein Tischchen mit. Piercingwerkzeug fiel klirrend zu Boden. Hektisch zerrte Coco an der Leine.

»Was ist denn hier los?« Kommissar Brauner stand in der Tür. Seine Miene war alles andere als freundlich.

»Frau Dr. Furthmayer.« Hauptkommissar Brauner nahm seine Brille ab und massierte sich den Nasenrücken. »Hätten Sie jetzt vielleicht die Güte, mir zu erklären, was hier abging? Wie kommen Sie überhaupt zu der Behauptung, dass diese Tätowiererin unsere Tote aus dem Kanal sein könnte?«

Coco wich mir noch immer keinen Zentimeter von der Seite. Ich kniete mich zu ihr und durchkämmte ihr Fell mit den Fingern.

Im Hintergrund streckte sein Kollege dem schimpfenden Leopold die Handschellen entgegen. »Bleiben Sie ruhig. Wir nehmen Sie wegen Körperverletzung in Gewahrsam.«

»Mensch, glaubt mir doch! Der Kerl ist gemeingefährlich. Der versucht, mich von meiner Julia fernzuhalten!« Der Polizist schob ihn nach draußen.

Ich richtete mich auf und klopfte mir die Hundehaare von der Hose. »Herr Hauptkommissar, wären Sie so freundlich und würden die Instagramseite von Jule INKredible öffnen?« Ich zeigte auf das Smartphone, das aus seiner Jackentasche blitzte. »Dann können Sie selbst einen Abgleich machen, ob die Künstlerin die Gesuchte ist.«

»Nun gut.« Er zog das Handy aus der Tasche und scrollte einen Moment später durch die Bilder auf Jules Seite. »Sie könnten recht haben.« Er nickte und drehte sich mit dem Rücken zu Harald, der noch mitgenommen auf dem Sofa zwischen Regalbrettern hing. Brauner dämpfte seine Stimme. »Mit Sicherheit kann ich es natürlich nicht sagen, aber diese Frau hat tatsächlich Ähnlichkeit mit der Frauenleiche.« Er öffnete das letzte Bild der Rothaarigen und zoomte einzelne Bereiche näher heran. Wieder fiel mir der QR-Code auf ihrem Bein auf. Unter dem Post die Bildunterschrift #*Checktdasaus.*

»Scanne jetzt den Code und registriere dich«, schoss mir durch den Kopf. Vorhin, das Plakat an der Bushaltestelle.

»Entschuldigen Sie, darf ich mal?« Ohne eine Antwort abzuwarten, nahm ich dem Kommissar das Smartphone aus der Hand und öffnete den QR-Code-Scanner meines Mobiltelefons.

Ungeduldig hielt ich mein Handy knapp über das schwarz-weiße Kästchenmuster des Tattoos, bis endlich auf dem Display eine gelbe Markierung erschien. Darunter eine Webadresse: www.Haut_Couture/Tattookunst_und_Pflege.de. Ich bekam Gänsehaut.

Schnell öffnete ich den Link. Das Standbild einer Videonachricht der noch sehr lebendigen Jule erschien. Mit einem resignierten Nicken gab mir der Kommissar die Bestätigung und ich tippte auf das Startsymbol.

»Hallo, meine Lieben«, begrüßte sie ihre Follower. »Wie schön, dass ihr meinem Hashtag gefolgt seid, denn ich habe grandiose Neuigkeiten für euch. Bestimmt ist euch schon meine Webadresse aufgefallen? Genau, den Namen ›Haut Couture‹ kennt ihr vom Studio. Aber jetzt kommt der Hammer! Nun heißt auch meine neue Pflegecremeserie für tätowierte Haut so. Die könnt ihr ab jetzt sogar auf dieser Seite bestellen! Und schon in wenigen Wochen modernisieren wir den eingestaubten Laden.« Sie schwenkte die Kamera durch das Studio, in dem wir standen. »Das hier werdet ihr nicht wiedererkennen. Ich halte euch auf dem Laufenden. Checkt das aus!« Das Video verstummte. Sprachlos blickten Brauner und ich uns an.

»Ich hab genug für heute.« Stöhnend rappelte sich Harald vom Sofa auf. Ein wenig wackelig stand er da, wischte sich mit einem Taschentuch über die Stirn und zupfte das verrutschte T-Shirt über den Bauch. Sofort war Coco auch auf den Beinen und beobachtete ihn aufmerksam.

»Ich schließ mal lieber den Laden ab. Noch so 'ne Abreibung vertrag ich heut nicht mehr.« Benommen schlurfte er an uns vorbei, drückte sich Desinfektionsmittel aus einem Spender und verrieb das Gel in den Handflächen. Coco war ihm gefolgt und schnüffelte an seinen Händen. Da schüttelte ein heftiger Nieser den Hund durch.

»Sagen Sie mal, Harald«, hielt ich ihn auf, »haben Sie eigentlich von der Toten gehört, die gestern erschlagen im Nymphenburgerkanal gefunden wurde?« Überrascht drehte er sich zu mir.

Ich spürte Brauners Blick auf mir. »Frau Doktor, was soll das?«, zischte er.

»Natürlich hab ich davon gelesen. Kommt ja zum

Glück nicht oft in München vor, dass man ein Mädel mit 'nem Ast niederprügelt.« Harald schaltete das Open-LED-Schild der Tür aus und verschwand hinter dem Empfangstresen. Mit einer Flasche Jägermeister tauchte er wieder auf.

»Woll'n Sie auch einen?« Etwas zittrig goss er ein Glas ein und hielt es uns hin.

»Nein, danke.« Ich brauchte jetzt einen klaren Kopf. »Wissen Sie, Coco war diejenige, die gestern die Leiche im Wasser entdeckt hat. Auch das Tatwerkzeug hat sie gefunden.« Obwohl mich der Kommissar finster anfunkelte, redete ich weiter. »Herr Kommissar, Sie können mich natürlich berichtigen, aber ich habe nichts von diesem Ast im Aufruf gelesen, den die Presseabteilung der Polizei veröffentlicht hatte.«

Brauner wirkte auf einmal hellwach. »Das haben wir auch absichtlich nicht an die Öffentlichkeit kommuniziert. Wie kommen Sie an diese Information, Herr …?«

Haralds untätowierte Gesichtshälfte wurde schlagartig bleich. »Was soll'n die dumme Frage?«, stammelte er. »Woll'n Sie mir jetzt was anhängen?« Er lachte freudlos auf. »Woher soll ich das schon wissen? Hier in der Nachbarschaft wird allerhand erzählt!« Er kippte den Schnaps hinunter.

Coco kam zu mir und drückte den Oberkörper an meine Beine. Zur Beruhigung legte ich ihr eine Hand an die Seite.

»Wir besprechen das besser auf dem Revier. Kommen Sie.« Brauner trat zum Tätowierer.

»Sind Sie irre?«, schrie Harald ihn an. »Ich geh nirgendwohin.«

Die Schnapsflasche fiel um und landete klirrend vor Cocos Pfoten. Ihr Nacken versteifte sich.

Der Kommissar blieb ruhig. Er drückte eine Kurzwahl auf seinem Handy. »Dann bleibt mir nichts anderes übrig, als die Kollegen zu bitten, Sie abzuholen.«

Harald stürzte an ihm vorbei und griff nach einer Tätowierpistole. Wie einen massigen Dartpfeil richtete er sie auf uns und funkelte uns grimmig an. »Versucht doch mal, mich hier wegzukriegen!« Er trat auf den Fußschalter. Das hohe Summen der Maschine vermischte sich mit Cocos Knurren. Ihre Lefzen zogen sich nach oben und entblößten die gewaltigen Eckzähne. Ich fasste nach ihrem Halsband, griff aber ins Leere. Coco stürmte auf Harald zu und sprang ihn an. Er stolperte nach hinten und fiel zu Boden. Die Maschine verstummte. »Tu die Kacktöle von mir runter!«, schrie Harald. Aber Coco dachte gar nicht daran, von ihm abzulassen. Mit den Pfoten auf seiner Schulter stand sie über ihm. Alle Muskeln in ihrem riesigen Körper waren angespannt, die zottigen Rückenhaare zu einem Kamm gesträubt. Harald tastete nach der Schnapsflasche, griff danach und holte zum Schlag aus. Blitzschnell schnappte die Hündin nach seiner Hand, die er gerade noch wegziehen konnte. Von Cocos tiefem Grollen bekam sogar ich Angst.

»Das war ein Unfall! Ehrlich, das wollt' ich nicht.« Der bullige Tätowierer wimmerte. Coco stieg von Harald, ließ ihn aber nicht aus den Augen. »Die is jung, die hat frische Ideen, haben immer mehr Stammkunden gesagt und sind zur Jule gewechselt. Is schon vorgekommen, dass ich 'n schlechten Tag hatte und die Motive nicht ganz so geworden sind, wie sie hätten werden soll'n.« Harald hielt uns seine zitternde Hand hin. »Manchmal bekomm ich 'n Flattermann. Die Jule konnt' das dann schon immer ausbügeln, aber ich hab nur noch rote Zahlen geschrieben.« Vorsichtig rutschte er etwas von Coco weg. »Vorgestern wollte sie dann plötzlich mit mir am Kanal spazieren gehen. Hab mir gleich gedacht, dass das nichts Gutes bedeutet. Wir waren noch nie spazieren. Und da erzählt die mir, dass sie den Laden übernehmen will. Ich hab den 13 Jahre lang aufgebaut, und jetzt kommt die und will die Geschäftsführung. Sie würde sonst woanders ein Studio aufmachen und alle Stammkunden mitnehmen, und ich müsste Konkurs anmelden. Die reinste Erpressung war das!« Haralds Stimme war nur noch ein leises Krächzen. »Dann kam der Knaller. Die linke Bazille hatte sich hinter meinem Rücken den Firmennamen für ihre Schmiere gegriffen!« Er trat gegen den Karton mit den Cremetuben, der neben ihm auf dem Boden stand. »Meine Existenz stand aufm Spiel! Durch den Scheißalkohol hab ich eh schon alles verloren.« Haralds Stimme brach. »Ich konnte nicht mehr klar denken. Plötzlich war der Ast in meiner Hand und ich hab zugeschlagen. Immer wieder.« Er starrte vor sich ins Leere. »Als ich wieder zu mir kam, lag Jule in dem Dreckwasser. Mit dem Gesicht nach unten. Was hätt ich da noch machen soll'n?«

»Sie rausziehen und den Rettungsdienst verständigen!« Ruppig zog Kommissar Brauner den Tätowierer hoch und legte ihm Handschellen an. »Jule ist von Ihnen nicht erschlagen worden, sondern sie ist ertrunken!«

Coco trottete neben mir aus dem Studio. Als sie die Türschwelle überquerte, beutelte sie ein letzter Hundenieser. »Das war's, Cocolein«, versicherte ich ihr. »Nie wieder Tattoostudios oder Polizeiarbeit. Wir beide kümmern uns jetzt nur noch um den Fall der verschwundenen Wiener!«

DER OBERFRÄNKISCHE
SERIENMÖRDER
IM SPIEGEL DER ZEIT

Thomas Kastura

»Klappt ja wie am Schnürchen, Hilda. Das Kapitel ist so gut wie fertig.« Staatsanwalt Brandeisen tätschelte den riesigen Kopf seiner Dogge. »Braves Mädchen. Was soll ich bloß ohne dich machen?«

Mit vollem Namen hieß das brave Mädchen Hilda von Bjørndal und war ein Großer Däne, schwarz-weiß gefleckt, mit einer Schulterhöhe von stolzen 97 Zentimetern. Zu ihren besten Zeiten hatte sie Briefträger, Paketboten, Müllmänner und Zeugen Jehovas verschlissen. Am liebsten war ihr der Stromableser von den Stadtwerken gewesen. Unermüdlich hatte sie ihn die steile Wildensorger Straße hinauf- und hinuntergehetzt – woraufhin der gute Mann zu einem herausragenden Langstreckenläufer avancierte und bei Marathons regelmäßig einen der vorderen Plätze belegte.

Hilda hatte nur ein kleines Handicap. Im hohen Alter von zwölf Jahren war sie verstorben. Dilatative Kardiomyopathie, DCM, eine der häufigsten Ursachen für plötzliches Herzversagen, hatte sie dahingerafft. Diese krankhafte

Erweiterung des Herzmuskels kam bei Doggen relativ häufig vor. Doch ihr Tod hinderte Hilda nicht daran, den Staatsanwalt weiter bei seinen Ermittlungen zu unterstützen. Denn Brandeisen hatte sie von einem Tierpräparator professionell ausstopfen lassen, hochaufgerichtet, das Maul weit geöffnet, damit die furchteinflößenden Fangzähne effektvoll zur Geltung kamen. Seither nahm er sie auf einem Leiterwagen, den ein Justizwachtmeister hinter ihm herziehen musste, zu Tatorten und anderen Ortsterminen mit. Er war fest davon überzeugt, dass ihm allein Hildas pure Anwesenheit half, seine grauen Zellen in Schwung zu bringen. Schon zu Hildas Lebzeiten waren sie Seelenverwandte gewesen. Warum sollte sich nach ihrem Tod etwas daran ändern?

So auch jetzt. Ihre treuen Augen flößten ihm Zuversicht ein. Zugleich waren sie erfüllt von jener Melancholie, wie sie den Musen großer Dichter zu eigen war. Erahnte sie die Einsamkeit auf den höchsten Gipfeln des Geistes, wissend, dass ihr Beistand dort endete, wo kristallklares, eiskaltes Denken begann?

Brandeisen wandte sich wieder seiner Underwood-Schreibmaschine zu. Er hatte nicht viel übrig für moderne Medien. Deshalb verfasste er sein Opus magnum auf althergebrachte Weise. Titel: »Der oberfränkische Serienmörder im Spiegel der Zeit«.

Es war Samstagabend nach Nikolaus. Im Kaminofen knisterte ein munteres Feuer. Über Nacht hatte es wieder stark geschneit, die Straßen waren kaum passierbar. Das Haus des Staatsanwalts lag am Ende eines ungeräumten Weges.

»Wir sind von der Außenwelt abgeschnitten«, sagte er zu Hilda und frohlockte. An einem solchen Tag machte das

Verbrechen normalerweise Pause. Endlich konnte er sich ungestört seinem Buch widmen. Er nahm einen Schluck Earl Grey. Dann strich er seinen rubinroten Crêpe-de-Chine-Hausmantel glatt und fuhr fort zu tippen:

»Was geht im Kopf eines Psychopathen vor? Schlichte Naturen neigen zu mantragleich wiederholten Formeln wie ›töten, töten, töten‹. Durch die binnendeutsche Konsonantenschwächung wird daraus im fränkischen Dialekt ›dödn, dödn, dödn‹. Das mag harmlos klingen, doch solche Wortreihungen entfalten im Verein mit dem regionstypisch hohen Bierkonsum eine beachtliche Autosuggestionskraft.«

Brandeisen lehnte sich zurück. Die Fachwelt würde staunen! Seit Jahren trug er einschlägige Fallgeschichten zusammen. In seiner Studie sollten sie sich zu einer beispiellosen Phänomenologie des Schreckens verbinden.

Etwas klackte gegen die Fensterscheibe.

»Ein Eichhörnchen?«

Hilda schlug nicht an.

»Nicht so wichtig«, befand er. Bislang hatte ihn nicht einmal ein Anruf von Kommissar Küps abgelenkt. Der Staatsanwalt kannte den Grund. Heute fand die Weihnachtsfeier der Bamberger Polizei statt, dem Vernehmen nach ein widerwärtiges, geradezu inzestuöses Bacchanal. Dabei floss der Alkohol in Strömen, und am Ende lagen die Bullen entweder überall komatös umher, oder sie versuchten sich in unbeholfenen Balzritualen, wie es der Paarungstrieb den Gesetzeshüterinnen und -hütern eben so eingab. Schuld daran war der Punsch, ein wahres Teufelselixier. Ab dem dritten Becher ließ er sogar sonst brave Polizisten auf die verrücktesten Gedanken kommen. Am schlimmsten waren Hauptwachtmeister Dippold, ein gnadenloser und leider völlig unbegabter Witzeerzähler, und Kommissaranwärterin Schmidtlein, die ihre überschaubaren intellektuellen Fähigkeiten auf die Planung primitiver Partyspiele verschwendete. Da Brandeisen zu wissenschaftlicher Nüchternheit neigte, blieb er dem obstruktiven Treiben fern.

Draußen dämmerte es. Brandeisen knipste die Schreibtischlampe an und spannte ein neues Blatt Papier ein. Nach seinen allgemeinen Ausführungen zur forensischen Phonetik nahm er sich den sogenannten »Schlitzer von Scheßlitz« vor.

Der Schlitzer ... Selbst unter den dienstältesten Bamberger Polizisten gab es nur wenige, die sich an diese Bestie in Menschengestalt erinnerten. Hubert Pflaum, so sein bürgerlicher Name, hatte in den 1980er-Jahren sein Unwesen getrieben.

»Der Schlitzer ging immer nach demselben Schema vor«, schrieb Brandeisen und sprach laut mit. »Zuerst vergewisserte er sich, ob seine unschuldigen Opfer wirklich ganz allein waren. Dann pirschte er sich an die zumeist abgelegenen Behausungen heran.«

Da war es wieder. Das Geräusch. Der Staatsanwalt horchte auf.

Eine Art Kratzen oder Schaben, das abrupt in einem dumpfen Schlag endete. Diesmal kam es aus der Küche.

Manchmal legte er Nüsse oder Fruchtreste aufs Fensterbrett, damit die Tiere im Winter etwas zu fressen hatten. Aber die Eichhörnchen aus seinem Garten waren ein bisschen dämlich. Wollten die eine Nuss an der Scheibe knacken?

Er zuckte mit den Schultern. Viel Schaden konnten die kleinen Tiere nicht anrichten. Brandeisen konzentrierte sich wieder auf den Text. »Dem Schlitzer bereitete es ein perverses Vergnügen, sein Kommen anzukündigen. Er strich ums Haus herum und produzierte allerlei unheimliche Geräusche. Dann drang er mithilfe eines Glasschneiders ein. Seinen Opfern näherte er sich bevorzugt von hinten und schlug sie zunächst bewusstlos. Dann fesselte er sie an einen Stuhl und wartete, bis sie erwachten.«

Brandeisen nahm erneut einen Schluck Tee und tauschte mit Hilda Blicke. »Mit einem Wachhund wie dir wäre das nicht passiert, oder? So wie ich dich kenne, hättest du den Schlitzer sofort auf links gedreht.«

Die Dogge stimmte ihm mit beredtem Schweigen zu.

Irgendwo im Garten knackte es.

Was war das? Zweige, die unter der Last des Schnees zerbrechen? Ein Baummarder auf Beutezug? Dann sollten sich die Eichhörnchen besser in Acht nehmen!

Der Staatsanwalt rieb sich die Hände und fing einen neuen Absatz an. »Was nun folgte, war eine exakt durchchoreografierte Tötung, die der Schlitzer später als ›Handwerk mit Tradition‹ bezeichnete und nach eigener Aussage wortlos durchführte. Zuerst breitete er die Tatwaffen vor dem Opfer aus, eine Sammlung gewerblicher Schlachtermesser. Je nach Funktion kamen sie nacheinander zum Einsatz: Stechmesser, Dolchmesser, Abhäutemesser, Ausbeinmesser, Gekrösemesser, Zerlegemesser und – last, but not least – der Knochenauslöser, eine stabile Klinge, am vorderen Ende gerundet und dadurch der Knochenform angepasst.«

Brandeisen öffnete die Schlitzer-Akte. Sie enthielt jede Menge Bildmaterial, das sich zur Illustration des Buches eignete, ein Album der Albträume. Er wählte ein hübsches Messerfoto aus. »Kommen wir zu den Verletzungen.« Wieder stöberte er in den alten Abzügen. Sie waren gestochen scharf und erstaunlich farbecht. Der damalige Polizeifotograf hatte als Gunter Sachs seines Metiers gegolten, ein Künstler.

Er sah zu Hilda. »Das ist nichts für dich«, sagte er und klappte die Akte wieder zu. Offene Wunden machten Hilda immer ganz rappelig. »Entschuldige, meine Liebe. Eigentlich kann ich solch drastischen Details wenig abgewinnen. Aber die Leser gieren förmlich danach. Wir wollen ja nicht nur ein Fachpublikum erreichen, sondern breitere Schichten. Jetzt wirst du einwenden: Wer findet schon Gefallen an Gewaltorgien mit literweise Blut und filetierten Körperteilen? Doch nur eine Minderheit! Au contraire, meine Liebe, au contraire. Der Buchhandel bezeichnet derartige Schocker als ›Kindergärtnerinnen-Literatur‹. Und warum? Ich habe mich informiert. Weil vornehmlich Menschen so etwas lesen, die in vergleichbar harmlosen Berufen tätig sind: gesicherte, wenn auch schändlich unterbezahlte Lebensstellung, wenig Freizeit, hohe Reizschwelle. Da muss man in die Vollen gehen, sonst verlieren die das Interesse. Sollen wir die Kindergärtnerinnen enttäuschen?«

Mit dieser rhetorischen Frage beendete er seinen kleinen Vortrag. Hilda pflichtete ihm stumm bei und zeigte sich gebührend beeindruckt. Sie war eine hervorragende Zuhörerin. Stets aufmerksam und gelehrig, verlieh sie Brandeisen das Gefühl, auf der richtigen Fährte zu sein. Und das Beste: Sie unterbrach ihn nicht.

Er stand auf und legte Feuerholz nach.

Zum Arbeiten saß er im Wohnzimmer. Durch die Terrassentür und eine breite Fensterfront konnte er seinen Blick in die Ferne schweifen lassen. An klaren Tagen sah man den Windpark Oberngrub auf der Fränkischen Alb.

Doch jetzt war es dunkel.

Ein Rumpeln ließ ihn zusammenfahren.

Machte sich jemand an den Mülltonnen zu schaffen?

»Ein streunender Hund, der im Bioabfall nach Nahrung sucht? Unwahrscheinlich.« Brandeisen beschloss, trotzdem nachzusehen. Die Tonnen standen auf der anderen Seite des Hauses, gleich neben dem Eingang. Bei dieser Gelegenheit konnte er auch gleich überprüfen, ob im Erdgeschoss alle Türen und Fenster verschlossen waren. Man musste an die Heizkosten denken.

Als er seinen Kontrollgang beendet hatte, ging er zur Haustür und spähte vorsichtig hinaus. Die Außenbeleuchtung schaltete sich ein.

Nichts Verdächtiges in Sicht.

Er schlüpfte aus seinen karierten Hausschuhen und zog die Gartenstiefel an. Dann schob er sich nach draußen.

Die Einfahrt lag unter einer geschlossenen Schneedecke. Zu den Mülltonnen an der Hauswand waren es nur ein paar Meter. Ein Ziegeldächlein schützte sie vor den Unbilden der Natur.

Die braune Biomülltonne stand ganz außen. Sie war leicht verschoben. Seltsam. Brandeisen richtete die Tonnen immer korrekt aus, er liebte rechte Winkel.

Und waren da nicht Schuhabdrücke im Schnee?

Der Staatsanwalt verglich sie mit seinen eigenen. Nein, diese Abdrücke konnten nicht von ihm stammen. Sie waren viel größer und wiesen kein Profil auf – im Gegensatz zu den Sohlen seiner Gartenstiefel.

Er sah sich um. Wo die energiesparende Beleuchtung endete, begann ein undurchdringliches Schattenreich. Wolkenmassen hatten sich vor die schmale Sichel des Mondes geschoben. Sogar der Schnee, tagsüber noch von blendendem Weiß, schien geschwärzt, als habe eine Geisterhand Kohlenstaub darübergestreut.

»Hallo? Ist da wer?«

Keine Antwort.

Ihn schüttelte es. Diese Kälte! Brandeisen kehrte rasch ins Haus zurück. Nein, seine Fantasie hatte ihm keinen Streich gespielt. »Ich glaube, da ist jemand an den Tonnen gewesen, Hilda. Das gefällt mir gar nicht.«

Er schlug noch einmal die Akte des Schlitzers auf. Hubert Pflaum, ein Metzgergeselle mit einem ganzen Sack voller psychischer Störungen, hatte fast zwei Meter gemessen. Jahrgang 1965, Körpergewicht bei Festnahme 115 Kilogramm. Es folgten weitere persönliche Daten. Dann: Schuhgröße 47.

Das mochte mit der Schuhspur übereinstimmen. Brandeisen blätterte weiter. Er hatte in den vergangenen Wochen die Fühler ausgestreckt und seine Unterlagen ergänzt. Der Schlitzer war im Februar 1987 festgenommen und nach einem spektakulären Prozess zu lebenslänglicher Haft verurteilt worden, was de facto auf maximal 15 Jahre hinauslief. Doch in der JVA Bayreuth setzte er sein schändliches Werk fort. Ein Wärter und drei Mitgefangene fielen seinen selbst angefertigten Klingen zum Opfer. 1989 wurde er in die geschlossene psychiatrische Abteilung des Bezirkskrankenhauses verlegt. Dort befand er sich seither in Sicherheitsverwahrung.

Auf der nächsten Seite der Akte waren Pflaums Ausbruchsversuche aufgelistet. Unblutig war keiner abgelaufen. Der letzte hatte 2016 stattgefunden, das war schon ein paar Jahre her. Der Schlitzer hatte nach guter Führung wieder einen Platz in der Anstaltswerkstatt ergattert. Dort härtete er ein Bilderbuch für Demenzkranke mit Kunstharz aus, schliff die Kanten an und ging damit auf zwei Pfleger los. Sie wurden förmlich guillotiniert.

Inzwischen war er 57 Jahre alt.

Brandeisen schluckte. 57. Da stand man noch in Saft und Kraft. Das konnte er aus eigener Erfahrung bestätigen.

Er nahm den Hörer seines Bakelit-Telefons ab – Manufactum sei Dank – und wählte die Nummer der Auskunft. Das Bayreuther Krankenhaus sollte ihn auf den neuesten Stand bringen.

Die Leitung war tot.

Er probierte es erneut. Nicht mal ein Freizeichen.

Sein Diensthandy? Lag auf seinem Schreibtisch im Gericht. Er hasste das Ding, deswegen vergaß er andauernd, es mit nach Hause zu nehmen.

Also auch kein Notruf.

Nun gehörte der Staatsanwalt nicht zu den Männern, die schnell die Fassung verloren. Außergewöhnliche Situationen erforderten eben entsprechende Maßnahmen, konstatierte sein Juristenverstand. Doch langsam wurde selbst ihm mulmig zumute.

»Ich denke, wir sollten uns bewaffnen«, sagte er zu Hilda.

Die Dogge gab seinen Blick gleichmütig zurück. Bewaffnung? Die Natur hatte sie hinreichend ausgestattet. Abgesehen von dem etwas schwerblütigen Kommissar Küps ließ ihr lebensechter Anblick jedem das Herz in die Hose rutschen. Man hatte den Eindruck, als wollte sie einen gleich in Stücke reißen.

Es klopfte. Nicht an der Haustür, sondern ... in der Gästetoilette? Brandeisen hielt den Atem an.

Da war es wieder. Klopf-klopf-klopf! Fordernd und nachdrücklich.

»Pocht jemand von außen gegen den Fensterrahmen?«,

fragte er. »Oder ist der Schlitzer schon eingedrungen – Glasschneider gibt es in jedem Baumarkt. Macht er sich einen Spaß daraus, den Poltergeist zu spielen, bevor er zur Tat schreitet?«

Hilda wirkte völlig gleichgültig, geradezu apathisch. Im Tod waren ihre Instinkte einfach nicht mehr dieselben, das war dem Staatsanwalt schon häufiger aufgefallen.

Er überlegte fieberhaft. Mit einem Küchenmesser brauchte er Pflaum nicht gegenüberzutreten. Auf diesem Gebiet war ihm der Psychopath haushoch überlegen.

»Ab in den Keller!« Er löschte das Licht in Flur und Wohnzimmer und hastete die Treppe hinunter.

Moment! In Horrorfilmen vergaßen die unglücklichen Opfer stets, hinter sich abzusperren. Das sollte ihm nicht passieren! Er stieg die Stufen wieder hoch und verriegelte die klapprige Holztür. Das Haus hatte schon ein knappes Jahrhundert auf dem Buckel. Damals kannte man noch keine verzinkten Sicherheitstüren.

Bewaffnung. Der Staatsanwalt ging die Möglichkeiten durch. Sein alter Campinghammer aus Gummi? Er wog ihn in der Hand. Plump und wohl kaum effektiv. Gleiches galt für Schaufel, Heckenschere, Rohrzange. Die Giftspritze, mit der er den Rasen ökologisch unkorrekt einnebelte? Leer. Ein Satz Boulekugeln? Brandeisen rollte lieber, als dass er warf. Eine Pistole besaß er nicht, Schusswaffen waren ihm suspekt.

Ihm fiel nur sein alter Tennisschläger ein.

Er zerrte die Sporttasche aus dem Regal und holte das gute Stück heraus. Marke Wilson, Jimmy Connors hatte mit diesem Modell einst Rekorde aufgestellt, vor einem halben Jahrhundert. Ein echter Kämpfer!

Bei der Clubmeisterschaft fegte der Staatsanwalt immer noch die jungen Talente vom Platz. Seine Vorhand war knallhart, seine Rückhand präzise wie ein Skalpell. Behutsam fuhr er über die Bespannung des Schlägers. Solider Metallrahmen, perfekt ausbalanciert. Damit konnte er dem Schlitzer das, was bei dem Kerl als Gehirn durchging, nachhaltig weichklopfen. Allmählich kam er in die richtige Stimmung. Weg mit den Gartenstiefeln! Jetzt galt es, leise zu sein.

Auf Strümpfen hoch zur Kellertür.

Er lauschte. Nichts.

Brandeisen drehte den Schlüssel unendlich langsam, damit kein Geräusch entstand. Dann machte er die Tür einen Spaltbreit auf.

Alles dunkel.

In seinem Hausmantel bewegte er sich wie Rafael Nadal, geduckt, katzenhaft, den Schläger zum tödlichen Streich erhoben.

Etwas Schweres prallte gegen die Terrassentür. Als ob der Schlitzer ausgerutscht wäre und Bekanntschaft mit den doppelt isolierten Scheiben gemacht hätte.

Brandeisen war sofort klar: Das war seine Chance.

Er schlich ins Wohnzimmer und näherte sich der Tür.

Blitzte da draußen ein Licht auf? Wie von einem Feuerzeug. Vielleicht zündete sich der Schlitzer vor dem Final Cut noch eine Zigarette an?

Jetzt hieß es, die Initiative zu ergreifen. Nur keine Hemmungen. Angriff war die beste Verteidigung! Und es musste schnell gehen, Überraschungseffekt. »Bereit, Hilda?«, raunte er der Dogge zu.

Hilda war immer bereit, unnötig zu fragen. Brandeisen steckte den Tennisschläger in den Gürtel seines Hausmantels und packte einen Lehnstuhl im Chesterfield-Stil. Der wog mindestens eine Tonne, fast sprangen ihm beim Hochwuchten die Bandscheiben raus. Mit schier übermenschlicher Anstrengung schleuderte er das Teil gegen die Fensterfront.

Die Scheiben barsten in einem Splitterschauer. Es regnete Glas. Davon unbeeindruckt zog Brandeisen den Tennisschläger, öffnete die Terrassentür und sprang ins Freie.

Auf Verdacht eine blinde Kombination: Vorhand Cross und eine Topspin-Rückhand hinterher. Links, rechts.

Dumpfes Stöhnen in der Finsternis.

Eine schemenhafte Gestalt stürmte an ihm vorbei ins Innere. Alkohol lag in der Luft.

Er folgte den Ethylschwaden. Es roch weihnachtlich, nach Gewürzen und Glühwein. Schweres Keuchen, als litte der Schlitzer an Asthma.

Brandeisen schaltete das Wohnzimmerlicht ein. Gegen einen erschöpften Serienmörder hatte er vielleicht eine Chance.

Ein markerschütternder Schrei.

Der Staatsanwalt ließ den Schläger sinken. Er konnte nicht fassen, was er sah.

Auf seinem Perserteppich kniete Hauptwachtmeister Dippold und hyperventilierte. Gesicht an Schnauze blickte er Hilda direkt ins Maul auf die gewaltigen Fangzähne. Dippold, von der zarten Statur eines Zwetschgenmännlas, stand kurz vor seiner Pensionierung. Sein Witzearsenal besaß enzyklopädische Ausmaße, Frucht einer Karriere im Innendienst, aber nun war er verstummt.

An der Terrassentür lehnte Kommissaranwärterin Schmidtlein und hielt sich ihren quadratischen Schädel. Die Rückhand hatte sie an der Schläfe erwischt. Doch die stattliche junge Frau verfügte über eine unverwüstliche Konstitution. Es war wohl kein nennenswerter Schaden entstanden.

»Ich glaube, Sie beide sind mir eine Erklärung schuldig.«
Brandeisen setzte sich auf seinen Drehsessel und schlug die
Beine übereinander. »Wer fängt an?«

Bedröppelt nahmen die Polizisten vor ihm Aufstellung
und versuchten sich gleichzeitig an einer Erklärung. Nach
einer Weile gelang es Brandeisen, aus ihrem Gestammel
schlau zu werden. Es stellte sich heraus, dass die Punsch-
wogen auf der Weihnachtsfeier der Polizei hoch und höher
geschlagen waren. Wenn ein Franke, an und für sich an Alkohol gewöhnt dank einer weltweit einzigartigen Brauereien-
und Wirtshausdichte, ungewohnte Getränke wie Punsch zu
sich nahm, brach eine Charakterschwäche durch: Er lästerte
auf Teufel komm raus. Irgendwann war der Staatsanwalt an
der Reihe gewesen. Seit Wochen nervte er die gesamte Beleg-
schaft mit den Plänen für sein Serienmörderbuch. Jeden
löcherte er mit Fragen über den Schlitzer von Scheßlitz.
Und er hielt aus dem Stegreif ellenlange Vorträge, zur Fort-
bildung. Keiner konnte es mehr hören. Die zwei angetrun-
kenen Kindsköpfe wurden von den anderen dazu auserko-
ren, loszuziehen und ihm einen Streich zu spielen.

»Wir wollten Ihnen nur einen Schreck einjagen«, schloss
Dippold kleinlaut und musste sauer aufstoßen. »Damit wir
auf der Wache was zu erzählen haben.«

»Dann haben Sie an die Scheibe geklopft?«

»Ja.«

»Und das Kratzen und Schaben?«, wollte Brandeisen
wissen.

»Das war ich.« Die Schmidtlein wärmte sich an dem
Kaminofen. Weil sie sich trotz deutlichen Lallens noch für
nüchtern gehalten hatte, war sie und nicht Dippold zum
Haus des Staatsanwalts gefahren. »Wer konnte denn ahnen,
dass Sie gleich mit Stühlen schmeißen?«

»Sie sind zu weit gegangen. Die Telefonleitung abzuklemmen – also, ich muss schon sagen!«

»Was?«, wunderte sich Dippold. »Aber –«

»Mein Apparat ist tot. Soll das der Heilige Geist gewesen sein?«

»Das waren wir nicht!«

»Leugnen macht alles nur noch schlimmer!« Brandeisen hatte den Eindruck, zwei Pennäler zu vernehmen, denen man jede Missetat aus der Nase ziehen musste. Er fand das alles überhaupt nicht witzig. Wegen dieser beiden Dummbeutel hatte er sein Wohnzimmer demoliert. Er saß mit dem Rücken zum Fenster. Ein kalter Luftzug drang herein und kroch ihm den Nacken hinab.

»Und gegen die Mülltonnen sind Sie wohl auch nicht geknallt?«, setzte er unwirsch hinzu.

Vor Schreck geweitete Augen. Münder, die versuchten, Worte zu formen.

Er musterte die Schuhe der Polizisten. Keiner von beiden hatte Schuhgröße 47. Ihre Füße waren erkennbar kleiner.

Dann wurde ihm schwarz vor Augen.

Als Brandeisen zu sich kam, konnte er sich nicht rühren. Sein Schädel dröhnte. Er saß immer noch auf seinem Drehsessel – jedoch fachgerecht fixiert mit handelsüblichen Kabelbindern. Neben ihm Dippold und Schmidtlein, auf Esszimmerstühlen, ebenfalls gefesselt und offenbar bewusstlos.

Ein neuer Gast hatte es sich auf dem Sofa bequem gemacht. Er war in seine Lektüre vertieft, »Der oberfränkische Serienmörder im Spiegel der Zeit«. Neben ihm lehnte eine Schneeschaufel an der Wand, das Blatt aus gehärtetem Aluminium war leicht eingedellt. Hoffentlich hatten sich die Hirnschalen der Bamberger Polizisten als härter erwiesen. Auf dem Boden stand eine Werkzeugkiste.

Die Kälte im Raum verhalf Brandeisen wieder zu einem klaren Kopf. Der grobe Geselle auf seinem Sofa war kein anderer als – der Schlitzer.

»Handwerk mit Tradition«, las der laut und nickte. »Genau!«

Sogleich fühlte sich Brandeisen geschmeichelt. »Vielen Dank! Ich lege größten Wert auf Authentizität.«

Hubert Pflaum wies auf die Akte. »Bei den Ausbruchsversuchen fehlt einer.« Ein irres, viel zu hohes Lachen. »Der von heut früh!«

»Bei Gelegenheit werde ich es ergänzen«, sagte der Staatsanwalt. »Was, wenn ich fragen darf, führt Sie hierher?«

»Ich hab erfahren, dass du ein Buch über mich schreibst. So was spricht sich rum, sogar bei den Bekloppten. Da hab ich mal vorbeischauen gemüsst, quasi zur Kontrolle.«

»Haben Sie die Telefonleitung gekappt?«

»Logisch.«

»Und jetzt wollen Sie sich vergewissern, ob ich mich in meiner Studie an die Fakten halte.« Brandeisen hatte Verständnis für derlei Bedenken. »Nun, ich kann Ihnen versichern, dass ich den Sachstand sorgfältigst gegenrecherchiert habe. Aufgrund der vorliegenden –«

»Des klingt alles so gestelzt«, unterbrach ihn der Schlitzer.

»Eine gewisse Fachsprache ist leider vonnöten.«

»Kann man des net spannender machen?«

»Wie meinen?«

»Du bist doch der Dichterfürst! Stehst du auf der Leitung, oder was?« Pflaum strengte seine Gehirnzellen an, ein Unterfangen, das ihm sichtlich Mühe bereitete. Die Adern an seiner niedrigen Stirn traten hervor. »Zum Beispiel nach dem Schlachten. Da könnt ich doch des Blut meiner Opfer trinken. Kommt bestimmt gut an.«

»Vampirgeschichten sind ein bisschen aus der Mode, finden Sie nicht?«

»Oder wie wär's, wenn ich nach dem Zerlegen immer ein bestimmtes Leichenteil mitnehm? Auge, Ohr, Finger.« Pflaum sah an sich herab. »Jetzt hab ich's! Den großen Zeh! Dann wär ich … der Zehensammler!«

»Entspricht das der Wahrheit?«

»Is doch wurscht! Muss halt was Ausgefallenes sein.«

Brandeisen begriff. Vermutlich hatte der Schlitzer in seiner langen Haftzeit zu viele harte Thriller gelesen. Er wollte sein todbringendes Wirken im Nachhinein ausgeschmückt wissen. Garniert mit einem besonderen, unverwechselbaren Kniff. Überwölbt von einer exotischen Obsession. Menschen nach allen Regeln der Kunst zu zerstückeln, reichte ihm nicht. Er drängte in die Monster-Top-Ten.

Das Traurige war: Pflaum hatte recht. So entstanden Bestseller. Aber der Staatsanwalt war unbestechlich. »Ich muss dieses Ansinnen entschieden zurückweisen«, sagte er. »Sie verlangen von mir, den Geist der Wissenschaft zu verraten: das Streben nach Wahrheit. Bedaure, damit kann ich nicht dienen.«

»Wie jetzt?«

»Ich weigere mich, auch nur das kleinste Detail hinzuzuerfinden.« Brandeisen blieb standhaft. »Ist die Wirklichkeit nicht schrecklich genug?«

Der Schlitzer grübelte eine Weile über den Schreibmaschinenseiten. Dann legte er die Blätter weg und öffnete seine Werkzeugkiste. »Pech«, sagte er.

In der Zwischenzeit waren Dippold und die Schmidtlein erwacht. Die beiden hatten die Unterhaltung mit wachsendem Unbehagen verfolgt. Jetzt stand ihnen blankes Entsetzen ins Gesicht geschrieben.

Pflaum breitete funkelnagelneue Schlachtermesser auf dem Wohnzimmertisch aus, bezahlt mit der Kreditkarte seiner vertrauensseligen Psychologin, wie sich später zeigen sollte. Winterspaziergang im Anstaltspark, ein Zugeständnis wegen Weihnachten. Kreditkarten besaßen manchmal scharfe Kanten. Durch einen dürren Psychologinnenhals gingen sie wie Butter. Und im nächsten Haushaltswarengeschäft hatte er sich mit seinen wohlvertrauten Mordwerkzeugen ausgestattet.

»Was haben Sie vor?«, fragte Brandeisen.

»Dreimal darfst du raten.« Der Schlitzer entschied sich für das Zerlegemesser. Schmale, gebogene Klinge. Höllenscharf. »Der Zehensammler ...«, sagte er gedehnt und lauschte dem Klang der Worte nach. »G'fällt mer!«

»Sie mit Ihren Prinzipien!«, fuhr Dippold den Staatsanwalt an. »Schreiben Sie doch einfach, was der Mann verlangt!«

»Bist du still!« Pflaum stand auf und hielt ihm das Messer unter die Nase. »Dafür ist es jetzt zu spät.«

Dippold verstummte.

Der Schlitzer betrachtete seine Kandidaten, einen nach dem anderen. Prüfende Metzgerblicke. Wo lagen die Knochen? Wie war das Fleisch verteilt?

»Kann man Ihnen irgendwie helfen?«, wagte sich Brandeisen vor.

»Mit wem soll ich anfangen?« Pflaum musterte die Schmidtlein. Bückte sich und zog ihr einen schwarzen Turnschuh aus. Sie wehrte sich, erfolglos, war sie doch fest an Stuhl und Stuhlbeine gefesselt.

Pflaum streifte die Socke ab und nahm den großen Zeh in einen Schraubstockgriff. »Komm zu Babba, mei Diggerla!«

Die Schmidtlein wusste vor Angst nicht, ob sie schreien oder wimmern sollte.

Er legte das Messer an.

Was tat eine Kommissaranwärterin in solch auswegloser Situation? Eine Kommissaranwärterin, deren kognitive Fähigkeiten nicht besonders ausgeprägt und durch zu viel Punschkonsum zusätzlich beeinträchtigt waren?

Sie tat das, was ihr momentan am leichtesten fiel. Sie kotzte.

Und was tat ein Schlitzer, über den sich ein Schwall aus diversen Alkoholika, Resten von Currywurst, Pommes, Zimtsternen und Spekulatius, mazeriert in Magensäure, ergoss?

Er machte allerlei Verrenkungen, um der ätzenden Attacke zu entgehen. Und gewahrte nicht den stumpfen Gegenstand, der sich mit rasender Geschwindigkeit seinem Psychopathenschädel näherte.

Kommissar Küps hatte zusammen mit dem Staatsanwalt schon zahlreiche knifflige Fälle gelöst – wenn auch selten mit befriedigendem Ergebnis. Sie waren ein ungleiches Paar. Brandeisen, der sich für eine Art Großintellektueller hielt, machte sich bei jeder Gelegenheit über Küps lustig. Dabei benutzte er seine ausgestopfte Dogge als stummen Sidekick mit Bemerkungen wie: »Der Kommissar ist heute etwas langsam, Hilda.« Oder: »Stör den Kommissar nicht beim Denken, Hilda, sonst passiert noch ein Unglück.« Es war die Pest.

Als Küps auf der Weihnachtsfeier der Bamberger Polizei von der Toilette zurückgekommen war und mitgekriegt hatte, was Dippold und die Schmidtlein ausheckten, hatte er zunächst nicht eingegriffen. Gegen einen Spaß auf Brandeisens Kosten war nichts einzuwenden.

Zu fortgeschrittener Stunde meldete sich jedoch sein Gewissen. Betrunkene Polizisten waren wie Lenkwaffen, zu denen die Bodenstation den Kontakt verloren hatte. Sollte er vorsichtshalber nach dem Rechten sehen?

Also war er mit seinem »Kollegenknüttel« losmarschiert. Dabei handelte es sich um einen knorrigen, spazierstocklangen Prügel, der dem jungen Küps in so manchem gegnerischen Fußballstadion ein zuverlässiger Begleiter gewesen war. Seit seiner Beförderung zum Oberkommissar benutzte er das Ding dazu, ausrastende Kollegen zur Räson zu bringen. Schießwütige Nachwuchskräfte, die Adrenalinjunkies von den Spezialeinheiten, Demonstrantenklatscher – bei der Polizei herrscht an Hitzköpfen ja kein Mangel. Bekanntermaßen trennt Verbrecher und Gesetzeshüter nur ein schmaler Grat. Und um Kaliber wie die Schmidtlein lahmzulegen, brauchte Küps schweres Gerät.

Nachdem er mit seinem alten Opel durchs Winterwunderland gepflügt war, stand er vor Brandeisens Tür. Aus alter Gewohnheit klingelte er nicht und ging ums Haus herum. Es sollte eine Überraschung werden, trug er doch sein Knecht-Ruprecht-Kostüm, braune Kutte mit schwarzem Fellbesatz. Als strafender Gehilfe des Nikolaus war er bei der Weihnachtsfeier wieder zur Höchstform aufgelaufen.

Würgegeräusche – Küps hatte die Ohren gespitzt. Er war über die Terrasse gehuscht, hatte einen Blick riskiert und blitzschnell die bedrohliche Lage erfasst …

… woraufhin der Knüttel ordentlich zu tun bekam. Wie ein gefällter Baum lag Hubert Pflaum in Schmidtleins Erbrochenem. Es stank entsetzlich.

Pupillentest. Der Kerl lebte noch, würde aber erst nach ein paar Stunden aus unruhigen Träumen erwachen.

Küps verschaffte sich einen Überblick. »Anfänger!«, fluchte er. Zwei mehr oder weniger gestandene Polizisten und sein Freund, der hochmögende Staatsanwalt, hatten sich von dem Schlitzer überwältigen lassen. Auf niemanden war mehr Verlass.

»Machen Sie uns endlich los!« Brandeisen brannte darauf, die Ereignisse schriftlich niederzulegen. Was für ein Stoff, und von A bis Z wahrheitsgetreu! Er sah sich schon in den Talkshows sitzen und mit huldvoller Geste aus dem Nähkästchen plaudern. Ein unerschrockener Profiler, der dem Scheßlitzer Scheusal die Stirn geboten hatte und gerade noch mit dem Leben davongekommen war.

Dippold und die Schmidtlein schämten sich in Grund und Boden. Die Kommissaranwärterin hatte zwar sämtliche Zehen behalten, und auch dem Zwetschgenmännla war nichts abgeschnitten worden. Dennoch taten sie so, als wären sie ins Koma gefallen – um der Standpauke ihres Vorgesetzten zu entgehen.

Küps ließ sich nicht drängen. Er konnte Brandeisen und seine Kollegen immer noch befreien, nachdem er Hilda befragt hatte. Die Stunde der Vergeltung war gekommen.

»Zuerst vernehme ich die Dogge«, erklärte er. »Zeugenaussagen soll man unverzüglich einholen, wenn die Eindrücke noch ganz frisch sind, um die Gefahr der Verdunkelung zu verhüten. Paragraf 163 Absatz 1 StPO. Bitte gedulden Sie sich.«

»Das ist doch die Höhe!«, entrüstete sich Brandeisen und kämpfte mit den Kabelbindern.

»Tatortbefund. Ich werde Ihnen gern eine Kopie zukommen lassen.« Küps zog sich einen Stuhl heran und streichelte erst einmal Hilda. »Was für ein glattes Fell du hast! Das muss ja ein traumatisches Erlebnis gewesen sein. Willst du darüber reden?«

Pause.

»Das verstehe ich. Es braucht Zeit, die richtigen Worte zu finden.« Der Kommissar ignorierte Brandeisens Gezeter. »Du machst das ganz toll. Für den Fall, dass du über ein Zeugnisverweigerungsrecht nach Paragraf 52 StPO nachdenkst: Da du mit dem Staatsanwalt nur in Hausgemeinschaft lebst und in keinem Verwandtschaftsverhältnis stehst, darfst du frei reden. Was liegt dir auf dem Herzen?«

Hildas Blick war verhangen, als befände sie sich an einem entrückten Ort.

Küps versuchte es immer wieder. Doch er drang nicht durch. »Möchtest du von deinem Recht auf Auskunftsverweigerung nach Paragraf 55 StPO Gebrauch machen, damit du dich nicht selbst belastest?«, fragte er schließlich.

Ihr Schweigen war ihm Antwort genug.

Der Kommissar erhob sich. Er hatte den Staatsanwalt im Klugscheißen übertroffen. Gegen diesen Triumph verblasste sogar Weihnachten. »Dann mach ich uns mal einen Tee. Für Sie auch einen, Brandeisen?«

Hilda verzichtete.

DIE SCHÖNE UND DAS BIEST

Beatrix Mannel

Meine Schwester und ich waren schon immer wie gefesselt von Männern mit Hunden, von Männern, die Verantwortung übernehmen und aus dem Stand eine Entscheidung treffen können, egal, ob es sich um den Kampf gegen ein Unrecht, die Führung eines Unternehmens oder den Kauf eines Futternapfs handelt. Unser Vater war so ein Mann. Von ihm habe ich gelernt, wie befriedigend die Jagd sein kann, wie wichtig es ist, geduldig warten zu können, und wie schwer der Umgang mit der erlegten Beute zuweilen sein kann.

Als ich dem stattlichen Fremden das erste Mal im »Dogpalace« begegnet bin, kaufte er für seinen struppigen Mischling eine neue Leine und wusste – zack, zack, zack –, welches Leder, welche Länge, welche Farbe.

Ich hingegen war schon seit Stunden auf der Pirsch ... um einen Futternapf für das Spezialtrockenfutter meiner geliebten Sissi zu besorgen. Überwältigend viele Möglichkeiten. Aus kratzfestem Hotelporzellan, emailliert, bemalt, vergoldet und der prächtigste war über und über mit funkelnden Swarovski-Kristallen besetzt. Leider war Sissi bei der Auswahl keine Hilfe. Ihr schien tatsächlich egal zu sein, woraus sie ihr Futter fraß.

Meine geliebte kleine Schwester hätte bestimmt den Swarovski-Napf gewählt. Als Almuth mir endlich die Sache mit Patrick vergeben und zur Versöhnung diesen Malteserwelpen geschenkt hatte, war sogar der beigefügte Kotbeutelspender mit Strass verziert. Schon ihr ganzes Leben hatte meine schöne Schwester versucht, unsere Herkunft mit extraviel Glitzer zu übertünchen. Aber in dieser einen Sache halte ich es wie unser Vater: Pecunia non olet. Geld stinkt nicht. Weshalb ich mich seit seinem Tod um unsere Firmengruppe, die »Becker Industries«, kümmere, während Almuth sich von unseren, zugegeben nicht sehr wohlriechenden, Geschäften nach einer großzügigen Abfindung verabschiedet hat. Mutter war schon kurz nach Almuths Geburt nach Indien aufgebrochen, wo sie die Verbrechen, die Vater ihrer Meinung nach begangen hatte, karmisch wiedergutmachen wollte. Das Letzte, was wir von ihr hörten, war eine Tonaufnahme. Sie chantete zu den Tönen tibetischer Klangschalen, was uns mit ihrer unendlichen Liebe erfüllen sollte. Da war Almuth vier und ich sieben Jahre alt. Vater war 38.

Der Fremde im »Dogpalace« trat mit einer angedeuteten Verbeugung neben mich. Obwohl er nur wenig größer war als ich, verströmte er in seinem abgetragenen schlammfarbenen Burberry ein geradezu royales Selbstvertrauen. Der subtile Geruch nach Torf und Fallobst, der den Falten seines Mantels entstieg, versetzte mich direkt in die pferdedampfende Dämmerung schottischer Hochmoore und brachte meinen Herzschlag zum Flattern wie aufgeschreckt fliehende Fasane.

Ich liebe die Jagd.

»Ihre bezaubernde Malteserhündin will doch keinen Napf, der sie überstrahlt! Ich würde Ihnen daher zu diesem Modell raten.« Er deutete auf eine schlichte Schale aus Platin, die mir bisher völlig entgangen war. Seine warme und feste Stimme entlockte Sissi ein leises Knurren.

»Lassen Sie den Namen Ihres Lieblings am Rand eingravieren und Sie haben das perfekte Stück.« Aufmerksam musterte er das weiße Kuschelglück in meiner Armbeuge. »Darf ich fragen, wie diese Schönheit heißt?«

»Sissi«, sagte ich und wappnete mich für das Zucken der Augenbrauen, das dann immer folgt. Ihr Name degradierte mich zu einer armen Närrin, einer dicklichen Alten, die beim Fellkraulen davon träumt, jemand würde das Gleiche mit ihrem stumpfgrauen Haar machen. Da war es auch schon, das Zucken, aber es verwandelte sich sofort in ein verschwörerisches Lächeln.

»Darf ich Ihnen meinen Graf Andrássy vorstellen?«

Graf Andrássy? Beinahe hätte ich mich verschluckt. Das überstieg nun wirklich alles, worauf ich gefasst gewesen war.

Er beugte sich vor und klopfte seinem knapp schenkelhohen, struppigen Mischling die Flanken, was der mit begeistertem Schwanzwedeln belohnte.

Sprachlos starrte ich die beiden an.

Er richtete sich wieder auf und lächelte mir zu. »Nicht, dass Sie jetzt was Falsches denken!«

Wenn er wüsste, wie weit ich davon entfernt war. Neugierig musterte ich das Paar, während ich Sissi weiter kraulte. »Und was wäre das Richtige?«

»Sie sollten mich keinesfalls für einen schmalzigen Romantiker halten, der heimlich Sissi-Filme anschaut. Die Geschichte mit meinem Grafen war ganz anders.«

»Aha ...« Er verstand es wirklich, Spannung aufzubauen!

»Diesen armen Hund habe ich völlig unterernährt in Ungarn von der Straße aufgelesen. Mein Dolmetscher hat mich auf die Idee mit dem Namen gebracht! Er fand, ein so tapferer Vierbeiner hätte es verdient, den Namen eines berühmten Rebellen zu tragen.«

Ich brachte keinen Ton raus. Dieser Mann wirkte tatsächlich wie ein Geschenk des Schicksals. Sissi und Graf Andrássy! Das hätte Almuth auch gefallen! Nun, dann sollte das wohl so sein!

»Kaum war ich wieder in Deutschland, kam es mir doch etwas lächerlich vor, meinen struppigen Mischling so zu nennen.« Seine dunklen Augen flehten geradezu um mein Verständnis. »Deshalb rufe ich den Grafen einfach nur Ändy.« Er betonte es mit einem langen *Äää* und lächelte, während er meine unförmige Körperfülle so beifällig musterte, als wären es die Kurven eines Playboy-Covergirls.

»Ich bin eben durch und durch Praktiker«, sagte er.

Oh ja, praktisch veranlagt war er ganz sicher! Er hatte dem Streuner ein Zuhause gegeben und alle Unannehmlichkeiten auf sich genommen, die einen erwarten, wenn man einen Hund ohne Papiere über die Grenze nach Deutschland bringen will.

»Und wie heißen Sie?«, fragte ich und merkte, wie meine Wangen heiß wurden, als wäre ich 16 und keine 65 Jahre alt.

»Das würde ich Ihnen sehr gern bei einem Kaffee oder Tee verraten.« Er griff nach meiner Hand, murmelte etwas, was sich wie »Käsi-tscho-kolom« anhörte, und hauchte einen Kuss darauf. Sissi wedelte mit dem Schwanz und ich musste mich ein paarmal räuspern, bevor mein »Ja« auch wirklich zu hören war.

Er schlug ein Café mit herrlichem Blick auf den Main vor. Wir tranken einen Kaffee und noch einen, und Stunden später gingen wir nahtlos zu Aperol Sprizz über und wären noch länger geblieben, wenn unsere Lieblinge nicht so dringend an die frische Luft gemusst hätten.

Sechs Wochen später waren wir verheiratet.

In meinem Alter hat man keine Zeit mehr zu verschwenden. Außerdem wollte Stefan erst nach der Eheschließung das Bett mit mir teilen. Das überraschte mich dann doch etwas, immerhin war er 20 Jahre jünger als ich, da war ich von etwas mehr triebhaftem Feuer ausgegangen. Doch er sagte, auch wenn er sich nach mir verzehren würde, sei es ihm wichtig zu zeigen, wie ernst er es mit seiner Liebe zu mir meinte.

Natürlich hatte er nicht die geringste Ahnung, wie ernst mir das alles war!

Wir haben im kleinsten Kreis geheiratet. Ich hatte ja niemanden mehr, seine Eltern waren schon lange tot, und sein Bruder war bei 9/11 in New York umgekommen. Aber vor allem, so sagte er, wolle er die Familie seiner erst kürzlich verstorbenen Frau nicht mit einem opulenten Fest brüskieren. Mit feuchten Augen erzählte er mir von dem tödlichen Autounfall, den die arme tierliebe Piroschka in der Kiefernallee von Keszthely gehabt hatte. Sie war in der Rosenmontagsnacht beschwipst einem Hund ausgewichen und frontal an einem Baum gelandet.

Trotzdem schlug er Ungarn für die Hochzeit vor, weil er wegen der zahlreichen Ländereien von Piroschka ohnehin oft dorthin musste und dabei eine pittoreske Kapelle am Plattensee entdeckt hatte, die wie gemacht für uns wäre.

Ich sorgte dafür, dass das Fest auch ohne Gäste unvergesslich blieb, Almuth hätte es gefallen: Graf Andrássy trug einen petrolfarbenen Kaschmir-Tuxedo und apportierte die Ringe, die in einer kleinen Box an seinem exquisiten Lederhalsband befestigt waren. Meine Sissi wiederum bezauberte in ihrem cremefarbenen Brautjungfernkleidchen aus Tüll, das über und über mit Rosenknospen aus Seide bestickt war.

Stefan war zu Tränen gerührt. Noch nie sei er so glücklich gewesen. Nach unserer Hochzeit ließ er in einer schwachen Minute und bei allem Respekt für die verstorbene Piroschka durchblicken, dass ihre Leidenschaft nicht halb so intensiv gewesen war wie das, was wir beide genossen. Was mich unter anderen Umständen ins Grübeln gebracht hätte, denn er war trotz seiner Jugend kein allzu emsiger Liebhaber. Doch genügten mir seine Bemühungen vollkommen, denn allein seine Gegenwart entzündete ja schon meine unglaublich … feurigen Gefühle.

Der einzige Wermutstropfen in unserem Glück war, dass weder Ändy noch Sissi unsere Liebe zu billigen schienen. Wann immer wir unsere getrennten Schlafzimmer verließen, um ein Bett zu teilen, fingen sie an, so klagend zu heulen, als wären sie vom Hungertod bedroht. So benahm sich meine Sissi sonst nur bei Gewitter und an Silvester.

Zunächst hielten wir das einfach nur für Eifersucht, doch ihre Abneigung steigerte sich mit jedem Tag und schließlich konnten wir sie keine Sekunde mehr allein lassen. Sie fraßen sich nicht nur gegenseitig das Futter weg, nein, sie schnappten auch nach einander, und ich begann, um Sissis Leben zu fürchten.

Für Stefan lag es auf der Hand: Graf Andrássy erhob den Führungsanspruch, denn es sei sein Revier – und wir seien die Neuankömmlinge. Ein Winzling wie Sissi war allein schon wegen ihrer Körpergröße einen Rang unter Ändy und sie müsse lernen, sich unterzuordnen. Ein ehemaliger Straßenhund wie er kenne da kein Pardon.

Dieses Argument hätte ich ihm in Ungarn durchgehen lassen, doch wir wohnten nun wieder in meiner Villa im Odenwald, nicht nur wegen all unserer Betriebe, sondern auch, damit ich näher an der letzten Ruhestätte meiner Schwester sein konnte. Zum Friedhof kam er aber nie mit. Man solle das Leben feiern und nicht die Toten, fand er. Mir war es recht, denn danach fuhr ich immer noch in die Jagdhütte in der Nähe vom Felsenmeer, wo ich meinen Kummer am besten allein verarbeiten konnte.

Stefan wünschte sich zwar, dass wir nach dem Verkauf von »Becker Industries« in sein geliebtes Ungarn zogen, aber momentan befanden wir uns hier eindeutig noch in meinem Revier.

»Eigentlich ist Graf Andrássy hier doch in Sissis Territorium, oder?«, fragte ich also.

Stefan seufzte, als wäre ich ein trotziges Kind. »Wie ich schon sagte, Graf Andrássy ist ihr an Größe überlegen, daran muss sich deine Kleine gewöhnen, oder sollen wir einen der beiden ins Tierheim geben?«

Ich legte meine Hand auf seinen Arm und gab mir alle Mühe, besänftigend zu lächeln. »Wie wäre es, wenn wir einen Hundepsychologen zu Rate ziehen würden?« Womit dann endlich der finale Teil meines Plans beginnen würde.

»Einen Hundeflüsterer? Warum nicht gleich Hundeyoga auf dem Stand-up-Paddel?« So ein zynisches Grinsen hatte er sich bisher immer verkniffen.

»Eine Bekannte von Sissis Hundecoiffeur kennt da jemanden, der ganz erstaunliche Erfolge vorweisen kann. Einen Dr. Patrick Schönbein.«

»Man kann einen Doktor in Hundepsychologie machen? Im Ernst jetzt?«

»Das nicht, aber als Tierarzt kann man auch promovieren.«

»Klar, über Freud und das Unbewusste im Hund.« Er tippte sich an seine faltenfreie Stirn.

»Da liegst du gar nicht so falsch. Freud liebte seine beiden Chow-Chows sehr. Angeblich hat er sie auch zu therapeutischen Zwecken eingesetzt.«

»Schon möglich, aber therapiert hat er diese hässlichen Blauzungen doch bestimmt nicht. Ich streite nicht ab, dass einigen Herrchen und Frauchen eine Therapie guttäte, aber wie will denn ein Hundetherapeut allein mit zwei Hunden arbeiten? Die beiden auf die Couch legen?« Kopfschüttelnd suchte er meinen Blick. »Und dann jaulen die zusammen über ihre schreckliche Kindheit und ihre Minderwertigkeitskomplexe?« Er unterstrich seine Worte mit einem lauten und sehr langen Jaulen, das ich unter anderen Umständen vielleicht witzig gefunden hätte. Zum Glück trabten da auch schon unsere Lieblinge heran. Aufgeregt bellend blieben sie vor uns stehen.

»Es freut mich, dass du es mit Humor nimmst!«, sagte ich und beugte mich zu Sissi hinab. Ich streichelte sie und gab ihr ein Leckerli, um sie zu belohnen. »Lass es uns doch versuchen, selbstverständlich komme ich für alle Unkosten auf, außerdem hat der Hundefachmann seine Praxis gleich neben meiner Bank, wo wir sowieso hinmüssen, um dir diese spezielle Bankvollmacht zu besorgen, du weißt schon, die eine, die über meinen Tod hinaus gilt.«

Tatsächlich war ich Patrick Schönbein in der Bank begegnet, kurz nachdem ich die ganze Wahrheit über Almuths Tod herausgefunden hatte. Zuerst wäre ich am liebsten weggelaufen, weil sein Anblick mich an all das erinnerte, was ich durch einen einzigen Fehler, eine einzige betrunkene Nacht verloren hatte. Aber dann blieb ich stehen, neugierig, wie es dem Mann ergangen war, der es geschafft hatte, Almuth und mich auseinanderzubringen. Offensichtlich erkannte auch er mich wieder, denn er kam direkt auf mich zu. Doch mir schenkte er keinen Blick, stattdessen zeigte er herrisch auf Sissi in meinem Arm und blaffte mich an. Das sei nicht akzeptabel! Als Hundetherapeut wüsste er, welche Qualen ein Hund durchmache, wenn er ständig getragen wurde. Ein Hund brauche Boden unter den Pfoten.

Überrumpelt, ganz wie früher, ließ ich Sissi sofort herunter. Patrick war also immer noch ein Mann, der vorgab zu wissen, was richtig und was falsch war. Ein Hundetherapeut? Wirklich? Ich versuchte, mich hochzustemmen. Wie war das nur möglich? Offensichtlich durchschauten auch Hunde aufgeblasene Egozentriker nicht schnell genug.

Nachdem ich mich aufgerichtet hatte, schlich sich ein selbstgefälliges Lächeln auf seine Lippen. Nun hatte er mich erkannt und erinnerte sich ganz offensichtlich an das leichte Spiel, das er mit uns ungleichen Schwestern gehabt hatte.

Diese Sekunde unkontrollierter Selbstgefälligkeit wirkte wie ein Signal, geradezu wie ein Startschuss der Erkenntnis. Plötzlich fügte sich alles zusammen. Ich wusste nun, wie ich vorgehen musste, um Almuth zu rächen.

Mein Jagdinstinkt war erwacht.

Ich legte ein Strahlen auf, als wäre es die Erinnerung an die gemeinsame Lust, die da gerade wie die Funken von brennenden Wunderkerzen durch meine Adern strömte.

»Ich hätte nie gedacht, dass du dir auch so einen Kuschelpups zulegst!«, sagte er.

»Ein Geschenk von Almuth.«

»Warum schenkt die Schöne dir ausgerechnet so eine Katastro-Fee? Du liebst doch nur Jagdhunde – je störrischer, desto besser!«

»Almuth ist vor neun Monaten in Ungarn gestorben.« Noch nie hatte ich das wirklich laut ausgesprochen. Tot! Hämmernd spaltete diese Wahrheit meinen Kopf, zerfiel dort in tausend Echos.

»Mein Beileid.« Es gelang ihm nicht mal, ein wenig betroffen auszusehen.

Ich war dankbar für seine Gefühllosigkeit. »Sissi war ihr letztes Geschenk an mich ... Trotzdem geht ›das Biest‹ immer noch gern auf die Pirsch.«

Er grinste nun wieder. »Witzig wie eh und je. Im Erlegen warst du ja auch immer gut, aber die Beute interessierte dich meistens nicht sehr lange ...«

Was für eine krasse Verdrehung der Fakten!

Almuth war damals mit Patrick verlobt gewesen. Er hatte Tiermedizin studiert und führte wegen seiner Doktorarbeit einige Untersuchungen in unseren Betrieben durch. Meine Schwester und ich mochten ihn und seinen Windhund und glaubten, es ginge ihm auch so. Bisher hatte unsere innige Verbundenheit leider noch jeden von Almuths Verehrern abgeschreckt. Ich wusste, dass sie uns Becker-Schwestern heimlich »Die Schöne und das Biest« nannten, aber das hatte mir nie etwas ausgemacht. Im Gegenteil, ich war so stolz auf sie, bezaubernd und klassisch wie Grace Kelly, während ich eher an Cruella de Vil in Extralarge erinnerte. Almuth liebte Malteser – ich Dackel, trotzdem waren wir Seelenverwandte. Für immer verbunden durch Vaters Abrakadabraspiele und das Weidmannsheil, mit dem ich uns endlich davon befreien konnte. Doch da war noch so vieles mehr, wir dressierten unsere Lieblinge und lachten mit ihnen, wir weinten beim gemeinsamen Lesen von Mascha-Kaléko-Gedichten, wir liebten Johannisbeeren, vor allem in Form von Torte. Wir hassten die Töne von Klangschalen und liebten die von Jagdhörnern.

Patrick schien mit unserer Nähe klarzukommen, dachten wir jedenfalls bis zu dem Abend, als Almuth unterwegs war, um zwei neue Malteserwelpen abzuholen. Er füllte mich ab. Heute bin ich sicher, da waren auch K.-o.-Tropfen in den vielen »Sektchen«, die er mit mir gekippt hatte. Wir landeten im Bett und er fotografierte uns mit seinem Handy, um der Schönen zu zeigen, was für ein Biest ihre Schwester wirklich war. Allerdings ging sein Plan nach hinten los, denn – ja – er hatte uns auseinandergebracht, aber Almuth löste tief verletzt ihre Verlobung, obwohl er schwor, dass ich ihn verführt hätte.

Ich habe versucht, mit ihr zu reden, aber für sie war ich so tot wie Vater. Ich habe ihr Briefe geschrieben, die mit dem Vermerk »Adressat unbekannt« zurückkamen. Es dauerte qualvoll lange, bis ich nur dank einem befreundeten Malteserzüchter herausfand, dass sie den Mädchennamen unserer Großmutter angenommen hatte, weil sie mit der ganzen Beckerfamilie nichts mehr zu tun haben wollte. Nachdem ich das wusste, habe ich ihr eine handsignierte Ausgabe von Maschas erstem Gedichtband geschickt, die wenigstens nicht wieder zurückkam. Ein Anfang, dachte ich und versuchte es mit Humor. Ich produzierte ein Video zu den Klängen von Jagdhörnern und ließ mir dabei eine Torte mit Patricks Foto ins Gesicht werfen, Johannisbeerschokosahne, ihre Lieblingssorte. Aber Almuth blieb stumm.

Ich gab exklusive Geschenke für ihre Malteser in Auftrag. Zuerst ein Hundehäuschen aus tausend Jahre altem Olivenholz mit Intarsien aus Rosenholz. Dann ließ ich in unseren Betrieben ein Kau-Leckerli speziell für Malteser-zähne entwickeln und kreierte schließlich selbst ein Hunde-shampoo für das weiße Fell ihrer Lieblinge. Es duftete wunderbar nach dem guten Teil unserer Kindheit, nach Zimt und Johannisbeeren und Gras. Ich nannte es AA, Almuths Anmut, und ließ es in glitzernde Flaschen abfüllen.

Trotzdem dauerte es Jahre, bis sie endlich auf eine Mail von mir antwortete. Mit einem Gedicht von Mascha Kaléko: »Möblierte Melancholie«. Nachdem ich die erste Zeile gelesen hatte, wusste ich, dass sie unter unserer Trennung genauso litt wie ich. Wir hatten uns noch nicht wieder ganz angenähert, da schenkte sie mir Sissi – zum Trost, denn sie hätte nun ihren einzig wahren Seelenverwandten gefunden, mit dem sie nach Ungarn fahren würde. Dann verschwand sie und blieb wieder stumm.

Als Nächstes entdeckte ich ihre Todesanzeige in der FAZ, meine geliebte, schöne Schwester, gestorben – viel zu früh, nach einem tragischen Unglück. In stiller Trauer, ihr Mann Peter S. Klausen.

Meine Nachforschungen ergaben, dass sie in Ungarn wirklich geheiratet hatte, weshalb ich voller Wehmut dachte, sie hätte mir eben doch noch nicht vergeben, denn sonst hätte sie mich eingeladen! Mich tröstete einzig der Gedanke, dass ihr Mann und sie vielleicht so verliebt gewesen waren, dass sie einander genügt hatten.

Sie war kurz nach einer Testamentsänderung zugunsten ihres Mannes bei einem Unglück im Urlaub in Ungarn verstorben. Ich ließ es mich viel kosten, um an die Polizeiberichte zu diesem Vorfall zu kommen.

Angeblich war sie beim Schwimmen mit ihrem Hund in der Donau ums Leben gekommen. Seine Leine hatte sich wegen der starken Strömung dort in der Wurzel eines Baumes verfangen. Almuth und der Hund konnten nur noch tot geborgen werden. Von den beiden gab es ein Foto in den Akten der Polizei. Die Leine zierte, ganz untypisch für Almuth, weder Strass noch erkennbare Designer-Logos. Wie ein todbringendes Armband verband sie Almuths Handgelenk mit dem Hals ihres Maltesers.

Der Ehemann verschwand nach der Beisetzung. Nirgendwo war ein Peter S. Klausen zu finden. All ihr Geld nahm er mit.

Almuth hatte es geliebt, mit ihren Maltesern schwimmen zu gehen, aber nur in ruhigen Seen, und meine Schwester nahm ihre Lieblinge dabei niemals an die Leine.

Wer hätte bei all dem keinen Verdacht geschöpft?

Ich setzte alles daran, ihren Mann zu finden, womöglich gab es ja eine harmlose Erklärung für die Vorfälle. Ich hätte meiner Schwester so sehr gewünscht, dass sie ihre große Liebe findet.

Nachdem es auch zwei Detekteien nicht gelungen war, diesen Mann aufzuspüren, ließ ich Almuth in das Familiengrab der Beckers nach Bensheim überführen, um ihr nah sein zu können. Niemand in Ungarn erhob Einspruch, die Behörden, die Formulare sehen wollten, akzeptierten stattdessen auch gern mein Geld.

Jeden Tag besuchte ich ihr weißes Alabastergrab, in das ich neben ihren Maltesern auch die Gedichtzeile von Mascha Kaléko aus ihrer Vergebungsmail hatte eingravieren lassen, in Gold.

In meinen schlaflosen Nächten zog ihr vom Wasser entstelltes Gesicht vor mein inneres Auge, zerfiel in tausend Teile wie in einem Kaleidoskop, setzte sich neu und funkelnd zusammen, doch immer fehlte ein Teil, sie wurde nie mehr ganz.

Eines Tages hielt ich das alles nicht mehr aus, diese Akte zog mich ständig mehr ins Dunkle. Warum Almuth nicht in eine bessere Welt folgen? Entschlossen feuerte ich die Akte in den Korb für den Papiermüll.

Doch Sissi war anderer Meinung. Sie bellte nicht nur und sprang den Korb an, sie knurrte und schäumte geradezu und zwang mich immer wieder zu ihm hin. Irgendwann zog ich die Akte widerstrebend heraus. Augenblicklich schmiegte sich Sissi an meine Fesseln und wedelte mit dem Schwanz. Ich gehöre nicht zu den Menschen, die glauben, ihre Tiere wären mit hellseherischen Gaben gesegnet, daher versprach ich mir nichts davon, noch ein letztes Mal meine ertrunkene Schwester anzuschauen, aber Sissis Verhalten rührte mich, und so trug ich die Akte zum Tisch und schlug sie auf.

Einmal noch gründlich ansehen, dann würde ich sie ein für alle Mal vernichten, am besten verbrennen. Seufzend holte ich Sissis Zeckenlupe und betrachtete das Bild diesmal Zentimeter für Zentimeter, so war es auch besser zu ertragen. Und mir wurde klar, dass die Leine mir womöglich doch weiterhelfen konnte! Wenn sie schon keine Strassverzierung aufwies oder von Gucci oder Hermès war, musste sie auf andere Weise besonders gewesen sein, sonst hätte Almuth die nicht benutzt. Nun suchte ich noch akribischer – mein Jagdinstinkt war erwacht.

Eine halbe Stunde später hatte ich etwas gefunden: eine winzige Signatur im Leder. Von einer kleinen Manufaktur in Österreich. Die fertigten ihre Leinen ausschließlich aus Cordovanleder, die Ösen und Verschlüsse wurden aus Platin hergestellt.

In Europa konnte man sie jedoch nur mit Wartezeiten von bis zu einem halben Jahr im »Dogpalace« in Frankfurt kaufen und in Zürich im »Paradies des Hundes«. Das war die Spur, die mich endlich voranbrachte. Nachdem ich Sissi eine Extraportion frischer Leber serviert hatte, legte ich los und fand schnell heraus, dass diese sehr minimalistischen Leinen ausschließlich von Männern gekauft wurden.

Doch es kostete mich einiges an Geduld, Geld und Überzeugungskraft, bis ich die Kreditkartenabrechnung der Käufer in den Händen hielt. Die Spur in Zürich führte ins Nichts. In Frankfurt hatte gerade einer der Käufer eine zweite dieser Leinen gekauft – vielleicht, weil die erste »verloren« gegangen war? Den knöpfte ich mir zuerst vor. Ich gab mich als schwangere Sekretärin aus, die während einer besonders schlimmen Morgenübelkeit die Abrechnungen durcheinandergebracht hatte. Die meisten Menschen sind da hilfsbereit, und so fand ich Klaus S. Petersen alias Peter S. Klausen und seine neue Adresse in Ungarn, zu der die Leine geliefert werden sollte. Als ich dort endlich ankam, war er schon wieder in tiefer Trauer. Er hatte bereits die nächste Frau ins Grab gebracht. Erneut mit Hilfe eines Hundes. Jemand musste ihn stoppen.

All das hatte ich gerade herausgefunden, als mir Patrick über den Weg lief. Der Mann, der uns getrennt und Almuth in die Arme ihres Mörders getrieben hatte. Durch ihn wurde mir klar, wie gut ich darin bin, Rache zu üben. Ich konnte Patrick davon überzeugen, dass ich ihm seine Intrige schon lange vergeben und sie vergessen hatte. Wir blieben in Kontakt. Ich plante meine Lügen akribisch, trainierte Sissi und legte mich dann im »Dogpalace« auf die Lauer, um von dem Mörder erbeutet zu werden.

Das fiel mir am schwersten, aber es war gelungen. Der Mörder, Stefan K. Plausen, war nun mein Ehemann und damit endlich im Zielgebiet. Sissi war bestens vorbereitet und Patrick würde nun den Rest erledigen. Wir hatten vereinbart, meinem Mann nicht zu verraten, dass wir uns schon kannten, womöglich würde er sonst auf einem »neutralen« Hundeflüsterer bestehen. Patrick spielte bei meiner Scharade freudig mit, ohne eine Ahnung zu haben, was ich wirklich vorhatte. Er dachte, er würde wie immer die anderen manipulieren, und es reizte ihn zu sehen, welcher Mann »das Biest« geheiratet hatte.

Patrick begrüßte uns, stellte sich vor, nahm unsere Daten auf und fragte dann nach dem Grund unseres Hierseins, denn wie immer, wenn Stefan und ich zusammen anwesend waren und Abstand hielten, benahmen sich unsere Hunde einwandfrei. Das hatte ich mit Sissi schließlich so eingeübt!

»Sissi ist das Problem!«, sagte Stefan. »Mein Ändy verhält sich sonst immer vorbildlich. Er bellt niemanden an und hört prima auf mein Kommando. Ehrlich gesagt«, er drehte sich zu mir um, »bitte entschuldige, Liebes, aber wo wir schon mal hier sind, muss ich es einfach mal aussprechen – Sissi ist ein hinterhältiges Biest.«

»Was soll denn das heißen?« Ich gab mir Mühe, empört zu klingen, um meine Genugtuung zu überspielen. Training. Training. Training.

»Ich denke«, er sah wieder zu Patrick, »du hast sie immer zu sehr verwöhnt. Ständig braucht sie Aufmerksamkeit, andauernd bellt sie. Außerdem beißt sie Ändy, wenn er schläft, und pinkelt in sein Futter!«

Alles lange nicht so hinterhältig wie das, was Stefan seinen Frauen antat.

»Was sind denn das für absurde Anschuldigungen?«, fragte ich und tupfte scheinbar betroffen eine Träne weg. »Warum erzählst du mir erst jetzt davon?«

»Haben Sie Beweise für Ihre Behauptungen?«, fragte Patrick und beugte sich interessiert zu Ändy, der ihn regungslos anstarrte.

»Beweise? Soll ich vielleicht ein TikTok-Video davon machen?«

»Sehr gute Idee!« Patrick nickte und zeigte mit dem Daumen nach oben. »Wenn Sie diese Art von Verhalten beobachten, dann filmen Sie das beim nächsten Mal!«

»Was soll denn das bringen? Hunde sind Rudeltiere, die beiden müssen einfach nur die Rangordnung klären.« Stefan verdrehte die Augen, als wäre Patrick ein Volltrottel.

»Da haben Sie recht!«

»Na also!« Stefan warf mir einen triumphierenden Blick zu. »Siehst du! Das sagt sogar der Hunde-Freud!«

»Allerdings schaffen sie es nicht, die Rangfolge zu klären, weil sich ihre Besitzer nicht richtig verhalten.«

»Sollen wir uns vielleicht auf die Couch legen?« Stefan sprang auf, was Ändy aufschreckte.

»Natürlich nicht. Wahrscheinlich genügen einige wenige Verhaltensänderungen von Ihrer Seite, und alle werden glücklich.« Patrick warf mir einen langen Blick zu.

»Soll heißen?«

»Wir werden das Verhalten der beiden zusammen mit dem Ihren trainieren.« Patrick deutete auf Stefan und die beiden Hunde. »Ich schlage vor, dass wir mit Ihnen, Stefan, beginnen.«

Er verabredete sich, genau wie von mir geplant, für den nächsten Morgen zu Übungszwecken mit Stefan, Sissi und Ändy an einem Parkplatz in der Nähe vom Felsenmeer, nicht allzu weit von meiner Jagdhütte entfernt.

Auf dem Weg zu unserem Banktermin sagte Stefan, seiner Meinung nach sei dieser Patrick nicht ganz koscher.

Ich verkniff mir jedes Wort, das ich dazu gern gesagt hätte, und fragte stattdessen, woran er das festmachen würde.

»Nur so ein Gefühl«, murmelte Stefan. »Und er hatte kein einziges Familienfoto auf seinem Schreibtisch. Nicht mal eins von einem Hund.«

»Das erscheint mir eine etwas lächerliche Begründung«, sagte ich, dankbar, dass Patrick sein Casanova-Dasein nie für eine Familie aufgegeben hatte. Das hätte es viel schwieriger für mich gemacht.

Als ich heute früh ganz ohne Wecker aufwache, fühle ich mich Almuth endlich wieder sehr nahe. Stefan habe ich gesagt, in einem unserer Betriebe im Ried gäbe es ein Problem mit der Abfüllanlage für Nassfutter. Sissi streichle ich nur kurz und hoffe, dass sie sich nachher genau so verhalten wird, wie wir es geübt haben. Sie muss unbedingt schneller sein als Ändy!

Noch vor der Dämmerung fahre ich los, um den Parkplatz für den letzten Akt vorzubereiten, ein Leckerli am nördlichen Ende, ein weiteres an der nächsten Ecke, dann eins unter dem Holunder nicht weit von meinem Hochsitz. Mein Puls ist noch ruhig, als ich in der Dunkelheit die Leiter hochklettere, um mich auf der Kanzel zu positionieren. Mein Gewehr und ich sind vorbereitet, genauso wie das Besteck in der Jagdhütte, mit dem ich die beiden nachher zerlegen werde. Wenn Sissi alles richtig macht, wird sie aus dem Auto springen und losrennen, die anderen hinterher.

Das einzig Schwierige wird sein, den richtigen Zeitpunkt zu erwischen. Bedauerlicherweise kann ich nicht beide gleichzeitig erschießen. Ich habe lange darüber nachgedacht und mich entschieden: Patrick wird als Erster daran glauben. Er hat Almuth in die Isolation getrieben und kennt mich außerdem sehr viel besser als Stefan. In dem Augenblick, in dem ein Schuss fällt, wird er sofort um sein Leben rennen. Stefan hingegen wird unter Schock stehen. Betrüger und Heiratsschwindler wie er halten alle anderen für dumm und sich selbst für unsterblich. Graf Andrássy werde ich natürlich verschonen, Tiere können schließlich nichts für die Bestien, die sich als ihre Besitzer aufspielen.

Auf keinen Fall darf ich die beiden zu weit entfernt von der Hütte erlegen, tote Männer sind verdammt schwer, selbst wenn sie so schlank sind wie Vater damals. Diesen Fehler werde ich nicht wiederholen. Das stabile Rollwägelchen habe ich gleich nach unserer Hochzeit mit einem Hirsch ausprobiert. Nicht einfach, aber machbar. Die zerlegten Teilstücke der beiden Männer bringe ich später mit Stefans Auto rüber ins Ried, wo all unsere Futtermittelbetriebe angesiedelt sind.

Blassgrau zieht die Dämmerung auf, der Wald fängt leise an zu zwitschern. Die Sonne steigt schnell, verwandelt den Tau auf den Blättern in silberne Kristalle, Mücken schwärmen aus.

Eine Autotür klappt zu, noch eine. Ich höre Sissi aufgeregt bellen. Es raschelt im Unterholz, sie rufen nach ihr, fluchen und folgen ihr. Mein Herz beginnt zu flattern, wie aufgeschreckt fliehende Fasane, doch meine Hände sind ganz ruhig. Von irgendwo riecht es nach Gras und Zimt und Johannisbeeren.

HUNDELIEBE

Ingrid Werner

»Rolo, Gassi.«

Ja, ja, ja! Ich springe auf, hüpfe aus meinem Körbchen und laufe zur Tür, schiebe sie auf und bin vor ihm in der Garderobe. Dort hängt meine Leine. Die muss ich anziehen.

Er nimmt seine Jacke vom Haken. Ich grinse ihn an.

Das sagt wenigstens sie immer, dass ich grinse. Und dass ich ein freundliches Border-Collie-Gesicht hätte. Vor allem wenn ich etwas will. So wie jetzt. Sie lacht dann immer und wuschelt mir durchs Fell. Er nicht. Er sagt, dass ich nicht ihr Baby sei, sondern nur ein Hund. Keine Ahnung, was das bedeutet. Aber egal.

Jetzt geht es raus! Raus, raus, raus!

Er nickt mir zu. Das ist mein Zeichen. Ich springe auf die Bank, drehe mich nach rechts, packe die Leine, reiße meinen Kopf nach oben, die Leine macht eine Schlange und fällt auf den Boden. Ich ihr hinterher. Zerre alles auseinander, krieche hinein und schüttle das Ding auf meinem Rücken zurecht. Jetzt muss er nur noch »klack, klack«, und dann können wir endlich. Meine Rute wedelt. Die Tür öffnet sich. Ich muss warten, bis er draußen ist, dann erst darf ich auch hinaus. Jetzt. Luft! Sonne! Gerüche!

Sofort hab ich meine Nase am Boden und laufe ihr hinterher. Bodo der Stinker war vor mir hier am Laternenpfahl. Ich hebe das Bein. Das wäre erledigt.

Wir schlagen den Weg zum Wald ein. Der Wald ist toll. Er riecht nach Hasen und Rehen und Mäusen und Vögeln und anderen Hunden und Menschen und manchmal auch nach Katze. Brrr. Und wir arbeiten dort. Er lässt mich auf dem großen Baumstamm balancieren und nach Sachen suchen. Ich bin gut im Suchen und Finden. Ich kann auch hochspringen und mich einmal in der Luft im Kreis drehen. Oder er sagt: »Sitz!«, und ich setze mich auf meinen Hintern, egal ob ich gerade an einer besonders interessanten Stelle geschnüffelt habe oder nicht. »Platz!« kann ich natürlich auch. Schon lange. Und wenn er »robben« sagt, dann drücke ich mich am Boden entlang. Das ist anstrengend und ich mache es nicht gern, in letzter Zeit tun mir dabei nämlich meine Knie weh. Glücklicherweise sagt er das nicht oft. Da mach ich schon lieber »tot«. Dann werfe ich mich hin und bleibe liegen. Ganz still. Ich hechle nicht einmal. Das haben wir lange geübt und inzwischen kann ich das prima.

Und wir haben Geheimzeichen ausgemacht. Den Zeigefinger heben heißt »Sitz!«, die flache Hand senken »Platz!« und mit dem Finger auf mich zeigen »Tot!«. Ich steh eher auf die Zeichen als auf Worte. Die funktionieren jedoch nur, wenn ich ihn anschaue, also schau ich ihn oft an. Eh klar. Er hat ja auch die Leckerli. Von denen kann er eines auf meine Schnauze legen und ich halte ganz still, auch wenn mir das Wasser schon im Maul zusammenläuft. Das ist eins meiner schwersten Kunststücke. Ich wette, Bodo der Stinker kann das nicht.

In letzter Zeit spazieren wir nach dem Wald in eine Straße, in der wir früher nie waren. Dort steht am Ende ein Haus. Er schaut nach rechts und nach links und dann steigen wir durch die Lücke im Zaun. Im Garten ist das Gras so hoch wie ich. Nirgends riecht es nach Mensch, sondern nur nach Tauben. Die sitzen überall und lärmen mit ihrem »Gurr, Gurr« herum, ich presche auf sie zu und erschrecke sie. Sie hören zu gurren auf und fliegen weg. Aber nur bis auf das Dach. Da hocken sie und schauen mit ihren kleinen dunklen Augen zu mir herunter, und schon geht's wieder los mit dem »Gurr, Gurr«. Komische Viecher. Ich kümmere mich nicht mehr um sie, denn wir schlüpfen durch Büsche zur Rückseite des Hauses. Da sind ein paar Stufen, die hinunterführen. Er öffnet die Tür, sie knurrt uns an. Ich knurre aber nicht zurück.

Eine Ratte flitzt den Gang entlang. Ekelhaftes Ding. Ich bin mit drei Sprüngen bei ihr und packe sie am Nacken. Geschüttelt. Das war's dann.

Wir inspizieren das ganze Haus. Den Keller, die Treppe hoch, das Erdgeschoss, die Treppe hoch, das Dachgeschoss. Einen Menschen treffen wir nicht. Dafür in allen Ecken Mäusedreck. Und oben Tauben. Die fliegen durch ein kaputtes Fenster rein und raus. Ich mag die wirklich nicht, ich verjag die.

In dem Haus trainieren wir.

Daheim riecht es nach Abendessen. Das hat sie für mich gekocht. Sie füllt es in meinen Napf und ich stehe ganz nah bei ihr, es könnte ja was runterfallen, das wäre doch möglich, oder? Ich grinse sie an.

Sie zwinkert mir zu. Sie sagt: »Na, hast du Hunger?«

Ja, ja, ja, ja, klar! Der Hunger beißt mich schon in den

Bauch. Die paar Leckerli im Taubenhaus zählen nicht. Und die Essensreste, die dort auf dem Boden herumliegen, riechen schon so vergammelt, dass noch nicht einmal ich sie mag. Außerdem darf ich das nicht. Irgendwas vom Boden fressen. Ohne Zeichen.

Sie sagt: »Heute gibt es Pansen mit Karotten und Kartoffeln. Magst du das, mein Lieber?«

Ja, ja, ja, ja, ja! Gib schon her. Gib! Gib!

Er sagt: »Was machst du immer für ein Aufhebens um den Hund?«

Sie sagt: »Wenn Rolo nun mal allergisch gegen Weizen ist und in allen Dosen Weizen verarbeitet ist.« Ihre Stimme ist ganz hoch. Sie hat das schon oft gesagt.

Er schnauft und schenkt sich braune Flüssigkeit in ein Glas. Die stinkt.

Sie sagt: »Musst du schon um fünf Uhr nachmittags mit dem Whisky anfangen?«

Er sagt: »Sonst ertrag ich dich nicht.« Er trinkt und verschwindet in seinem Zimmer.

Sie sagt: »Wer hier wen ertragen muss …«

Bing. Sie zieht ein Ding aus der Hosentasche, lächelt und tippt darauf herum. Ich drücke mich noch enger an sie. Huuuunger! Sie steckt das Ding wieder ein und stellt den Napf an meinen Platz. Endlich!

Danach trotte ich zu meinem Körbchen, stampfe das Kissen zurecht und bin sofort eingeschlafen. Hab schließlich hart gearbeitet.

Ich mag die Vormittage. Er geht aus dem Haus, ohne mich. Als ich noch ein Welpe war, wollte ich immer mit und hab gejault. Aber schon bald hab ich gelernt, er geht weg ohne mich, aber sie geht in den Ort mit mir und wir drehen unsere Runde. Das bringt Spaß! Wir besuchen Leute, die dort wohnen, wo es gut riecht.

Sie sagt: »Sitz«, und ich setze mich.

Sie sagt: »Warte«, und ich warte.

Manchmal ist die Tür aus Glas und ich kann genau beobachten, dass sie mit anderen Leuten redet und lacht und Sachen in ihre Tasche steckt. Dann kommt sie wieder raus und wir gehen weiter. Am liebsten mag ich den Ort, der nach Fressen riecht. Früher hab ich an meiner Leine gezogen, weil ich da unbedingt hinwollte. Das mach ich jetzt nicht mehr. Natürlich nicht.

Sie bringt mir immer etwas mit, wenn sie wieder zu mir rauskommt. Ein Stück Schinken oder – wenn es ein besonders guter Tag ist – eine ganze Wiener Wurst. Die schnapp ich mir, und mit einem Happs ist sie in meinem Bauch verschwunden. Nicht, dass Bodo der Stinker plötzlich neben mir steht und mir die Wurst klaut.

Sie lacht und sagt: »Rolo, nicht so gierig, du beißt mir ja noch die Finger ab.«

Aber das würde ich nie tun. Natürlich nicht.

Manchmal, wenn keine anderen Leute in dem Laden sind, schaut sie sich um, als ob sie draußen etwas suchen würde, und dann beugt sie sich zu dem Mann, dem das Fleisch und der Schinken und die Wurst gehören, und sie drücken ihre Nasen aneinander. Wahrscheinlich schnüffelt sie, welche Wurst er gerade gefressen hat. Das hab ich vorher noch nie gesehen. Zu Hause schnüffelt sie nie an ihm. Oder er an ihr. Das muss so ein Fleischmannnding sein. Aber sie hat ganz recht. Ich würde auch an dem schnüffeln, wenn ich in den Laden dürfte. Darf ich aber nicht. Leider.

Sobald andere Menschen zu sehen sind, kommt sie zu mir und krault meine Ohren.

Sie sagt: »Verrat mich nicht, Rolo«, und zwinkert mir zu. Meine Rute klopft auf den Boden.

Zu Hause gibt sie mir mein Fressen und lässt mich in den Garten. Oft kommt sie mit, hält mir meinen Spielknochen vor die Nase und zieht ihn schnell weg, wenn ich danach schnappen will. Ich lass ihr die Freude, denn eigentlich bin ich schneller als sie. Ganz klar.

Wenn ich ihn gefangen hab, zerrt sie daran und macht ulkige Geräusche. Irgendwann bin ich dahintergekommen, dass das ein Knurren sein soll. Es ist egal, dass sie es nicht richtig hinbekommt. Ich spiel mit ihr und zerre und knurre auch. Das macht richtig Spaß.

Manchmal sitzen wir auch nur auf der Wiese. Wir sitzen ganz nah beieinander, sie hat den Arm um mich gelegt und wir lassen uns die Sonne auf die Schnauze scheinen.

Sie sagt: »Ich bin so froh, dass ich dich hab, Rolo. Du bist mir das Liebste auf der Welt.«

Ich schaue ihr in die Augen, beuge mich vor und schlecke ihr übers Gesicht.

Sie sagt: »Iiih, Rolo, nicht schlecken!« Sie lacht und wischt sich mit dem Ärmel die Wange ab. Dann knufft sie mich und wuschelt und krabbelt mit ihren Fingern so itzebitzekitzelig in meinem Fell herum, dass ich umfallen muss und alle viere von mir strecke. Sie kitzelt brummige Töne aus mir heraus.

Abends kommt er wieder nach Hause. Wald. Taubenhaus.

Er sagt: »Wir kommen gut voran.«

Mein Spielknochen hängt an einem Band, das er an einen Haken gebunden hat, der Haken steckt im Schlüssel und der Schlüssel im Schloss. Ich nehme den Knochen ganz vorsichtig zwischen meine Zähne und ziehe daran. Der

Schlüssel dreht sich. Ich muss auf das Klacken warten, dann zieh ich noch mal mit einem Ruck und der Haken mit dem Band und dem Knochen fällt zu Boden.

Zur Probe drückt er die Klinke herunter, aber die Tür geht nicht mehr auf.

Ich wache auf. So ein Krach. Sie schreit. Er brüllt. Ich springe auf und laufe zu ihr. Aufhören! Ich stupse sie an. Sie sieht mich nicht, umrundet mich, stampft mit dem Fuß auf und reißt die Hände in die Luft. Ihr Gesicht ist nass. Ich laufe zu ihm. Er kickt mit dem Fuß nach mir, ich springe zur Seite. Er schubst sie. Sie fällt gegen die Wand und schreit noch lauter. Ich laufe zu ihr. Zu ihm. Zu ihr. Ich belle. Aufhören!

Er dreht sich um, stapft in sein Zimmer und schlägt die Tür zu.

Sie rappelt sich hoch, sie sieht mich immer noch nicht, sondern streicht sich über den Arm. Dann geht sie die Treppe nach oben. Ich ihr hinterher. Eigentlich darf ich nicht nach oben. Aber egal. Sie packt Anziehsachen in eine Tasche. Ich drücke mich an ihr Bein. Da streichelt sie meinen Kopf.

Sie sagt: »Ich gehe zu Birgit. Bis morgen. Keine Angst, Rolo. Morgen ist alles wieder gut.«

Sie fährt mit dem Auto weg. Ich höre das Brummen immer leiser und leiser werden.

Am nächsten Tag ist alles wieder in Ordnung. Sie ist wieder da und dreht mit mir die Runde im Ort. Wir gehen zu dem Fressenladen und sie bringt mir ein Stück Wurst mit nach draußen.

Zuerst haben er und ich nur in dem Taubenhaus geübt. Als ich es schon prima hinbekommen habe, haben wir es auch zu Hause gemacht. Ich kann jetzt jede Tür mit Knochen zusperren. Jepp. Das soll mir Bodo der Stinker erst mal nachmachen.

Mit dem Knochen, dem Band und dem Haken im Maul sause ich in den Garten. Ich grabe ein Loch in das Beet, so wie er es mir gezeigt hat, lasse alles hineinfallen und scharre Zeugs darüber. Dann laufe ich wieder zurück und setze mich vor die Tür. Damit ist das Kunststück zu Ende und ich bekomme mein Leckerli.

Danach holt er den Knochen aus dem Garten, bindet den Haken ab und steckt ihn mit dem Band in die Hosentasche. Vom Knochen schüttelt er die Erde ab und legt ihn wieder zu meinen anderen Spielsachen in die Kiste.

Er sagt: »Gut gemacht. Wir sind so weit.«

Ich höre sie schreien. Sie ist oben. Wasser platscht. Sie gurgelt Worte, die ich nicht verstehe. Was ist da los? Braucht sie Hilfe? Ich komme. Komme! Komme! Komme! Ich sprinte die Treppe nach oben, biege ab, schiebe die Tür auf und stehe mit den Pfoten im Wasser. Ich hasse Wasser.

Er kniet vor der Wanne und drückt etwas hinunter. Ich höre sie immer noch gurgeln. Ein Fuß schnellt hoch, ein Knie. So komisch hat sie sich noch nie bewegt. Ich würde ja näher kommen, aber immer wenn ein Bein nach oben schleudert, schwappt Wasser über den Beckenrand auf den Boden und ich hüpfe zurück. Ich kann nichts dagegen tun. Das haben wir nicht geübt.

Ich hechle. So ein Stress! Ich hasse Wasser, aber trotzdem muss ich dahin. Ihr helfen. Ich hebe die Pfote hoch und tappe vorsichtig näher.

Ihre Hand schießt nach oben, fuchtelt durch die Luft, krallt sich an ihm fest. Ich sehe ihre Haare, ihre Augen, weit aufgerissen, ihren Mund. Sie schreit.

Ich belle ihn an. Er soll sie loslassen. Das ist nicht gut, was er macht. Er tut ihr weh, das spüre ich genau.

Er beachtet mich nicht, legt seine große Hand auf ihren Kopf und drückt nach unten. Sie taucht unter.

Ich schnappe seinen Ärmel und ziehe. Er versucht, mich abzuschütteln.

Er brüllt: »Aus! Rolo, verflucht, aus!«

Aber ich kann nicht auslassen. Er muss sie auslassen. Ich zerre weiter. Meine Pfoten rutschen über den Boden, ich stemme mich dagegen, der Ärmel ratscht, ich schnappe ein anderes Stück Stoff, reiße fester, knurre. Tief, grollend, böse.

Er schreit mich an. Schlägt mit dem Fuß gegen meinen Hals, gegen meinen Bauch. Immer fester. Auf einmal glitsche ich über die Fliesen, knalle gegen die Wand, rapple mich auf. Er stürzt zu mir, packt mein Ohr und zieht mich raus. Aaaauuuu!

Die Tür schlägt zu.

Ich laufe dagegen, aber sie bewegt sich nicht. Ich belle, knurre, scharre am Holz. Aber er lässt mich nicht hinein.

Es ist still. Ich höre sie nicht mehr. Dafür rauscht Wasser. Seine Schritte. Eine Schranktür wird auf- und zugemacht. Das Rauschen stoppt. Ich belle noch mal, kratze an der Tür.

Da öffnet sie sich. Er sieht auf mich hinunter, sein Blick ist zornig.

Er sagt: »Rolo, ab!«, und zeigt zur Treppe. Mein Körper gehorcht, ich laufe ein paar Schritte, aber dann stoppe ich und drehe mich um. Ich muss doch was tun, sie rausziehen!

Er sagt: »Ab jetzt! Lauf!« Seine Augen schicken Blitze zu mir. Ich flüchte. Stürze die Treppe hinunter, zu meinem Futterplatz, aber es ist nichts zu fressen im Napf. Ich schlabbere Wasser, das beruhigt mich ein wenig. Ich laufe in die Küche. Aber da ist sie nicht. Gerade will ich wieder die Treppe hoch, da kommt er herunter. Er schickt mich in den Garten. Ich will nicht im Garten sein, ohne sie, sie soll mitkommen, mit mir spielen. Er schließt die Tür. Ich drücke meine Schnauze am Glas platt, aber sie geht nicht auf. Ich sehe ihn. Er steigt die Treppe wieder hinauf und verschwindet. Ich sehe ihn nicht mehr. Sie auch nicht. Ich rase eine Runde über das Gras. Schaue durch die Terrassentür. Keiner da. Ich hetze noch einmal um das Haus herum. Und noch einmal. Ich pinkle an den Baum, schlüpfe durch die Büsche, grabe ein Loch am Zaun. Drücke mich wieder durch die Zweige zurück. Laufe noch eine Runde. Bleibe vor der Tür stehen und schaue hinein.

Er kommt geradewegs auf mich zu. Öffnet die Tür.

Er sagt: »Na, hast du dich wieder beruhigt?«

Ich hechle.

Er sagt: »Komm, wir üben.« Er schwenkt die Tüte mit den Leckerli.

Leckerli. Das ist gut. Er riecht nach Waschpulver. Ich höre die Waschmaschine. Wir gehen zu seinem Zimmer. Da stinkt es nach dem braunen Wasser, das er jeden Abend trinkt. Ich bin nicht gern in seinem Zimmer und bleibe im Gang.

Er sagt: »Sitz!«, und ich setze mich. Er holt meinen Knochen aus der Kiste, bindet das Band daran, dann den Haken. Er schließt die Tür, steckt den Haken durch den Schlüssel und lässt den Knochen los. Er baumelt hin und her. Leise duftet er nach ihr. Vorher haben wir damit gespielt. Sie und ich. Wo ist sie?

Ich laufe zur Treppe, hebe die Schnauze, aber ich rieche sie nicht. Nicht richtig. Nicht so wie sonst. Ich hechle.

Er sagt: »Rolo.« Und noch mal scharf: »Rolo! Komm!«
Ich kehre zu ihm zurück. Er zeigt auf den Knochen.

Er sagt laut: »Mach zu!« Seine Augen blitzen mich an.
Ich hechle.

Er sagt wie ein Gewittergrollen: »Rolo!«

Ich packe den Knochen und ziehe. Der Haken plumpst
mir auf den Kopf.

Er sagt: »Herrgott noch mal! Was ist denn los mit dir!
Konzentrier dich!«

Er steckt wieder alles zurecht.

Er sagt: »Mach zu.«

Ich ziehe und der Haken fällt zu Boden und klirrt.

Er brüllt: »Rolo!«, und schlägt mit der Hand gegen die
Tür. Ich erschrecke und springe zur Seite.

Er schnauft.

Er sagt: »Okay. Ganz ruhig.« Er fährt sich durch die
Haare.

Er sagt: »Sitz!«, und streckt den Zeigefinger in die Luft.
Ich hechle und setze mich hin.

Er sagt: »Platz!«, und seine Hand senkt sich. Ich lege
mich auf den Boden.

Er sagt: »Tot!«, und deutet mit dem Finger auf mich. Ich
lasse mich zur Seite fallen. Und hechle.

Er sagt: »Okay, versuchen wir es noch mal. Rolo, mach
zu.«

Ich rapple mich hoch, nehme den Knochen wieder zwischen die Zähne und ziehe. Langsam. Der Schlüssel dreht
sich im Schloss.

Er sagt: »Warum nicht gleich?«, und gibt mir mein
Leckerli. Er sperrt die Tür wieder auf. Ich schaue zur
Treppe, traue mich aber nicht mehr hinzulaufen.

Er sagt: »Rolo!« Ich wende den Kopf. Er hebt den Zeigefinger, ich setze mich hin. Er schiebt den Haken wieder in den Schlüssel. Der Knochen baumelt. Er geht in sein Zimmer, schließt die Tür. Er ist weg.

Er sagt dumpf: »Mach zu.«

Ich ziehe, der Schlüssel dreht sich, ich rucke, nichts passiert, ich rucke noch mal. Stärker. Da fallen Haken, Schlüssel, Band, Knochen auf den Boden, ich nehme alles auf und laufe in den Garten. Ich weiß nicht mehr, was ich damit machen soll, ich laufe hin und her, ach ja, verstecken. Ich schlüpfe durch die Büsche, lasse alles in das Loch fallen, scharre Erde darüber, mache ein Geschäft.

Ich laufe zurück ins Haus, bleibe vor der Tür stehen. Sie geht nicht auf, ich bekomme kein Leckerli. Ich setze mich hin, warte.

Er sagt dumpf: »Ich glaube, es ist etwas Furchtbares geschehen. Jemand hat mich eingeschlossen. Dann hat Susanne geschrien. Immer wieder. Jetzt ist alles still. Nur der Hund heult. Ich komm hier nicht raus, Birgit. Du weißt, vor den Fenstern ist ein schmiedeeisernes Gitter. Die Tür ist massiv Eiche. Ich werde noch wahnsinnig. Du hast doch einen Schlüssel vom Haus. Komm her, und am besten bringst du gleich die Polizei mit. Ich hab ein schreckliches Gefühl.«

Ich liege in meinem Körbchen und verstecke die Schnauze unterm Schwanz. Meistens schlafe ich. So viele Leute sind in unserem Haus herumgelaufen. Jetzt ist alles wieder ruhig.

Er stellt den Napf in meine Ecke.

Er sagt: »Rolo, Fressen.«

Ich blinzle. Es stinkt bis hier nach Dose.

Er sagt: »Na los! Erheb dich.«

Ich kratze mein Bein. Fahre mit den Pfoten über die Ohren. Es juckt entsetzlich. Ich drücke mich hoch. Steif steige ich über den Rand des Körbchens. Ich schüttle mich.

Er sagt: »Du haarst wie ein alter Teppich.«

Ich schaue ihn an.

Er zeigt auf den Napf. »Na los!«

Ich trotte hin und fresse.

Danach schickt er mich in den Garten. Der Garten macht keinen Spaß. Wo ist sie? Ich suche sie.

Er ruft: »Rolo!« Er steht mit der Schaufel beim Beet. Langsam komme ich näher, ziehe die Rute unter den Bauch.

Er sagt: »Schau nicht wie ein geprügelter Hund. Ich tu dir nichts.« Er zeigt ins Beet.

Er sagt: »Los, wo ist der Knochen? Such! Rolo, such!«

Ich bleibe stehen. Mein Kopf hängt.

Er fuchtelt mit den Armen, stößt die Schaufel in die Erde, er schreit.

Ich stehe.

Er gräbt das Beet um.

Ich liege im Körbchen. Es klingelt an der Haustür.

Er sagt: »Das wäre doch nicht notwendig gewesen, Birgit. Er frisst genauso Dosenfutter.«

Das duftet gut. Ich hebe den Kopf. Sie kommt ins Zimmer. Er trägt etwas, biegt ab in die Küche.

Sie sagt: »Das mach ich doch gern. Susanne hat auch immer für ihn gekocht.« Sie kniet sich vor mein Körbchen, streichelt mir über den Rücken. »Na, mein Guter. Du bist ja ganz schön alt geworden. Vermisst du sie auch so wie ich?«

Ich blicke ihr in die Augen.

Er sagt: »Und wie ich natürlich.«

Sie sagt: »Ja, klar.« Sie verzieht das Gesicht, steht auf und klopft sich die Haare von der Hose.

Sie sagt: »Und die polizeilichen Ermittlungen sind abgeschlossen?«

Er zuckt mit den Schultern. »Sie konnten bis jetzt noch niemanden finden.« Er fährt sich mit der Hand durch die Haare und läuft im Zimmer auf und ab.

Er sagt: »Wenn ich nur wüsste, wer ihr das angetan hat. Ich werde noch wahnsinnig. Ich habe nichts gehört. Ich habe gearbeitet. War vertieft. Mein Buch, du weißt ja.«

Sie sagt: »Ja, ich weiß.«

Er lässt sich in den Sessel fallen, rauft sich die Haare.

Er sagt: »Das dürfte doch nicht so schwer sein, den Kerl zu finden. Er ist über die Terrasse ins Haus gekommen, hat meine Tür verschlossen, hat sie im Badezimmer gehört und ist nach oben.« Er hebt die Arme. »Dann ist alles aus dem Ruder gelaufen und er hat sie ertränkt.« Mit den Händen vor dem Gesicht macht er seltsame Geräusche.

Sie sagt: »Ein wildfremder Mann?«

Er wischt sich über die Augen. »Das passiert immer wieder.«

Sie sagt: »Und Rolo hat ihn einfach so ins Haus gelassen?« Sie dreht sich zu mir. Ich stecke meine Schnauze wieder unter den Schwanz.

Er sagt: »Du weißt ja, für ein Leckerli tut er alles.«

Sie sagt: »Ja, ich weiß«, und schüttelt den Kopf. »Trainierst du noch mit ihm?«

Er sagt: »Er geht ja kaum noch spazieren. Liegt den ganzen Tag faul rum.«

Sie sagt: »Er trauert.« Sie sucht in der Kiste mit Spielzeug, nimmt den roten Ball heraus und hält ihn mir vor die Nase.

Sie sagt: »Komm, Rolo! Gehen wir in den Garten. Spielen.«

Ich bewege meine Augenbrauen, bleibe liegen.

Sie wuschelt mir durchs Fell. »Na los, mein Guter, steh auf.« Sie dreht sich zu ihm. »Ich darf doch mit Rolo in den Garten? Oder hast du was dagegen?«

Er sagt: »Was sollte ich dagegen haben«, und öffnet die Terrassentür.

Ich höre Vögel und die Kinder beim Nachbarn und Bodo der Stinker bellt auf der Straße. Steifbeinig erhebe ich mich und trotte hinter ihr her. Er folgt uns.

Sie hüpft auf die Wiese, wirft den Ball in die Höhe und fängt ihn wieder. Sie lacht. Sie wirft.

Sie sagt: »Los, hol ihn, hol den Ball!«

Ich blinzle ins Licht. Die Sonne wärmt meinen Rücken. Das ist schön.

Sie läuft zum Ball und tut so, als ob sie ihn greifen würde. »Los, Rolo, gleich hab ich ihn. Lauf.« Sie nimmt den Ball und wirft.

Er steht am Rand und schaut ihr zu.

Ich trotte los, bald werde ich schneller, laufe. Ich bin beim Ball, aber sie ist knapp vor mir dort, hebt ihn auf, streichelt mir über den Kopf und wirft. Der Ball rollt in die Büsche.

Sie sagt: »Jetzt aber schnell, Rolo«, und rennt.

Diesmal gewinnt sie nicht. Ich sause über die Wiese und in die Büsche.

Sie dreht sich zu ihm um. »Hast du schon Beete umgegraben? Bisschen früh im Jahr.«

Er sagt: »Ich brauchte körperliche Betätigung, sonst wäre ich ausgerastet.«

Sie sagt: »Ach so.«

Ich versuche, den Ball ins Maul zu nehmen, ohne dass er quietscht. Ich hasse das Quietschen. Das erschreckt mich. Vielleicht weint er, wenn ich ihn beiße? Das will ich nicht.

Aber er ist zu groß und so rund, er flutscht immer wieder weg, rollt ein Stück den Hang hinunter, bleibt liegen. Ich hinterher. Da sehe ich das zugebuddelte Loch. Mein Knochen! Ich hole ihr den Knochen. Vielleicht kann sie auch damit spielen, ziehen und zerren und ich ziehe und zerre auch. Sie muss ja nicht unbedingt knurren können.

Ich buddle, nehme den Knochen ins Maul, er quietscht kein bisschen, schlüpfe durch die Büsche zurück, laufe über die Wiese. Ich sehe sie, wie sie mir winkt und lacht. Und dahinter steht er. Seine Augen werden größer. Er stolpert vor, läuft auf mich zu. Er will auch mit mir spielen.

Er schreit: »Rolo, hierher!«, und schmeißt sich auf mich. Aber ich täusche an, renne blitzschnell in die andere Richtung. Er fällt aufs Gras.

Sie sieht von ihm zu mir. Der Haken weht am Band vom Knochen und schlägt den Schlüssel gegen mein Ohr. Kurz vor ihr stoppe ich, lege den Knochen vor ihre Füße. Meine Rute wedelt und ich grinse sie an.

GO. FIND. ME.

Nadine Buranaseda

17:53 Uhr

Sie fühlte nichts.

Unter ihr donnerte ein Güterzug entlang. Die Waggons verschwammen zu einer grauen Masse, dass ihr schwindelig wurde. Der Fahrtwind wehte ihr die Haare ins Gesicht, zerrte an ihren Klamotten. Sie umschloss das Handy fester und setzte die Rotweinflasche an. In hastigen Schlucken trank sie. Längst spürte sie nicht mehr das aufregende, heiße Gefühl, das sich vom Unterleib in ihrem gesamten Körper ausbreitete. Früher war der Rausch vollkommen gewesen, die Kopfschmerzen am nächsten Tag höllisch. Heute war da – gar nichts.

Der Handabdruck brannte auf ihrer Wange. Sie lachte, schrie gegen das Hämmern und Klopfen des Zugs an. Holte aus und schleuderte die leere Flasche über das Brückengeländer. Das Geräusch des zerspringenden Glases ging im Kreischen der Schienen unter.

Die Welt würde sich weiterdrehen. Das tat sie immer, egal was passierte.

Ihr Blick irrlichterte zum Display.

Was machst du gerade?, fragte Facebook.

Der Cursor blinkte herausfordernd.

Ihr letzter Eintrag war drei Monate alt. Ein Foto aus besseren Tagen. Da hatte sich Leon noch für sie interessiert. Eine andere Zeit, ein anderes Leben.

Das war nur die halbe Wahrheit. Denn eigentlich hatte sie den Schatten wahrgenommen, seit sie denken konnte. Eine dunkle Wolke, die sich nicht vertreiben ließ. Sie hatte versucht, dagegen anzukämpfen. Mit allen Mitteln.

Sie hatte verloren.

Inzwischen war ihr das gleichgültig. Das Einzige, was zählte, war, die Wolke loszuwerden.

Sie wischte über das Display.

Was machst du gerade?

Sie tippte ein paar Worte ein. Es war ganz einfach.

Jemand würde ihre Botschaft erhalten. Jemand, der es bisher nicht geschafft hatte, sich bei Insta oder TikTok ein Profil einzurichten.

Ihr Daumen kreiste über dem blauen Button.

Dann klickte sie auf *Beitrag*.

Die Untersuchung der Angeklagten durch die forensische Sachverständige Dr. med. N. S. hat keine Auffälligkeiten der Art ergeben, dass die Angeklagte an einem angeborenen oder später erworbenen organischen Defekt wie einer Hirnschädigung im Sinne des § 20 StGB leidet.

Auch die Einsichts- oder Steuerungsfähigkeit aufgrund massiven Alkoholkonsums im Sinne einer Intoxikationspsychose lag zum Tatzeitpunkt nicht vor. Zwar konnte die Kammer einen mäßigen Alkoholkonsum vor der Tat feststellen. Wegen der unklaren Trinkmenge und -zeit war es gleichwohl unmöglich, die Blutalkoholkonzentration zu berechnen. Die Sachverständige hat insoweit jedoch nach-

vollziehbar bekundet, sie ziehe aus dem äußeren Gepräge der Tat den Schluss, dass die Alkoholintoxikation nicht wesentlich gewesen sei.

Die Kammer befürwortet diese Einschätzung. Ein planvolles Vorgehen unter Alkoholeinfluss schließt einen Ausschluss der Steuerungsfähigkeit nicht per se aus (Fischer, StGB, 57. Aufl., § 20, Rn. 24). Vielmehr spricht der Umstand, dass die Angeklagte den Tatort problemlos manipulieren konnte, dafür, dass sie entsprechend ihrer Einsicht handeln konnte, Unrecht zu tun.

20:38 Uhr

Birdy hob den rechten Hinterlauf und urinierte gegen eine akkurat gestutzte Thujahecke. Das dichte schwarze Fell schimmerte im Schein einer Laterne, die gerade aufgeflammt war. Vor fünf Minuten hatten sie die Kleingartenanlage erreicht.

Christine Richter ließ dem kräftig gebauten Flat Coated Retriever am anderen Ende der Schleppleine Zeit. Drei Sekunden, dann ging es weiter. Der vierjährige Rüde kontrollierte den Eingang einer Parzelle, ein grün lackiertes Tor, das in die Hecke eingelassen war.

Das T-Shirt klebte Christine unter der Einsatzjacke auf der Haut. Nicht zum ersten Mal schaute sie nach oben. Am Himmel türmten sich schwarze Wolken auf. Hoffentlich fanden sie das Mädchen, bevor sich das Frühlingsgewitter entlud. Für die Suche war Feuchtigkeit nicht abträglich, im Gegenteil, die Geruchsmoleküle, denen der Hund folgte, wurden dadurch sogar aufgefrischt. Doch die Lage würde unübersichtlich werden und die Rettung beeinträchtigen.

Der Rüde trailte weiter, vorbei an jungen Birnbäumen, die sich hinter dem benachbarten Heckenabschnitt aneinanderreihten. An der nächsten Weggabelung verkürzte Christine den Abstand zu Birdy, indem sie zwei Schlaufen bildete, und gab ihm wieder mehr Leine. Der Flat senkte die Nase ab und zog das Tempo an. Kurz darauf verließen sie die Anlage.

Nach drei Straßenzügen ragte eine Reihenhaussiedlung vor ihnen auf. Birdy rannte in Zickzackbewegungen darauf zu.

»Er hat frischen Geruch aufgenommen, Jojo!«, rief sie über die Schulter.

Johannes Marquardt informierte die Zugführerin via Funk über ihren aktuellen Standort, Christine konzentrierte sich auf den Flat.

Seine Körpersprache veränderte sich schlagartig. Mit jedem Meter legte er sich tiefer, die Rute knickte leicht ein. Birdy warf sich ins Geschirr und schoss auf ein Gebüsch zu. Eine Amsel flatterte daraus hervor und flog zeternd davon.

Christine stieß einen Zischlaut aus. »Hey, weiter!«

Der Personensuchhund sah dem Vogel nach. Er spannte jeden Muskel an und nahm die Spur wieder auf. Jetzt lief er geradliniger und krallte sich regelrecht in den Asphalt. Das kratzende Geräusch begleitete jede seiner Bewegungen. Nach einer Kreuzung streifte Birdy durch einen Strauch.

Ihr Puls beschleunigte sich. »Verdammt, er jagt.«

»Das tut er nur ...«, keuchte Jojo hinter ihr.

Christine nickte. »... bei einem Totpool.«

19:11 Uhr

»Alles halb so wild. Das würdest du jetzt sagen, wenn du hier wärst.« Mariana Jacobs fuhr sich am geöffneten Fenster mit dem Handrücken über die Stirn.

Die sinkende Sonne illuminierte die aufziehenden Gewitterwolken und verwandelte den Horizont in ein

Flammenmeer. Eine Brise drängte ins Zimmer und ließ die Teelichter flackern. Die Luft roch nach Regen. Mariana atmete tief ein.

»Schatz, ich erinnere dich daran, wie es beim letzten Mal geendet ist. Nichts ist halb so wild, war es noch nie.« Sie wandte sich um und straffte sich. »Du kannst mir einiges vorwerfen, aber nicht, dass ich nicht versucht hätte, dir eine gute Mutter zu sein.«

Behutsam stellte sie die Bücher, die aus dem Regal gefallen waren, zurück an ihren Platz. Wie schnell Linn groß geworden war. Gestern hatte sie sich für Tierschutz begeistert, heute datete sie Männer, die doppelt so alt waren. Kein Wunder, sie zog sich an wie eine Prostituierte.

Mariana hob den Stuhl auf und schob die Hefte auf dem Schreibtisch zusammen. An der Wand darüber war die Fotocollage mit Schnappschüssen aus Linns Kindergarten- und Schulzeit verrutscht. Sie schnippte dagegen, um sie gerade auszurichten.

»Du musst deine Wut unter Kontrolle kriegen, verstehst du? Nicht mehr schreien, kreischen, toben. Nicht mehr allen anderen die Schuld geben und den Tag deiner Geburt verfluchen. Sonst wirst du deines Lebens nicht mehr froh werden. Glaub mir, ich spreche aus eigener Erfahrung.«

Eine Kleiderschranktür hing schief in den Angeln. T-Shirts, Hoodies, Hosen lagen verstreut davor. Mariana faltete sie und schob sie in die Fächer. Sie schloss die Doppeltür und hoffte, dass die defekte Seite nicht aufsprang. Darum würde sie sich später kümmern, ebenso wie um die Gardine, die aus der Schiene gerissen worden war.

Etwas anderes konnte nicht warten.

»Das mit dem Alkohol ist auch so eine Sache, Kind. Widersprich mir nicht. Das macht alles schlimmer. Du denkst, damit wären all deine Probleme gelöst. Falsch. Damit fangen all deine Probleme an.«

Ihre Gelenke knackten, als sie vor dem Bett auf die Knie ging. Sie sammelte die Scherben der Weinflasche vom Boden auf und entsorgte sie im Papierkorb. Für die roten Flecken im Teppich holte sie eine Schüssel kaltes Wasser und ein Küchentuch. Sie tunkte es in die Flüssigkeit und rieb in kreisenden Bewegungen über die Verfärbungen.

Nach einer Weile musste sie das Wasser wechseln. Vielleicht war es am besten, den Flokati auszutauschen.

»Du liebst das Teil, ich weiß. Nur manchmal ändern sich die Dinge.«

Unten in der Diele schrillte das Telefon.

Schon wieder.

»Nicht jetzt«, murmelte Mariana und strich die Bettdecke glatt.

Die Handbewegung beruhigte sie. Obwohl sie die Kuscheltiere perfekt arrangiert hatte, nahm Mariana sie nacheinander auf und ordnete sie auf der Decke neu. Als kleines Mädchen hatte Linn die lebensgroße Plüschmaus mit den riesigen Ohren und Füßen geliebt, sie zu jedem Besuch bei Oma und Opa mitgenommen, auf der Rückbank neben dem Kindersitz. Im Rückspiegel hatte sie nichts anderes sehen können. Wenn Mariana sie nicht jede Woche sorgfältig abstauben würde wie die ganze Stofftiersammlung auch, sie wäre längst auf dem Flohmarkt gelandet, zwischen ausgeliebten Helden der Vergangenheit.

Sie schüttelte das Kissen auf und platzierte den abgegriffenen Dackel obendrauf. Aus der Vase mit den Blumen, die sie vorhin im Garten geschnitten hatte, zupfte sie eine dunkelrote Hyazinthe. Mariana legte sie mittig aufs Bett und rückte die Teelichter auf dem Nachttisch zurecht. Zufrieden betrachtete sie ihr Werk.

Ihr blieb noch etwas Zeit, bis sie die Kerzen ersetzen musste.

17:54 Uhr

Olivia lag bäuchlings auf dem Bett, die Unterschenkel angewinkelt, das Kinn in die Handflächen gestützt. Sie hatte die Vorhänge zugezogen. Über die Nachttischlampe hatte sie ein orangefarbenes Tuch geworfen, das das Licht im Zimmer dämpfte. Die eingewebten Spiegelchen ließen Reflexionen an den Wänden tanzen. Draußen auf dem Flur lärmten die Mitbewohnerinnen ihrer Wohngruppe. Melancholischer Achtziger-Jahre-Sound wummerte aus der Küche. Jule sang mit Edwin Rosen um die Wette und feierte den Weltschmerz.

Bald würde es Abendessen geben. Sie hatte keinen Hunger, den hatte sie nie. Olivia fuhr mit den Fingerspitzen über die Narben auf ihrem Unterarm und gähnte. Irgendetwas würde ihr schon einfallen, um nicht am Tisch erscheinen zu müssen. Sie wippte mit den Füßen im Takt der Musik und tastete nach ihrem Handy. Eine Push-up-Nachricht von Facebook blinkte auf, eine Statusmeldung von Linn.

Sie waren nicht befreundet. Keine hier war mit der anderen befreundet. Dafür waren sie zu sehr mit sich selbst und ihren Problemen beschäftigt. Linn war vor zwei Monaten aufgekreuzt. Olivia hatte ihr alles gezeigt, immerhin lebte sie seit drei Jahren in der Einrichtung. Sie erinnerte sich nur vage daran, wie sie damals hergekommen war. Die Ereignisse verloren sich in dichtem Nebel. Die meiste Zeit war sie high. Nach dem Entzug zog sie in die Wohngruppe. Alkohol und andere Drogen waren strengstens verboten. Wer gegen die Hausregeln verstieß, flog. Sie hatte es geschafft. Drei gottverdammte Jahre.

Jemand hämmerte gegen die Zimmertür. »Liv!«

»Lass mich in Ruhe, Tania!«, brüllte sie zurück.

»Scheiße, du kannst dich nicht immer drücken.«

»Und wie ich das kann«, sagte sie leise. Und lauter: »Kümmer dich um deinen eigenen Kram!«

Olivia rollte sich auf den Rücken und hob das Telefon über den Kopf. Aus lauter Langeweile klickte sie auf die Nachricht.

Es war schön, euch gekannt zu haben. Bye, bye, Leute.

Olivia setzte sich kerzengerade auf und las die Worte erneut. »Verflucht!«

Das Abendessen würde definitiv heute ausfallen.

19:47 Uhr

»Frau Jacobs?« Susanne Peters nahm die Uniformmütze ab.

»Ja?«

Die Frau verlor sich in der Tür zur Doppelhaushälfte. Sie umschlang ihren Oberkörper mit den Armen, als wäre tiefster Winter. Dabei bedeckte ein Schweißfilm ihre Stirn.

»Mein Name ist Peters, und das ist mein Kollege Çelik.« Sie ließ das Lederetui mit Marke und Dienstausweis aufklappen.

Mustafa tat es ihr gleich. Er hatte die Mütze ebenfalls abgesetzt.

Die Frau zog die Schultern hoch. »Ja?«

»Könnten wir das vielleicht drinnen besprechen?«, fragte Susanne Peters.

»Worum geht es denn?«

»Um Ihre Tochter, Frau Jacobs.«

»Linn?«

»Ja.«

Ein Schatten huschte über das Gesicht der Frau. »Also gut, folgen Sie mir.«

Sie betraten einen engen Flur, in dem der Duft von Apfelkuchen hing. Mariana Jacobs führte sie vorbei an einer übersichtlich bestückten Garderobe und einem Telefontischchen in ein Wohnzimmer. Es war hell eingerichtet und zeigte auf einen Garten hinaus. Wind war aufgekommen und wirbelte ein paar Blätter umher. Eine Stehlampe spendete sanftes Licht.

»Darf ich Ihnen etwas anbieten?«, fragte die Frau. Sie trug einen dunkelblauen Hausanzug, der ihr eine Nummer zu groß war.

»Nein, danke«, antwortete Susanne Peters.

Zögernd sank Mariana Jacobs auf einen Sessel und bedeutete ihnen, sich auf die Couch zu setzen.

»Ihre Tochter wird seit gut anderthalb Stunden vermisst«, begann Susanne Peters.

Die Frau hob die Brauen und rutschte an die Sesselkante. Die Hände in ihrem Schoß gerieten in Bewegung.

»Sie lebt in einer Wohngruppe«, sagte sie, als würde das alles erklären.

»Das wissen wir. Die Leiterin hat uns vorhin verständigt, nachdem eine Mitbewohnerin eine besorgniserregende Nachricht auf Facebook von Ihrer Tochter gelesen hat.«

»Ich … ich verstehe nicht.«

»Wir befürchten, dass sich Linn etwas antun will«, sagte Mustafa Çelik.

Mariana Jacobs' Blick wanderte in Zeitlupe zu ihm. »Antun?«

»Womöglich hat Ihre Tochter vor, sich das Leben zu nehmen.«

Die Augen der Frau weiteten sich, die Finger krampften sich ineinander.

»Ein Hubschrauber mit Wärmebildkamera ist aufgestiegen, zwei Personensuchhunde sind im Einsatz«, sagte Susanne Peters schnell. »Die umliegenden Krankenhäuser haben wir überprüft. Dort ist Linn nicht. Zur Stunde suchen Kollegen weitere Anlaufstellen auf und befragen Mitbewohnerinnen wie Klassenkameraden. Sie sehen, wir tun alles, um Ihre Tochter zu finden.«

Mariana Jacobs schwieg. Eine Locke des kastanienbraunen Haars fiel ihr ins Gesicht. Fahrig strich sie die Strähne hinters Ohr.

»Wir haben versucht, auch Sie anzurufen, Frau Jacobs.«

»So?«

»Ja.«

»Ich war im Garten.« Die Hände nahmen ihre Arbeit wieder auf.

»Verstehe.«

Mustafa zupfte einen Faden von seiner Uniformhose. »Haben Sie eine Ahnung, wo sich Ihre Tochter aufhalten könnte?«

»Nein. Das weiß ich schon lange nicht mehr.«

»Wir haben Linns Handy geortet«, sagte Susanne Peters. »Kurz vor sechs hat sie es ausgeschaltet. Seitdem war sie nicht mehr online.«

Die Kollegen hatten den Bereich der Funkzelle ohne Ergebnis abgesucht. Außerdem überprüften Flächensuchhunde einen nahe gelegenen Park, in dem sich die Vermisste häufig aufhielt.

»Was passiert jetzt?«

»Machen Sie sich keine Sorgen, Frau Jacobs?«

»Nun, meine Tochter neigt zu theatralischen Ausbrüchen.«

»Ist es in der Vergangenheit öfter vorgekommen, dass sie verschwindet?«

»Haben Sie Kinder?«

»Ja.«

»Dann wissen Sie sicher auch nicht in jeder Sekunde, wo sie sich aufhalten, Frau Peters.«

»Ihre Tochter hat ernste Probleme.«

Mariana Jacobs lächelte. »Wem sagen Sie das? Sie war bereits als Säugling schwierig.«

»Linn wurde erst heute Nachmittag …«

Abrupt stand die Frau auf. »Wenn Sie mich kurz entschuldigen würden? Ich brauche einen Kaffee. Und Sie möchten wirklich nichts?«

»Danke«, sagte Mustafa.

Mariana Jacobs verließ das Wohnzimmer. Sie hörten, wie ein paar Schranktüren in der Küche klappten und Glas auf Glas traf. Mustafa erhob sich und trat an die Wand, die von gerahmten Fotos eingenommen wurde.

»Fällt dir was auf, Susanne?«, fragte er, ohne sich umzudrehen.

Sie verengte die Augen. »Keine Bilder von Linn.«

»Richtig.«

»Sie scheinen nicht das beste Verhältnis zu haben«, erwiderte sie halblaut.

»Immerhin lebt das Mädchen in einer Wohngruppe für verhaltensauffällige Jugendliche.«

»Was wollten Sie sagen?« Mariana Jacobs war lautlos im Türrahmen aufgetaucht. Mit beiden Händen umklammerte sie einen dampfenden Kaffeebecher.

Wie lange sie ihnen wohl zugehört hatte?

»Frau Jacobs, Ihre Tochter wurde heute Nachmittag bei einer Zimmerkontrolle wiederholt mit Alkohol erwischt.«

Die Frau kehrte zum Sessel zurück und ließ sich darauf nieder. Sie blies in den Kaffee und trank vorsichtig einen Schluck.

»Das wundert mich nicht, Frau Peters«, sagte sie schließlich.

»Dass sie erwischt wurde?«, fragte Mustafa und setzte sich aufs Sofa.

»Nein, dass sie Alkohol trinkt. Schlechte Gewohnheiten lassen sich schwer ablegen.«

Da hat sie wohl recht, dachte Susanne Peters. Der Kaffee roch verdächtig nach Rum.

19:40 Uhr

Der Alarm war eingegangen, als sie sich auf dem Rückweg von einer Übung befanden. Der Einsatzort war zum Glück nicht weit entfernt. Christine Richter von der Hundestaffel informierte die Zugführerin Sabine Buchholz über ihre genaue Ankunftszeit.

Wenig später erreichte sie mit ihren Kollegen Franziska Stein und Johannes Marquardt die angegebene Adresse, den letzten Sichtungspunkt der Vermissten. Mehrere Streifenwagen parkten vor der Jugendeinrichtung, über der sich ein blutroter Himmel spannte.

Sie stiegen aus dem Transporter und zogen ihre Einsatzkleidung über. Sabine lief gerade die Eingangsstufen des Hauses herunter. Sie streckte ihnen mehrere Ausdrucke mit dem Foto der Vermissten und ein paar Eckdaten entgegen.

»Hallo«, begrüßte sie Christine, Franzi und Jojo. »Klassische Vermissung, Verdacht auf Suizid. Linn Jacobs ist

15 Jahre alt, für ihr Alter unterentwickelt, mit einem auffällig kleinen Kopf. Man könnte sie für eine Zehnjährige halten. Sie trägt ein weißes T-Shirt, eine hellgraue Jogginghose und schwarze Sneaker. Mitgenommen hat sie einen bonbonrosafarbenen Rucksack. Wir sollten sofort anfangen, Gefahr ist im Verzug.«

Sabine hatte Einweghandschuhe übergestreift und einen Slip in einem Zipperplastikbeutel gesichert, dem der Individualgeruch der Vermissten anhaftete. Außerdem hatte sie vorsorglich mit Kompressen Geruchskopien angefertigt. Denn jeder Hund im Einsatz erhielt seinen eigenen Geruchsartikel, damit ein Vorgänger ihn nicht kontaminierte.

Hunde konnten bis zu hunderttausendmal besser riechen als der Mensch. Richtig ausgebildet, war ein Personensuchhund in der Rettungs- oder Aufklärungskette ein wichtiges Einsatzmittel. Im Gegensatz zu Flächensuchhunden spürte ein Mantrailer keine Bodenverletzungen auf, sondern die Duftmoleküle der Zielperson.

»Ich würde Birdy gern als Erstes einsetzen«, sagte Christine und ließ den Rüden aus der Box springen.

Der Flat Coated Retriever wedelte mit der Rute, sein ganzer Hinterleib bewegte sich mit. Er hatte bereits die PSH-Stufe 3 erreicht. Als Jagdhund liebte er es zu schwimmen und zu apportieren. Er war leichtführig, intelligent, sensibel und blieb ein Leben lang verspielt, ein Clown unter den Hunden. Als Suchhundtyp war Birdy gelassen/gewissenhaft. In Sekunden würde er die frischeste Spur wittern. Sie war knapp zweieinhalb Stunden alt und vermischte sich mit früheren Spuren, da die Vermisste hier wohnte.

Jojo begleitete Christine als Suchgruppenhelfer zusammen mit zwei Uniformierten auf dem Trail. Franzi blieb mit der braunen Labradorhündin Pepper bei Sabine am Startpunkt zurück.

Christine hakte die Schleppleine ein und schaltete den GPS-Tracker an. Jojo würde den Weg parallel dazu auf einer ausgedruckten topografischen Karte einzeichnen und den gesamten Trail mit einer GoPro-Kamera filmen.

Christine setzte Birdy am Eingang der Einrichtung an und hielt ihm den Beutel mit dem Slip hin. »Riech!«

Er steckte seine schwarz glänzende Nase hinein. Die Nasenlöcher blähten sich auf, ausgiebig sog er den Geruch auf und schüttelte sich.

»Go!«

Der Rüde nahm den Kopf hoch und brachte seine 35 Kilo in Trab. Er umkreiste das Haus, galoppierte in einem Bogen zur Straße. Die Schlappohren, an denen sich das Fell kräuselte, wehten im Wind.

Christine drosselte das Tempo und ließ zwei Pkw vorbei, bevor sie die Fahrbahn überquerten. Auf dem gegenüberliegenden Bürgersteig heftete sich der Retriever an den Boden und wurde in schlängelnden Bewegungen langsamer. Der Körper des Rüden wurde quadratisch, er schlug einen Haken und warf sich nach rechts. Christine verkürzte die Leine. Sie wusste, dass Birdy gleich richtig anziehen würde. In der nächsten Sekunde preschte der Flat vor und tauchte tiefnasig in die Spur ein.

Christine joggte hinterher und achtete darauf, dass die Leine nicht den Boden berührte.

»Für dieses Gebiet ist ab Viertel vor neun eine amtliche Unwetterwarnung herausgegeben«, sagte Jojo von hinten. »Wir sollten uns beeilen.«

17:32 Uhr

Linn stellte die beiden Rotweinflaschen auf das Kassenband. Sie hatte extra einen Supermarkt gewählt, in dem sie noch nie gewesen war. Ein jungenhafter Kassierer, dem der Pony in die Stirn fiel, bediente einen abgerissenen Opi vor ihr. Die schmutzstarrende Hose schlotterte um seine Beine, die Hände zitterten, als er die Münzen umständlich in die Hand des jungen Mannes abzählte und den erstandenen Schnaps in einem Einkaufstrolley verstaute.

Linn verdrängte den Gedanken, dass das ihre Zukunft war. Vorhin hatte die Leiterin der Wohngruppe eine Flasche Asti unter ihrer Matratze hervorgezogen. Sekt! Lächerlich, dass sie deswegen so einen Aufstand machten. Sie hatte sich Handy und Rucksack geschnappt und war abgehauen.

Der Opi schlurfte davon, das Kassenband setzte sich in Bewegung. Die Flaschen kippten um. Linn konnte sie gerade rechtzeitig auffangen, bevor sie auf dem Boden zerschellten. Sie lächelte hinter der riesigen Sonnenbrille und merkte, wie ihr das Herz in die Hose rutschte.

»Bist du schon 18?« Der Kassierer klang, als wäre er noch im Stimmbruch.

»Klar.«

»Kann ich mal deinen Ausweis sehen?«, fragte er und blies sich den Pony aus den Augen.

Linn wurde heiß und kalt. Aus dem Rucksack kramte sie ihren Schülerausweis hervor und deckte die Zahlen mit dem Zeigefinger ab.

»Okay.«

Linn atmete aus. Sie hatte gar nicht bemerkt, dass sie die Luft angehalten hatte. Gerade wollte sie einen Zehner aus der Hosentasche angeln.

»Welches Geburtsdatum?«

»13. September«, sagte sie wie aus der Pistole geschossen.

»Ich meinte das Jahr.«

»Äh …«

Fuck, er hatte sie durchschaut!

Linn griff sich die Weinflaschen und rannte los. Der Kassierer schrie ihr mit kieksiger Stimme hinterher, sie solle gefälligst stehen bleiben. Draußen vor der Schiebetür rempelte sie eine ältere Frau an.

»Pass doch auf, du Flittchen!«, kreischte sie und verpasste Linn eine schallende Ohrfeige. »Der Teufel soll dich holen!«

20:49 Uhr

Sie konnte der Frau nicht in die Augen sehen.

»Haben Sie Linn gefunden?«

Susanne Peters nickte stumm und zuckte, als ein Blitz über dem Haus krachte und das Wohnzimmer für Sekunden grell ausleuchtete.

»Oh.«

Sie riss sich zusammen, auch wenn sie den Anblick niemals vergessen würde. »Ich muss Sie darüber aufklären, dass …«

Mariana Jacobs winkte ab. »Schon gut. Ich rede. Was danach geschieht, überlasse ich Ihnen.«

»Was … was ist passiert?« Ihre Stimme brach.

»Das kann ich Ihnen nicht so genau sagen, Frau Peters«, antwortete die Frau, als würde sie von ihrer Einkaufsliste sprechen.

»Versuchen Sie es.«

»Linn stand plötzlich im Haus. Sie war sehr aufgebracht. Schrie etwas davon, dass sie mir völlig gleichgültig sei.«

Vielleicht hat sie damit nicht einmal falschgelegen, dachte Susanne Peters. Immerhin hatte die Tochter damit gedroht, sich selbst zu töten.

»Ich war im Garten. Die Nachbarn sollten nicht alles hören. Also bin ich rein und habe die Terrassentür geschlossen«, sprach Mariana Jacobs weiter. »Linn ist nach oben in ihr altes Kinderzimmer gestürmt. Sie war außer sich. Ich konnte sie nicht beruhigen. Sie hat alles verwüstet. Bücher aus dem Regal gerissen, den Schreibtisch leer gefegt. Selbst die Gardine musste dran glauben.«

Mustafa warf ihr einen Seitenblick zu. Susanne Peters gab ihm mit den Augen zu verstehen, die Frau unter keinen Umständen zu unterbrechen.

»Linn ist zum Kleiderschrank, hat alles herausgezerrt, was darin war. Die ganze Zeit über hat sie mit der Weinflasche herumgefuchtelt. Ich wollte sie davon abhalten, das komplette Haus abzureißen. Das musste ich, oder nicht?«

Susanne Peters schwieg. Der Regen, der inzwischen eingesetzt hatte, prasselte überlaut gegen das Panoramafenster.

»Sie ist herumgewirbelt und hat die Flasche gegen mich erhoben. Die eigene Tochter.« Sie schüttelte den Kopf und sah hinaus in den dunkel daliegenden Garten. »Und da habe ich zugestochen. Ich hatte noch das Messer in der Hand, mit dem ich die Blumen angeschnitten hatte.«

Susanne Peters nickte. »Und dann?«

»Habe ich Ordnung gemacht.«

20:42 Uhr

Aus der Ferne rollte Donnergrollen heran.

Der Flat Coated Retriever war mittlerweile schwer zu halten, er pflügte energisch im Zickzack durch die Siedlung. Durchschnittlich suchten Mantrailer je nach Umgebung und Geruchsverhältnissen hundert Meter in der Minute ab. Unwegsames Gelände, Straßenverkehr oder Geruchsverwirbelungen konnten den Trail erschweren. Gab es keine derartigen Komplikationen, schaffte ein Suchhund einen Kilometer in zehn bis zwölf Minuten und in einer Stunde vier bis fünf.

Sie hatten eine Viertelstunde nach dem Start einen Supermarkt passiert. Wie die Polizei inzwischen wusste, hatte die Vermisste dort zwei Flaschen Rotwein entwendet. Damit war sie zu einer Brücke gelaufen, die eine Bahnstrecke querte. Der Personensuchhund hatte den beiden Orten größere Aufmerksamkeit geschenkt, denn dort hatte sich Linn Jacobs für längere Zeit aufgehalten und einen Geruchspool hinterlassen.

»Birdy, langsam, warte.« Christine Richter stoppte den Flat, um zu verschnaufen und etwas Ruhe in das Tier zu bringen. »Okay, weiter.«

Der Retriever trabte an. Sein Körper versteifte sich, wurde länger und flacher. Katzenartig schlich der Rüde weiter, seine Nackenhaare stellten sich auf. Er blähte die Nasenlöcher, sog Luft ein und schnaubte. Birdy blieb stehen, seine Hinterbeine zitterten. Der Endpool, wo sich die vermisste Person befand, war nicht mehr weit entfernt.

»Wir sind jetzt mitten in der Siedlung, Sabine«, funkte Jojo an die Zugführerin durch, nachdem er sich auf der Karte den Verlauf des bisherigen Trails angeschaut und einen Überblick über ihren aktuellen Standort verschafft hatte.

»Dann seid ihr kurz vor der Wohnadresse der Mutter.« Sie nannte ihm die Anschrift.

Christine entdeckte in zehn Metern Entfernung die entsprechende Hausnummer. Jemand war zu Hause. Zumindest deutete der unruhige Lichtschein in einem Zimmer im ersten Stock darauf hin. Im Gegensatz zu allen anderen Fenstern der Doppelhaushälfte fehlte dort die Gardine, das war ihr sofort aufgefallen.

»Die Vermisste wird im Haus ihrer Mutter vermutet.«

»Ich fürchte, wir sind zu spät.« Jojo beschrieb der Zugführerin das Verhalten des Flats.

»Verstanden. Ich gebe das an die Leitstelle der Polizei weiter. Einsatzabbruch.«

»Alles klar. Danke, Sabine.« Jojo steckte das Funkgerät zurück in die Jackentasche.

Wenig später zog Christine Birdy das reflektierende Suchgeschirr aus, rubbelte das Fell mit einem Handtuch trocken und gab ihm Hühnchenfleisch mit Karotten als Belohnung. Danach sprang der Flat Coated Retriever in seine Box im Transporter und rollte sich auf der Decke zusammen. Der Vogel war in sein Nest zurückgekehrt. Aus haselnussbraunen Knopfaugen beobachtete er Christine. Für ihn war die Suche ein Spiel gewesen, für alle anderen bitterer Ernst.

Nach dem Abitur nahm die Angeklagte auf Druck der Eltern hin ein betriebswissenschaftliches Studium auf. Sie ließ sich kurz vor der Abschlussprüfung nach sieben Semestern exmatrikulieren, da sie den inneren Drang verspürte, der Mutter nicht den Gefallen zu tun, das Studium abzuschließen.

Der Abbruch des BWL-Studiums führte bei der Angeklagten zu einer schweren persönlichen Krise mit Suizidgedanken. Zu der Zeit wohnte sie noch im elterlichen Haus. Eine anschließende zweieinhalbjährige Psychotherapie verbesserte die depressive Symptomatik. Die Angeklagte ent-

schied sich währenddessen für eine Ausbildung zur Medizinischen Fachangestellten und schloss diese nach drei Jahren erfolgreich ab.

In der Folge meldete sich die Angeklagte bei verschiedenen Partnervermittlungsplattformen an. Daraus entstand keine feste Beziehung. Damals bezog sie auch eine eigene Wohnung.

Kurz darauf fand die Angeklagte eine Anstellung bei einer Arztpraxis eines Allgemeinmediziners in P. Während ihrer langjährigen Tätigkeit dort verschlechterte sich das anfangs normale Verhältnis zu den Mitarbeitenden. Die Angeklagte besprach dienstliche Angelegenheiten mit ihrem unmittelbaren Vorgesetzten nicht mehr persönlich, sondern teilte ihm ihre Stellungnahmen und Vorschläge schriftlich mit. Die Angeklagte pflegte keinen privaten Umgang mit ihren Kolleginnen. Wutausbrüche waren immer häufiger an der Tagesordnung.

Als Grund für ihr Verhalten nannte die Angeklagte eine Vergewaltigung, der sie im Alter von 30 Jahren zum Opfer gefallen sei und die sie nicht zur Anzeige gebracht habe. Die Angeklagte wurde nach diesem Vorfall schwanger. Statt das Kind abzutreiben oder es zur Adoption freizugeben, entschied sie sich, es selbst großzuziehen. Während der ersten Schwangerschaftswochen konsumierte die Angeklagte aufgrund des traumatischen Ereignisses übermäßig viel Alkohol. Der Abusus wirkte sich fruchtschädigend auf den Embryo aus. So entwickelte die Tochter ein Fetales Alkoholsyndrom (FAS).

Babys mit FAS gedeihen und wachsen schlechter. Die Betroffene verfügt daher über einen auffallend kleinen Schädel. Hinzu kommen psychomotorische Unruhe und eine Aufmerksamkeitsdefizit-/Hyperaktivitätsstörung

(ADHS). Bereits im Kleinkindalter neigte sie zu Aggres-
sivität und zeigte ein gestörtes Sozialverhalten. So war sie
zum Beispiel außergewöhnlich aufsässig.

Die Angeklagte ist ledig und hat kaum soziale Kontakte.
Seit der Vergewaltigung hat sie keine Beziehungswünsche
mehr zu Männern.

Die Angeklagte ist nicht vorbestraft.

20:47 Uhr

Ihr Diensthandy klingelte.

Sie holte es aus der Brusttasche ihrer Uniform und tippte
auf das grüne Telefonsymbol. »Peters.«

»Habt ihr die Mutter angetroffen, Susanne?«, fragte
Wolfgang Burkhardt von der Leitstelle.

»Ja.«

»Und? Neuigkeiten?«

Mariana Jacobs beobachtete sie aufmerksam.

Sie lächelte der Frau aufmunternd zu. »Nein, Wolf.«

»Okay. Ich wollte nur durchgeben, dass der PSH ganz
in eurer Nähe ist.«

Susanne Peters spürte ein Kribbeln im Nacken. Sie stand
auf, lief in den Flur. Mit der freien Hand deckte sie den
Lautsprecher ab und flüsterte: »Bei der Meldeadresse der
Mutter?«

»So ist es.«

»Verstanden.« Sie trennte die Verbindung und steckte
den Kopf durch die Wohnzimmertür. »Dürfte ich mal Ihre
Toilette benutzen, Frau Jacobs?«

Draußen grollte Donner, die Abstände wurden immer
kürzer.

»Natürlich. Neben der Eingangstür rechts.«

»Danke.«

Susanne Peters ließ das Telefon in die Tasche gleiten und trat zurück in den Flur. Im Gehen spähte sie in die Küche. Auf der Spüle stand eine umgedrehte Schüssel. Daneben trocknete ein Messer. Statt das Gäste-WC zu benutzen, wandte sie sich nach rechts und nahm die Treppe in den ersten Stock. Am Ende des Flurs bemerkte sie Licht unter einem Türspalt. Sie hielt darauf zu, öffnete die Tür. Teelichter warfen verzerrte Schatten an die Wände. Ihr Kopf ruckte nach rechts. Für den Bruchteil einer Sekunde verstand sie nicht, was sie vor sich hatte. Dann prallte sie zurück.

Ihre Hand flog zum Mund, um einen Aufschrei zu unterdrücken.

Auf dem Bett lag die Vermisste unter einer Decke, umringt von einer Schar Kuscheltiere. Ein Stoffdackel thronte auf einem Kissen und fixierte Susanne Peters aus stumpfen Augen. Die Haut des Mädchens war blass, die Lider waren geschlossen. Am Hals klaffte eine Wunde, eine Verletzung, die nicht mit dem Leben vereinbar war. Blut war daraus gesickert und färbte das Kissen tiefrot. Die Hände waren über der Decke gefaltet. Eine Hyazinthe ruhte darauf.

Routinemäßig prüfte Susanne Peters die Vitalzeichen der Kleinen. Nichts. Sie wusste, dass Linn nie wieder aufwachen würde.

Die Angeklagte äußerte gegenüber der Sachverständigen Dr. med. N. S., sie habe das Bedürfnis gehabt, ihre Tat ungeschehen zu machen. Die Psychiaterin bestätigte der Kammer, dass das Nachtatverhalten der Angeklagten mit einer emotionalen Wiedergutmachung, einem sogenannten Undoing, in Einklang zu bringen sei. So habe die Ange-

klagte nach der Tötung ihrer 15-jährigen Tochter die Spuren des Angriffs beseitigt, das Mädchen in eine schlafende Position gebracht und mit Stofftieren, Kerzen und Blumen umgeben.

Die Angeklagte bedaure die Tat zutiefst und akzeptiere jedes Strafmaß, habe sie sich doch durch den Alkoholmissbrauch in der Schwangerschaft bereits vor der Geburt an der eigenen Tochter schuldig gemacht, die mit den Jahren verhaltensauffällig geworden sei. Dieser Umstand habe schließlich zu jenem verhängnisvollen Abend geführt, an dem sie ihrem Kind das Leben genommen habe.

Die Tochter sei in einer Kurzschlusshandlung auf die Brücke gegangen, um sich in den Tod zu stürzen. Sie habe es sich anders überlegt und der Angeklagten später vorgeworfen, diese interessiere sich nicht einmal für ihre Selbsttötungsabsichten. In dem anschließenden Handgemenge habe die Angeklagte zugestochen. Einen Notarzt habe sie nicht mehr verständigt, da ihre Tochter innerhalb weniger Minuten verblutet sei.

Da es ihr durch die Untersuchungshaft nicht möglich gewesen sei, an der Beerdigung ihrer Tochter teilzunehmen, bittet die Angeklagte um eine Sondergenehmigung, das Grab eines Tages besuchen zu dürfen.

DAS VERSCHWINDEN
DES KOPERNIKUS

Barbara Saladin

Der Schrei, der durch den Korridor hallt, fährt mir durch
alle Knochen. Mein Trommelfell droht zu explodieren und
mein Herz macht vor Schreck einen Satz. So ähnlich muss
es sich anfühlen, wenn die Welt untergeht.

Das ist allerdings zum Glück nicht der Fall. Hoffe ich
zumindest.

»Kopernikus ist weg!«

Jetzt hat die Frau, die diesen gellenden Schrei ausgestoßen hat, immerhin die Sprache wiedergefunden. Und wie.

»Tiiiim!«, brüllt sie, als befinde sich Tim mindestens
zwei Kilometer entfernt. Dabei steht der schlaksige, nach
Aftershave und Schweiß riechende junge Mann, der hier als
Aushilfspfleger arbeitet, nur am anderen Ende des Gangs
und reinigt den Boden. Er scheint so eingeschüchtert zu
sein wie ich und hält den Wischmopp schützend vor sich.
»Was? Kopernikus ist weg?«, fragt er ungläubig. »Als die
Hunde draußen waren, war er doch noch da.«

»Wann hast du ihn das letzte Mal gesehen?« Die Stimme
der Frau ist viel lauter und höher als sonst.

»Na, vorhin irgendwann. Oder heute Morgen.« Tim wird

immer leiser. Er ist fast nicht zu hören bei dem Tumult, der nach Jolandas Geschrei losgebrochen ist. Sämtliche anderen Feriengäste sind genauso tierisch erschrocken wie ich und bellen sich in allen Tonlagen die Lunge aus dem Leib.

Wieder ein Schrei, halb zornig, halb verzweifelt. Wie das Brüllen eines durchgeknallten Löwen, echt angsteinflößend. Wo bin ich hier bloß hingeraten?

Ach, ich habe ganz vergessen, mich vorzustellen. Mein Name ist Vasco. Normalerweise arbeite ich als ehrbarer Hofhund und bin im Bauernbetrieb meiner Meister für die allgemeine Sicherheit zuständig. Bis vor wenigen Tagen verlief mein Leben in ruhigen Bahnen. Meine Besitzer verreisen eigentlich nie, und wenn sie es doch tun, hüten mich ihre Bekannten. Aber irgendwie gab es diesmal ein Problem mit der Unterbringung, sodass ich vor ein paar Stunden zusammen mit meinem Körbchen und meinem Fressnapf hier abgeliefert wurde. Wie ein abgeschobenes Möbelstück, das keiner mehr will. Es sei eine ganz nette kleine Hundepension, hat meine Meisterin mir versichert, ich würde mich schnell einleben und in den nächsten paar Tagen viel Spaß mit den anderen Hunden haben. Viel Spaß haben. Ha! Wie kann man an einem Ort Spaß haben, wo man einfach ungefragt hingebracht und zum Nichtstun verdammt wird? Wo es von fremden Hunden wimmelt und wo nichts, aber auch gar nichts auch nur halbwegs vertraut ist? Was soll dieser Zwangsurlaub hier, wo alles anders riecht, anders klingt? Und dann noch dieses markerschütternde Geschrei – ausgestoßen von jener Frau, zu der ich eben im Begriff war, ein kleines Fitzelchen Vertrauen zu fassen. Jolanda heißt sie, und ihr gehört die Bude hier.

Alles, nur das nicht! In Jolanda Wengers Kopf echoten diese Worte, als hämmerte ihr sie jemand mit dem Vorschlaghammer in die Ohren. Ihre Gedanken wirbelten im Kreis, und ihr T-Shirt war so stark durchnässt, als hätte sie eben einen Marathon zurückgelegt. Alles, nur das nicht! Nun war eingetreten, wovor sie eine Heidenangst gehabt hatte: Einer ihrer vierbeinigen Schützlinge war verschwunden. Und dann auch noch genau jener, dessen Besitzerin die mit Abstand reichste und einflussreichste Kundin war, die sie je erlebt hatte.

»Nimm ja keine Hunde von Bonzen an, die machen dir die Hölle heiß und verklagen dich auf Millionen, wenn etwas vorfällt«, hatte die Vorbesitzerin der Hundepension Jolanda gewarnt.

Vor zwei Jahren hatte Jolanda ihren Traum wahr gemacht und das kleine Tierheim in einem ehemaligen Fabrikgebäude am Stadtrand übernommen. Es war zwar etwas heruntergekommen, besaß aber auch eine gehörige Portion Industriecharme. »Working Class Shabby Chic« gewissermaßen. Seit sie die Pension mit acht Hunde-Ferienplätzen führte, arbeitete sie fast Tag und Nacht und kam finanziell damit gerade so über die Runden. Aber Jolanda besaß ein riesengroßes Herz, und so hatte sie ihre vierbeinige Kundschaft schnell liebgewonnen. Alles hatte sie schon hier beherbergt, wenn die Herrchen und Frauchen wegen Urlaub, Krankenhausaufenthalt oder anderen Verhinderungen kurzzeitig nicht auf ihre Lieblinge aufpassen konnten: vom Zwergchihuahua bis zum Bernhardiner, vom Dackel bis zur Deutschen Dogge. Und sie hatte sich immer an den Rat gehalten – bis dann diese Französische Bulldogge gekommen war. Name: Kopernikus von Weatherfield and Höldelischloss. Jolanda hatte den ausgefallenen Namen gegoogelt – also den »Vornamen«, nicht den Zuchtnamen, denn für die fantasievollen, nach Adelstiteln klingenden Zuchtbezeichnungen hatte sie sich noch nie interessiert – und erfahren, dass der Hund der reichen Dame nach einem preußischen Astronomen des 15. Jahrhunderts benannt war. Weshalb auch immer. Das Tier war jedenfalls ein ganz normales, freundliches Lebewesen, im Gegensatz zu seiner Besitzerin, die ihr eine lange Liste mit Extrawünschen und -würsten für den Liebling dagelassen hatte. Jolanda hatte sich gefragt, wieso Frau von Mottenschweiler ausgerechnet ihre Pension ausgesucht hatte, da es auf dem Markt doch sicher standesgemäßere Einrichtungen gab, wo Kopernikus' Frauchen ihn hätte abgeben können.

Wie auch immer. Über all diese Dinge hatte Jolanda nicht groß nachgedacht, bis zu dem Moment, als sie merkte, dass die Bulldogge fehlte. Und nirgendwo auffindbar war. Bevor sie diesen durchdringenden Schrei ausgestoßen hatte, war sie durch alle Räume der Pension, ihre angrenzende kleine Wohnung und den ausladenden Garten gehastet und hatte mit wachsender Panik nach dem Tier gesucht. Vergeblich.

Und jetzt stand der Aushilfspfleger Tim vor ihr mit schreckgeweiteten Augen und einem schuldbewussten Gesichtsausdruck.

»Ich habe nichts gesehen und nichts gemacht«, stotterte er.

»Wie konnte er nur verschwinden?«, rief Jolanda gegen den Radau der aufgebrachten Hunde an. Im Moment hatte nicht einmal sie, die sonst die Ruhe in Person war, den Nerv, die Hunde zu beruhigen.

Tim hob die Schultern. Nach einem kurzen Disput verließen Jolanda und Tim hastig den Raum und ließen die Tiere bellend zurück.

Welch ein Chaos! Ohrenbetäubend! Ich frag mich echt, was ich angestellt habe, um hier zu landen.

»Nun haltet alle die Klappe, verflucht noch mal!« Das Poltern dieser sonoren Stimme lässt alle augenblicklich verstummen.

Ich bin mit den anderen Feriengästen noch nicht draußen gewesen. Bisher habe ich mich geweigert, mein vertrautes Körbchen in diesem fremden Abteil zu verlassen. Deshalb habe ich noch nicht wirklich Bekanntschaft mit den anderen gemacht. Aber ich habe in den vergangenen Stunden genau zugehört und die anderen beobachtet, sodass ich schon einiges über sie weiß. Die sonore Stimme zum Beispiel gehört diesem riesenhaften schwarzen Bären mit zottigem Pelz. Neufundländer nennt sich das. Er verfügt über eine gehörige Portion natürliche Autorität, die alle respektieren.

»Wieso sollen wir das tun, Barnabas? Was weißt du mal wieder besser als wir?«

Na ja, die fast alle respektieren. Ein Jack Russell Terrier, knapp halb so groß wie ich und um ein Vielfaches kleiner als der Neufundländer, ist auf Krawall gebürstet. Sein kecker Gesichtsausdruck ist mir schon vorher aufgefallen.

»Ach, Jamie, wir wissen, dass du ein Held bist. Aber hör doch auch mal zu«, antwortet eine hohe Stimme aus dem Abteil neben mir. Muss einem sehr kleinen Hund gehören. Aber auf Jamie wirkt diese Stimme Wunder. Er kratzt sich mit der Hinterpfote am Kopf und sagt erst mal nichts mehr.

Ich höre den Hunden zu. Sie unterhalten sich darüber, was wohl mit Kopernikus geschehen sei. Offenbar ist niemandem etwas Ungewöhnliches aufgefallen, denn die Bulldogge habe sich nicht an den Spielen der anderen beteiligt. Die hohe Stimme neben mir – sie gehört einem Rehpinscher namens Claudine – ist überzeugt, dass Kopernikus entführt wurde. »Sein Frauchen ist steinreich. Ist doch logisch, dass sich irgendein Gauner den armen Dicken gekrallt hat.«

»Ihr Großen da drüben könntet beim nächsten Freigang doch mal über den Zaun schauen, ob ihr was Verdächtiges seht«, schlägt Jamie vor. Die Großen, das sind der Neufundländer Barnabas sowie Waltraud, eine Deutsche Dogge. Ein riesenhaftes Wesen mit Lefzen wie Elefantenohren, von denen ständig ein Speichelfaden hängt. So was habe ich bisher noch nie gesehen.

»Und du, Neuer, hast du auch nichts Besonderes gesehen? Du bist ja ständig hier rumgesessen«, will Jamie wissen.

Ich höre seine latente Aggressivität in der Stimme, schlucke hart und weiß nicht, was ich zur Antwort geben soll. Natürlich habe ich nichts Besonderes gesehen, ich war ja vollends damit beschäftigt, mich nicht vor diesem ungewöhnlichen Ort zu fürchten. Nicht einmal Kopernikus selbst habe ich bewusst wahrgenommen. Keine Ahnung, wie er aussieht, nur seinen Geruch habe ich registriert, denn das tun wir sowieso bei allem automatisch.

»Ach, lass das Landei in Frieden, der riecht noch ein bisschen streng nach Kuhmist, aber der taut schon noch auf«, beschwichtigt Waltraud und zwinkert mir über den Korridor zu.

»Vasco heiße ich«, nehme ich allen Mut zusammen. Nur weil ich auf einem Bauernhof lebe und für die Sicherheit des Betriebs zuständig bin, muss man mich noch lange nicht als Landei betiteln.

»Schon gut. Willkommen bei uns«, meint Barnabas versöhnlich. Auch die anderen nicken und sagen ein paar nette Worte. Das erste Mal, seit ich hier bin, fühle ich mich nicht mehr ganz so verlassen, und mein Schwanz deutet ein Wedeln an.

Jolanda sehen wir eine ganze Weile nicht mehr. Tim auch nicht. Wahrscheinlich suchen sie draußen nach Kopernikus. Vielleicht haben sie auch die Polizei benachrichtigt, und diese wird bald mit großem Tatütata hier erscheinen.

Es erschien dann – nicht mit Tatütata, aber mit großem Brimborium – Frau von Mottenschweiler persönlich in der Hundepension.

»Frau Wenger! Wo ist mein Hund?«, keifte sie ohne eine Begrüßung los. Dabei fuchtelte sie mit einem Blatt Papier vor Jolandas Gesicht herum.

»Stellen Sie sich vor! Das hier lag bei mir im Briefkasten!«

Jolanda schwante Übles. Ihre Handflächen wurden augenblicklich nass, als sie das Schreiben, das Frau von Mottenschweiler ihr vor die Nase hielt, las.

»ICH HABE IHREN HUND IN MEINER GEWALT. WENN IHNEN SEIN LEBEN LIEB IST, DANN ÜBERWEISEN SIE 50.000 FRANKEN IN BITCOIN. ICH WERDE IHNEN DAS KONTO HEUTE ABEND MITTEILEN. WENN SIE NICHT ZAHLEN, SEHEN SIE KOPERNIKUS NIE WIEDER! UND WICHTIG: KEINE POLIZEI! SONST IST ER TOT!!«

Nach dem Lesen der letzten beiden Ausrufezeichen musste Jolanda sich bemühen, nicht umzukippen, so weich waren ihre Knie plötzlich geworden.

»Ein Erpresserschreiben«, hauchte sie.

Frau von Mottenschweiler schluchzte auf. »Genau. Diese Verbrecher haben mein Koperniküsschen entführt. Wenn ihm etwas geschieht, bin ich am Ende.«

»Wir sollten sofort die Polizei benachrichtigen«, sagte Jolanda. Sie griff nach ihrem Handy in der Hosentasche, doch ihr Gegenüber schlug ihr auf den Arm. »Sind Sie noch bei Trost? Die haben doch geschrieben, dass die Polizei nicht involviert werden darf!«

»Was wollen Sie denn stattdessen tun?«

»Bezahlen natürlich. Aber Sie, nicht ich.«

Frau von Mottenschweilers kleine Augen funkelten böse aus ihrem solariumgebräunten Gesicht. Nun wurden Jolandas Knie definitiv weich wie Hundekacke bei Durchfall. Bezahlen? 50.000? Das war unmöglich.

»Ich ... Das kann ich nicht«, stotterte sie. »Woher soll ich so schnell so viel Geld nehmen? Wir brauchen die Hilfe der Polizei.«

Die Augen von Kopernikus' Frauchen verengten sich zu Schlitzen. »Ausgeschlossen«, zischte sie. »Ich will meinen Hund lebendig zurück! Und mit der Polizei hat man nur Ärger. Vor einem halben Jahr hatte ich ein Problem mit denen, die haben mir das Leben schwer gemacht, anstatt mir zu helfen, sag ich Ihnen.«

»Was ist denn passiert?«

»Das geht Sie nichts an! Und sowieso konnte ich nichts dafür, der andere ist viel zu schnell gefahren. Kann ja jeder sagen, dass er Grün hatte. Nein, nein, so was lass ich mir nicht nochmals bieten, dass ich, anstatt dass mir geholfen wird, am Ende abgezockt werde. Pha!«

Obwohl Jolanda die alte Sache mit der Polizei angeblich nichts anging, setzte Frau von Mottenschweiler ihren Wortschwall fort. Die Erzählung gipfelte darin, dass drei Anwälte ihres Gatten für sie einen »schönen Betrag« rausgeholt hatten.

Dann kehrte ihre Aufmerksamkeit zu Jolanda und dem

Erpresserschreiben zurück. »Sie wissen, was Sie zu tun haben, Frau Wenger. Ich erwarte von Ihnen ständige Informationen über den Fortschritt der Suche – entweder nach meinem geliebten Hundi oder dem Lösegeld. Ansonsten mache ich Sie zur Schnecke, dass Sie für den Rest Ihres Lebens Schulden abzahlen dürfen und sich nicht mehr hier blicken lassen können«, sagte es und rauschte von dannen.

Jolanda sah ihr nach. Ihr Kopf dröhnte. Ihre diffuse Angst vor dem, wozu die Mottenschweiler vielleicht fähig war, wuchs in Höllentempo zu einer Panik an. Dazu gesellte sich aber auch Befremden über das Verhalten von Frau von Mottenschweiler. Da war ihr Hund in den Händen von Erpressern, die mit dem Tod des Tiers drohten, und sie wälzte die Verantwortung der Lösegeldzahlung auf Jolanda ab? Auf die Besitzerin einer kleinen Hundepension, die ständig haarscharf am finanziellen Abgrund entlangschrammte.

Als Jolandas Puls sich allmählich wieder etwas beruhigt hatte, ging sie zu Kopernikus' leerem Abteil, das sich zwischen jenem der Dogge und des Jack Russell Terriers befand, und starrte hinein. Sie konnte das alles nicht verstehen.

Die bedrückte Stimmung liegt bleischwer auf der Hundepension, in die es mich verschlagen hat. Auch die anderen Hunde, mit denen ich zarte erste Kontakte geknüpft habe, schweigen und sitzen betrübt in ihren Abteilen. Vor allem: So traurig habe ich noch nie einen Menschen gesehen. Jolanda tut mir richtig leid. Sie hat ihren Aushilfspfleger Tim noch ein wenig angeranzt und ihn dann nach Hause geschickt. Nun sitzt sie auf einem Stuhl im kleinen Büro und hat den Kopf in den Händen vergraben. Von meinem Abteil aus kann ich sie sehen.

»Pst, Leute«, flüstert Barnabas nach einer Weile, »seid ihr noch da?«

»Wo denn sonst?«, gibt Jamie zurück, aber es tönt nicht so angriffig, wie ich eigentlich von ihm erwartet hätte. Vielmehr klingt es sanft. »Wir müssen Jolanda unbedingt helfen«, schiebt er nach.

»Ja«, kommt es unisono aus Claudines und Waltrauds Box.

»Das Frauchen von Kopernikus ist ja unmöglich. Ein Wunder, dass der es mit ihr aushält«, konstatiert Jamie nach einer Weile.

Barnabas pflichtet ihm bei. »Find ich auch. Wenn ich entführt werden würde, würde mein Frauchen sich jedenfalls Sorgen um mein Wohlergehen machen und sofort alles tun, um mich wiederzuhaben, anstatt mit Drohungen um sich zu werfen.«

Wir reden lange und überlegen uns, wie wir helfen könnten. Resultat: Wir müssen so schnell wie möglich in den Außenbereich, um dort alles genau zu inspizieren. Vielleicht finden wir ja eine Fährte. Waltraud ruft also Jolanda herbei. Ihr Bellen klingt heiser und für ihre unglaubliche Größe eigentlich viel zu hoch.

Jolanda schaut zwar kurz auf, aber versteht nicht. Ist ja klar. Menschen können uns leider grundsätzlich nicht verstehen. Sie glauben zwar, es wäre umgekehrt und wir verstünden ihre Worte nicht, aber nicht einmal über diesen Irrtum können wir sie aufklären, da sie so begriffsstutzig sind.

Auf jeden Fall kapiert Jolanda nicht, dass wir dringend rausmüssen, um unsere Ermittlungen anzufangen. Wenigstens glaubt sie, Waltraud müsse aus einem anderen Grund notfallmäßig nach draußen, und öffnet die Gittertür ihres Abteils. Und weil wir anderen auch plötzlich alle fiepen und japsen und schwanzwedelnd in unseren Abteilen auf und ab springen, lässt sie auch uns raus. Endlich können wir mit unserer Arbeit beginnen. Ich bin's ja eher gewohnt, die Fährte eines Fuchses aufzunehmen, der meinen Hühnern zu nahe kommen will, oder jene eines alten Knochens auf dem Misthaufen, aber ich kann auch anders.

Der Außenbereich ist megainteressant. Hier findet man zahlreiche Duftspuren früherer Pensionsgäste. Auch Tims Aftershave hängt ziemlich intensiv in der Luft. Dazu der Geruch nach faulen Äpfeln, rostigen Schrauben, einem Joint. Und wieder Tims Aftershave.

»Sein Geruch ist schon sehr auffällig«, murmelt Jamie, der mit der Nase auf den Boden gedrückt neben mir auftaucht. Er scheint meine Gedanken gelesen zu haben.

Ich bin unsicher. Kann es sein, dass der verängstigte Tim etwas mit Kopernikus' Verschwinden zu tun hat?

Unverwandt starrte Jolanda auf ihr Handy. Sie war versucht gewesen, online ihren Kontostand abzufragen, aber sofort hatte sie den Gedanken verworfen: Da waren keine 50.000 Franken drauf, das brauchte sie gar nicht erst zu kontrollieren. Und sie kannte auch niemanden, der ihr eben mal, ohne mit der Wimper zu zucken, diesen Betrag leihen konnte.

Aber eine andere Idee ging ihr nicht mehr aus dem Kopf. Sie betrachtete das Profilfoto von S. W. in ihrer Kontaktliste. Ein gut aussehender, blonder Mann lächelte sie an. Ein vertrautes Gesicht, zumindest bis vor drei oder vier Jahren. Dann war die Ehe von ihr und Sebastian in die Brüche gegangen, und seither war der Kontakt immer sporadischer geworden. Nicht dass sie sich im Streit getrennt hatten, aber sie hatten sich einfach nicht mehr genug zu sagen gehabt.

Der Job hatte Sebastian zu mindestens 200 Prozent beansprucht. Nachdem er von der Bereitschaftspolizei aufs Kriminalkommissariat gewechselt hatte, war es dann irgendwann aus gewesen mit ihnen. Ob sie Sebastian um Hilfe bitten sollte? Oder würde sie damit nur Kopernikus' Leben unnötig in Gefahr bringen, wenn die Entführer ihre Drohung wahr machen würden? *Keine Polizei*, das war deutlich gewesen. Aber wenn sie nicht die Notrufnummer wählte, sondern quasi ihren Ex-Mann um einen Gefallen bat? Wie sah es denn überhaupt mit dem Straftatbestand einer Hundeentführung aus? Sachentzug?

Ihr Daumen schwebte über dem Display. Sollte sie es riskieren oder nicht? Jolanda schluckte leer und legte das Handy weg. Sie stand auf, um sich einen Kaffee zu kochen. Dieser würde ihr vielleicht dabei helfen, ihre Gedanken zu ordnen, während ihr die Zeit durch die Finger rann.

Unsere Hundepension befindet sich auf einem ehemaligen Fabrikareal. Deshalb ist der Außenbereich, den wir immer noch intensiv inspizieren, auch nicht einfach eine grüne Wiese, sondern ein verwinkeltes Gelände, das sich entlang eines ehemaligen Produktionsgebäudes zieht. Da gibt es Gras, Kies und Holzschnitzel als Untergrund, und im hinteren Bereich befinden sich ein paar große Behälter aus Chromstahl, um die man herumstreifen, hinter denen man Verstecken spielen oder sie auch einfach nur ausgiebig markieren kann. Durchaus ein spannendes Setting. Ich habe ja keine Erfahrung mit Hundepensionen und auch mit der großen, weiten Welt im Allgemeinen nicht, aber ich finde diesen abwechslungsreichen Außenbereich ziemlich cool. Jedenfalls besser, als wenn alles nur rechteckig und steril wäre, nur eine Kirschlorbeerhecke, um dagegenzupinkeln, und die Umzäunung ein Maschendrahtzaun wie bei einem Gefängnis.

Natürlich ist auch unser Bereich ausbruchsicher. Also fast. Denn im hintersten Teil des Areals stoße ich auf ein Gebüsch. Hier riecht es nach alter Farbe, Vogelbeeren und – immer noch – einem Hauch von Tims Aftershave. Von Hunden klebt hier relativ wenig Geruch, wahrscheinlich ist dieser Bereich beim Spielen und Umherstreifen nicht sonderlich beliebt. Aber – und das lässt mein Herz schneller schlagen – es riecht intensiv nach Kopernikus.

Hastig drücke ich die Nase auf den Boden und filtere die Luft stoßartig durch meine 200 Millionen Riechzellen. So folge ich der Spur, die mich zu einem versteckten Winkel vor einer Mauer führt. In diese Mauer ist eine Bretterwand wie eine Tür eingelassen, doch eines der Scharniere hat sich gelöst, und nun hängen die Bretter schräg in den Angeln. Unten hat sich ein Spalt gebildet, groß genug für eine kleine, stämmige Französische Bulldogge, um durchzuschlüpfen! Und meine Nase sagt mir, dass diese Variante sehr gut möglich ist.

Hastig belle ich die anderen herbei, wobei es nur Claudine und Jamie als Rehpinscher und Jack Russell Terrier bis zum Ort des Geschehens schaffen. Barnabas, der Neufundländer, und die Deutsche Dogge Waltraud haben keine Chance, sich durchs Gebüsch bis zu diesem Winkel durchzuschlagen, und müssen lauschen, um nicht zu verpassen, was ich entdeckt habe.

Auch die anderen sind überzeugt, dass wir es hier im wahrsten Sinne des Wortes mit einem Schlupfwinkel zu tun haben. Wir beraten uns.

»Ihr müsst da durch und seine Spur weiterverfolgen«, bittet Waltraud die beiden Kleinen. Diese nicken.

»Ich könnte über die Bretterwand klettern. Solche Dinge mache ich zu Hause auch, um auf den Heustock oder ins Hühnerhaus zu gelangen«, sage ich, und gleichzeitig fühle ich Stolz in mir aufkeimen, dass mein Hintergrund als Hofhund hier doch zu etwas nutze ist.

Gesagt, getan.

Jamie und Claudine schlüpfen durch den Spalt und ich überwinde die Bretterwand mit einem beherzten Sprung und ein paar Kletterschritten, die weniger leichtfüßig aussehen, als ich mir gewünscht hätte. Dank dem Umstand, dass die Wand schräg steht, schaffe ich es dennoch. Barnabas und Waltraud, die zurückbleibenden Riesen, rufen uns noch »Viel Glück« zu.

Das können wir durchaus gebrauchen. Denn wir müssen einiges an Gefahren bezwingen. Nach ein paar Hundert Metern erreichen wir eine stark befahrene Straße, wo die Autos nur so an uns vorbeiflitzen. Es stinkt unglaublich und ich atme so flach wie möglich. Ich bin total überfordert, aber Claudine lotst uns als erfahrener Stadthund gekonnt durch den Verkehr. Die Fährte führt uns in eine Kleingartenanlage, die allerdings ziemlich verlassen aussieht. Jamie erzählt uns, dass hier eine große Überbauung geplant sei, weshalb den Pächtern der Gärten allesamt gekündigt worden sei. Er kennt sich auf dem Gelände bestens aus, da sein Herrchen auch so ein Häuschen hatte. Wir ergänzen uns auf dieser Suche wirklich gut, finde ich, und ich merke, wie viel Spaß es macht, Mitglied in einem Team zu sein.

Wir streifen durch die Anlage bis zu einem Gartenhäuschen, das intensiv nach Kopernikus riecht. Weil ich der Größte und Stärkste unserer Gruppe bin, drücke ich die Tür auf – und da liegt er. Kopernikus. Die Bulldogge schlummert friedlich auf einem Haufen alter, weicher Decken.

»Hund, was machst denn du hier?«, ruft Claudine, die als Erste die Sprache wiederfindet. Kopernikus hebt den Kopf.

»Ich bin im Urlaub, wieso? Mein Frauchen hat mich hierhergebracht, damit ich mal was anderes erlebe. Ihr gehört das alles hier, müsst ihr wissen.«

»Wir suchen uns alle einen Wolf nach dir! Jolanda ist ganz außer sich vor Sorge. Sie wurde von deiner Meisterin massiv ausgeschimpft, weil du weg warst.«

Kopernikus schaut betreten, was er mit seiner platten Bulldoggennase ja sowieso recht gut kann. Offenbar hat er sich noch keine Sekunde lang Gedanken darüber gemacht, welche Konsequenzen sein Verhalten für andere haben könnte.

»Mir war's doch einfach nur langweilig, und ich wollte endlich mal was erleben. Mein Alltag ist monoton in unserer Villa. Als ich in der Hundepension zufällig auf ein Schlupfloch im Zaun stieß, bin ich da durch. Ich wollte doch auch mal ausbrechen! Nach den Sternen greifen! Ich war ja noch nie draußen in der Welt und habe noch nie ein richtiges Abenteuer erlebt.« Er schaut zu Boden und druckst herum, bevor er fortfährt: »Das alles kam mir dann aber doch recht gefährlich vor, und ich verlor die Orientierung. Was für ein Glück, dass ich zufällig mein Frauchen traf. Sie war auf dem Weg zurück zur Hundepension, weil sie vergessen hatte, meine Vitamintabletten abzugeben. Nach der ersten Wiedersehensfreude grinste sie recht eigenartig und brachte mich dann hierher. Ich verstand das nicht ganz, aber es war immerhin abenteuerlich.«

»Aber wenn du selber abgehauen bist, wieso glauben denn alle, dass du entführt wurdest?«, fragt Jamie. Seine Stimme klingt scharf.

Erschreckt springt Kopernikus auf. »Ich, entführt?«

»Ja, dein Frauchen hat eine Lösegeldforderung erhalten, und nun macht sie Jolanda dafür verantwortlich, dass sie das Geld zusammenbringt.«

Da ist etwas mächtig faul.

Lange besprechen wir uns. Was Kopernikus über sein Frauchen zu hören bekommt, ist starker Tobak für ihn. Er tut mir richtig leid. Wie brutal muss es sein zu erkennen, dass man von einem hinterhältigen Menschen abhängig ist, der anderen Lügen auftischt und sie damit unter Druck setzt? Wir beschließen, gemeinsam in die Hundepension zurückzukehren, schließlich werden Waltraud und Barnabas sehnsüchtig auf uns warten.

Das durfte nicht wahr sein! Dass es noch schlimmer kommen könnte, damit hatte Jolanda nicht gerechnet. Nun aber stand sie im Außenbereich ihrer Hundepension und buchstäblich vor dem Abgrund. Zwei Paar Hundeaugen blickten ihr treuherzig entgegen, der Neufundländer und die Dogge hechelten sie freundlich an. Aber der Terrier, der Pinscher und der neue Mischling waren allesamt verschwunden.

»Tiiiim!«, schrie Jolanda verzweifelt. Keine Antwort. Da erinnerte sie sich, dass sie selbst ihren Aushilfspfleger nach Hause geschickt hatte. Die beiden Hunde vor ihr begannen aufgeregt zu bellen, und im nächsten Augenblick zwängten sich vier Hundenasen aus den Büschen. Jolanda traute ihren Augen kaum. Wild wedelnd kamen sie auf sie zugelaufen, der Pinscher, der Terrier, der Mischling – und die Bulldogge!

Das Entführungsopfer war wieder da! Jolanda konnte ihr Glück kaum fassen, warf sich auf den Hund und küsste ihn ab. Dann scheuchte sie die ganze Meute ins Haus, kontrollierte die Tür zweimal und setzte sich auf den Boden, inmitten der Hunde. Ein riesiger Stein fiel ihr vom Herzen. Sie knuddelte alle Hunde ausgiebig, vor allem Kopernikus. Erst danach wählte sie Frau von Mottenschweilers Nummer.

Kopernikus ist wieder zurück bei seinem Frauchen. Noch am selben Nachmittag hat sie ihn abgeholt. Ich bemitleide ihn immer noch, aber wir Hunde können uns die Menschen halt nicht aussuchen. Und leider können wir Jolanda auch nicht verraten, was wirklich passiert ist. Menschen verstehen unsere Sprache ja nicht und sind auch sonst etwas schwer von Begriff.

Dieser stinkreichen und stinkblöden Tante würden wir Hunde gerne einen Denkzettel verpassen, allerdings wissen wir noch nicht, wie. Irgendwas wird uns schon einfallen, da bin ich mir sicher. Aber zuerst muss ich mich mal stärken, ich habe einen Mordshunger.

An diesem Abend schlafe ich wunderbar in meinem Körbchen. Im Abteil neben mir höre ich den Atem von Claudine. Jamie bellt verhalten im Schlaf – wahrscheinlich träumt er von seinen Heldentaten. Barnabas schnauft wie ein Walross, und Waltraud schnarcht in gleichmäßigen Zügen. Es klingt schon fast heimelig.

Wenn Hunde lächeln könnten, dann würde ich das jetzt, genau in diesem Moment, tun.

RANDALE, LIEBE
UND ANDERE VERBRECHEN

Laszlo Hartmann

Alkfahnen, Haschischwolken, Hundekack- und Knob-
lauchmief mischen sich in dieser Mainacht, die den Bezirk
über die Grenzen der Mauerstadt berühmt-berüchtigt
machen wird, mit dem Rauch der Barrikaden und BOLLE
(abgebrannt), mit Tränengasschwaden und dem Aftershave
zwielichtiger Gestalten, die dort ihr Unwesen treiben.

02. Mai 1987, 05.00 Uhr morgens: Ein Mann, Lederho-
senstall geöffnet, Papiermaske (besprüht mit lila Peace-
Zeichen) überm Kopf, drückt eine Frau in Cowboystie-
feln, Wildleder-Chaps und Rüschenhemd auf den Asphalt
des Hinterhofes, der von Anarchie und Liebe klebt (Urin,
Sperma, erbeuteter Alkohol).

»Ick zeig's dir, wahre Liebe, wa«, stöhnt er.

Die Rothaarige tritt um sich und brüllt: »Sinalco! Judas!
Petrus! Hierher, verdammt!«

Sinalco, ein Grünflügelara, der seinen Namen seiner
Vorliebe für koffeinhaltige Kapitalistenbrause verdankt,
schießt kreischend im Sturzflug vom taubengrau-orange

verschleierten Himmel. Jaulend rennen zwei Schäferhund-
Border-Collie-mit-Irgendwas-Mischlingshunde, der eine
mit neongrünen Strähnen im glänzenden Fell (Petrus), der
andere mit neonroten (Judas), beide mit Nietenhalsbändern,
in den Hinterhof in der Oranienstraße. Eine neongrün
gepunktete Albino-Ratte (Lenin) krallt sich an Judas' Rute.
»Nazi, pack!«, brüllt die Rothaarige (Silvie). Judas und Petrus zerren den Mann, der stinkt, als hätte er in Moschus
und Whisky gebadet, jeweils an einem Hosenbein von ihr
herunter, Lenin krabbelt Richtung Pimmel (Erektion Fehl-
anzeige). Sinalco landet auf der Schulter des Mannes und
hackt auf das Peace-Zeichen ein. »Keene Lesbe, wa. Dafür
sorg ick, wa«, kreischt er, »Wixer!«

Silvie steht auf, ordnet Haarmähne und Dekolleté, holt
das Tränengasspray aus der Hosentasche, richtet es (sicher
hundertmal vorm Spiegel geübt) lässig auf den Mann, als
wäre es ein Colt und sie Dirty Harry. »Nun fragst du dich,
ob heut dein Glückstag ist, Stinker?« Eine rein rhetorische
Frage aus ihrem Lieblingsfilm.

»Stinker, Stinker«, echot Sinalco und fliegt auf.

Silvie sprüht in die Sehschlitze des Mannes, zieht dann
dem wimmernden Häufchen Elend die Peace-Maskierung
von der Visage und stammelt: »Du? Alter, das glaub ich
jetzt nicht!«

Stunden zuvor

Am 1. Mai beginnt die Freitagnacht wie jede andere
1987. In schummrigen Kaschemmen und neondurchflu-
teten Bars trinken alteingesessene Kreuzberger, Randberliner, schwäbelnde Punks, Anarchos, Ökos und Emanzen
preiswertes Schultheiss oder teureres Beck's. Putz bröckelt
von den Fassaden, die Parolen zieren: »Bulle, deine Angst

ist begründet!« – »Liegt der Skinhead tot im Keller, war der Punker wieder schneller!« – »So36: Männerfreie Zone!«

Zwei hausbesetzerblondgefärbte Frauen in Lesbenmontur (Biker-Lederjacke, zerrissene Jeans, Doc Martens) kommen aus dem Haus Adalbertstraße/Ecke Oranienstraße. Die eine hat die Haare straff zum Kopf zusammenhaltenden Pferdeschwanz gebunden. Die Nacht an der Tür vom SCUM, die vor Ate liegt, verspricht lang zu werden. Länger als das Hausplenum, auf dem endlos diskutiert wurde, ob die WG sich am Widerstand gegen die Volkszählung beteiligen sollte (drei zu zwei Stimmen dafür).

»Ich kam mir vor wie ein Verräter, weil ich mich in einen Bullen verguckt hab«, sagt Ate.

»Verräterin, Bullin!«, korrigiert die andere Frau, eine Schönheit, in die halb Kreuzberg verknallt ist, Männer, Frauen, Hunde. Christine steckt sich eine Selbstgedrehte zwischen die pinkgeschminkten perfekten Lippen. »Du bist, was du isst, und was du liebst, weißt du doch.« Sie lacht.

»Afrodeutsche Bullin.« Ate knufft die Freundin. »Unerwidert, wohlgemerkt.«

»Ich hab gestern Schluss gemacht mit Oliver. Er ist komplett ausgetickt. Von wegen: ›Wahre Liebe dauert 14 Tage.‹« Christine tippt sich an die Stirn.

»Hast du ihm von deinem Tralala mit Silvie erzählt? Wie gut der Sex war? Das kratzt schwer am männlichen Ego.«

»Dass ich noch betteln werde, dass er mich zurücknimmt und es mir ordentlich besorgt, hat er gesagt. Vollidiot.«

»Sag Silvie bloß nicht, dass du dich getrennt hast. Nicht aufdrängen, Baby.«

Ate winkt der alten Dame im ersten Stock zu, die wie immer um diese Zeit am offenen Fenster zwischen ihren beiden Pudeln sitzt, dem Kläffer Teddy (der gerade eine gänzlich unbeeindruckte Taube bebellt) und seinem ausgestopften Vorgänger Pupperle. Gudrun winkt zurück, ihre Doppelkinne schlackern. »Es jibt Ärger nach der Demo, sagen sie im Radio. Passt hübsch auf, meene Süßen. Teddy, ruhig jetzt! Nimm dir een Beispiel an Pupperle. Wartet ma, ick hab was für die Apostel. Schweineschwänze von Penny, Sonderangebot.« Gudrun wirft eine Plastiktüte auf die Straße. Pudel Teddy jault Protest, doch alle ignorieren ihn.

Petrus stellt sich auf die Hinterpfoten, macht ein Punkchen (Normalos nennen das Männchen), nimmt dann die Tüte mit den Leckereien in die Schnauze und trägt sie die wenigen Schritte nach Hause (Decke, Sessel, Schrottsammlung vorm Späti), wo sie mit Herrchen Jesus leben und schnorren. Judas jault etwas als Dank, was wie ein Punk-Song klingt, und tanzt schwanzwedelnd einen Pogo (Sprung auf die Vorderbeine, Hinschmeißen auf den Asphalt). Das macht er sonst nur, wenn jemand zwei D-Mark springen lässt.

»Is ja gut, meene Apostelchens«, ruft Gudrun.

In der Ladenwohnung auf der anderen Straßenseite spielt ein Schlagzeug, jemand trommelt, als wollte er die Welt zertrümmern. Eine versoffene Männerstimme grölt: »Weil sie mich liebt. Wie sie mich liebt. Sie tut mir gut. Die ersten 14 Tage. Wahre Liebe dauert 14 Tage! Dann klammert sie, will immer mehr. Da renn ich weg. Heiraten kommt nicht infrage.«

»Oliver, dieser Idiot«, sagt Christine. »Wenn es mal so wäre.«

Jesus erwacht aus seinem Freitagsfrühabendrausch. »Shut up, motherfucker!«, brüllt er und springt auf, Punk und neon-grün-rote Hahnenkamm-Frise schwanken bedenklich. Er entdeckt Christine und schmachtet sie an. »Hey,

Schönheit, sag, dass das nicht wahr ist! Oliver behauptet, du bist zur L-Fraktion übergelaufen? Du bist viel zu hübsch!«

»Anders als du, Jesus, selbstloser Prediger Kreuzbergs«, neckt ihn Ate.

»Ich halt euch die andere Wange hin, zum Küssen. Macht eene Mark.« Jesus zeigt grinsend seine Zahnlücke. Judas, der das Kommando »Eeene Mark« hört, stellt sich auf die Hinterbeine, macht ein Punkchen und dreht sich im Kreis. Petrus tänzelt schwanzwedelnd um ihn herum (kein Pogo, der kostet zwei D-Mark). Christine lacht, wirft eine Münze auf den Geldteller und krault die Mischlingshunde ausgiebig hinter den Ohren.

»Was ist das denn?« Ate deutet auf einen Stapel Papiertüten mit Seh- und Nasenschlitzen, auf die Jesus lila Peace-Zeichen gesprüht hat.

»Für gegen det Establishment, eene Mark, auch für dich, Lady«, sagt Jesus. Petrus springt aufs Kommando auf die Vorderpfoten, Judas tänzelt um ihn herum.

Ein Streifenwagen fährt im Schritttempo durch die Oranienstraße. »Schwanz ab! Männer raus aus Westberlin.« Kommissaranwärterin Anni-Frid, deren Mutter der größte Abba-Fan aller Zeiten ist, liest ihrem Kollegen Bernd das neue Graffiti an der Brandmauer neben der BAR vor. Anni-Frid grinst, Bernd nicht.

»Wenn du mich fragst, brauchen die 'nen Kerl, wa, Dancing Queen? Du bist Abba, keene frustrierte Männerhasserin.« Bernd lacht über die Wortspiele, Anni-Frid nicht.

»Oute dich endlich, Arschloch. Dann kannst du auch entspannter mit Lesben umgehen«, sagt sie. Sagt sie nicht, denkt sie nur.

Ein Skinhead kommt dosenbierbeladen aus dem Späti. »Hey, hier riecht's nach Fotze. Darf ich mal mitmachen?« Der Glatzkopf trinkt ein Schultheiss auf Ex und rülpst, Ate, Christine und Jesus zeigen Ronny (beinahe synchron) den Stinkefinger.

»Fuck you!«, ruft Jesus. Petrus und Judas fletschen auf Herrchens Kommando die Zähne und knurren, Judas tanzt keinen Pogo. Die beiden warten auf »Nazi, pack!«, um Ronny an die Hosenbeine zu gehen (nur zerren, nicht beißen). Ronny rülpst noch mal. »Solch Abschaum wie die hätte es unterm Führer nicht gegeben, gell, Himmler?« Die Albino-Ratte (bei einem der seltenen Aushilfsjobs aus einem Versuchslabor gerettet) kriecht fiepend aus Ronnys Lederjacke. Mit der leeren Dose zielt der Skinhead auf Christine, wirft, verfehlt sie, trifft Judas.

»Nazi, pack!«, brüllt Jesus, und die Hunde springen Ronny an.

Im Rückspiegel sieht Anni-Frid, dass der Glatzkopf ein Springmesser zückt. Sie wendet mit quietschenden Reifen, hält an der Straßenecke, springt aus dem Wagen und entwendet Ronny das Messer. Er spuckt sie an. »Fass mich nicht an, Bimbo.«

»Maul halten.« Bernd nimmt den Skinhead in den Polizeigriff. »Und du, pfeif deine Tölen zurück.«

»Fuckt off, peace«, befiehlt Jesus und Judas und Petrus lassen (wenn auch Protest knurrend) von Ronny ab. Bernd führt den Skinhead ab, der demonstrativ das Bein nachzieht.

»Verarschen kann ick mir alleene«, faucht Bernd, der seit einer Schießerei vor Jahren lahmt. »Haste in Moschus jebadet, dit stinkt, wa.«

Himmler läuft zu Judas und Petrus, die den Albino angewidert beschnuppern.

»Habt ein Herz, Jünger. Die Ratte darf bleiben«, verkündet Jesus. »Ich taufe sie auf den Namen Marx. Nee, Lenin!« Jesus tropft etwas Schultheiss aufs Rattenköpfchen, greift dann zu den Crazy Colors und tupft neongrüne Punkte ins weiße Fell.

»Späti«, befiehlt Jesus, und Judas und Petrus laufen los, Biernachschub holen.

Eine Stunde später

Ate gähnt ins Guckloch der Eisentür. Solange im SCUM noch nichts los ist, übt sie Cool: nicht blinzeln. Auf Slow Motion reduzierte lässige Bewegungen, minimalistisch lächeln, wenn überhaupt. Anfangs ist ihr Lächeln viel zu groß gewesen für die Türsteherin einer Kreuzberger Szenedisco. Kleinstadtmädchen-groß, einfach peinlich.

In einer Pfütze spiegeln sich die regenbogenfarbenen Neonlichter der BAR gegenüber. Asphaltgrau liegt der Schleier über der Mauerstadt. Ate summt ihr Lieblingslied »Grauschleier« von »Fehlfarben«, ohne die Lippen zu bewegen. Wie gut sie das kennt. Niemals die zu begehren, die einen auch wollen. Sich lieber zu verzehren nach denen, die einen nicht mal mit dem süßen Knackpo anschauen. Nach Anni-Frid zum Beispiel. Ob sie nach der Schicht kommt? Sie hat so entzückend gelächelt vorhin. Und wo bleibt Grabowski, das Möbelstück der Freitagnacht?

Grabowski, dessen ebenmäßiges Engelsgesicht nur ein Feuermal stört, ist wie jede Freitagnacht auf dem Weg zu ihr, seiner Jeanny, die anders ist als alle Frauen. Grabowski summt Falcos gleichnamigen Song. Er ist spät dran wegen der Scheißdemo, mit der er nichts am Hut hat. Plötzlich ist er umringt von Vermummten, die zündeln. Diese Dilettanten! Das geht besser. Es lodert in Grabowski. Wie BOLLE kurz darauf.

Silvie pennt vor der Glotze, obwohl ihr Lieblingsfilm Dirty Harry läuft. Sie schreckt hoch, als eine Silvesterrakete das vom Teppich bis zur Bettwäsche schwarze Schlafzimmer beleuchtet. Nicht richtig wach, springt sie auf und reißt nackt (bis auf die schwarze Schlafmaske im roten Haar) das Fenster auf, um zu gucken, was da los ist: Vermummte Demonstranten laufen böllernd über die Dächer, Richtung Oranienplatz.

Sinalco entwischt aus dem offenen Fenster und landet in der Kastanie. Als der Ara Christine im Hof entdeckt, hackt er gehässig in den Ast, auf dem er hockt.

Warum hasst der blöde Vogel mich so, denkt Christine und winkt Silvie zu, doch die dreht ihr schon den süßen Knackpo zu und verschwindet im schwarzen Zimmer.

Plötzlich zerrt jemand von hinten an Christines Haaren und hält ihr ein Messer an die Kehle. »Keen Mucks, Babe«, sagt eine versoffene Männerstimme. »Es jeht janz schnell. Wahre Liebe dauert 14 Tage, weeßte doch.«

»Oliver? Du machst mir Angst. Wir können doch über alles reden.« Christines Herz flattert in der Brust. Sie versucht, sich umzudrehen, doch der maskierte Mann (er trägt eine dieser Papiertüten mit dem Peace-Zeichen) drückt sie an die Hauswand.

»Du bist keene dieser Lesben, wa. Dafür sorg ick, wa.« Christine atmet an gegen Ekel, Moschus und Panik und tritt ihm kräftig ans Schienbein. Ungerührt, als wäre ihr

Tritt eine Liebkosung, bedrängt er sie weiter. »Keene Lesbe, wa, ah. Keene, wa, ah.«

Warum hilft der dusselige Papagei ihr nicht? Komm, flieg eine Attacke, denkt Christine, hilf mir. Martinshörner jaulen, ihr Herz wummert, ihre Tränen fließen. Sie ist gar nicht da, es tut gar nicht weh, gleich ist es vorbei.

Sinalco fliegt in die Wohnung. Breitbeinig steht Silvie vor dem Wandspiegel, den Lippenstift wie einen Colt in der Hand, sie dreht ihn, zielt und zwinkert ihrem Spiegelbild zu (so geht Dirty Harry!). Sinalco flattert aufgeregt um sie herum, landet auf ihrer Schulter, sie schüttelt ihn ab.

»Keene Lesbe, wa. Dafür sorg ick, ah«, kreischt Sinalco, doch Dolly Parton kreischt lauter in Silvies Kopfhörern: »Jolene …«

Weiter die Straße runter errichten vermummte Autonome eine Barrikade aus Autoreifen, es stinkt nach brennendem Gummi. Allein darf eine Kommissaranwärterin nicht eingreifen. Wieso braucht Bernd so lange, um ein paar Schmerzpillen (die Schusswunde, die er wie einen Orden trägt, killt ihn bei jedem Wetterwechsel) aus seiner Wohnung zu holen? Da stimmt doch was nicht! Anni-Frid beschließt, eine zu rauchen, dann nachzusehen, hat keine Kippen mehr und sucht nach Bernds Tabak im Handschuhfach. Vergeblich, da ist nur eine Kassette, auf der »Für Christine« steht. Neugierig schiebt Anni-Frid das Tape in Bernds Ghettoblaster (im Streifenwagen streng verboten).

»Wie sie mich liebt. Sie tut mir gut. Die ersten 14 Tage! Wahre Liebe dauert 14 Tage«, grölt eine versoffene Männerstimme.

Silvie (in cooler Cowgirl-Montur) will los ins SCUM, als dieser Bulle vor ihrer Wohnungstür steht und was gegen die Schmerzen in seinem Bein braucht. Genervt bittet sie ihn in die schwarze Stube. Sinalco fliegt eine Attacke, doch Bernd ist schneller, greift ein (selbstverständlich schwarzes) Handtuch vom Wäscheständer und spielt mit dem Ara Tennis (schleudert Sinalco an die Wand).

»Ah, keene Lesbe, ah. Au. Scheißbulle, ah«, kreischt Sinalco.

Silvie grinst Dirty-Harry-like. »Süßer, du vergraulst mir meinen besten Kunden. Beruhig dich.«

Sinalco denkt nicht dran. »Keene Lesbe, wa. Ah, ah, wa«, kreischt er.

Bernd und Silvie ziehen eine Line.

»Lesben fick ich nich, wa. Merk dir det, Mistvieh.« Bernd nimmt das Tütchen Koks und geht, ohne zu zahlen.

»Hey, Bulle, das macht 'nen Fuffi!«, ruft Silvie ihm hinterher und zielt mit einem imaginären Colt auf ihn.

Anni-Frid entdeckt Bernd im Rückspiegel. »Ich wollte schon eine Fahndung ausschreiben«, sagt sie, als er einsteigt, »BOLLE brennt.«

»Wahre Liebe dauert 14 Tage«, grölt die versoffene Männerstimme.

»Was verstehst du denn von Liebe, Dancing Queen? Nichts, wa! So wenig wie Oliver, dieser elende Hurensohn!«, brüllt Bernd. Wütender als Anni-Frid ihn jemals gesehen hat, reißt ihr Kollege das Tape aus dem Ghettoblaster, kurbelt das Autofenster herunter, schmeißt es raus auf die Oranienstraße und rast los Richtung BOLLE.

»Bleib mal locker. Ich dachte, ihr wart Jugendfreunde«,
sagt sie. Sagt sie nicht, Anni-Frid ist nicht lebensmüde.

Eine Stunde später
DJ Jane malträtiert Plattenspieler und Ohren der Gäste
mit Scratchen (der letzte Schrei aus New York). Erst ver-
hunzt sie George Michaels »Faith«, dann »Is This Love?«
von Alison Moyet.
Ate zwirbelt an ihrem straff gebundenen Pferdeschwanz,
das hält die Sehnsucht nach Anni-Frid in Schach. Endlich
klingelt das Möbelstück der Freitagnacht. Viel zu spät, das
gab es noch nie! Schüchtern lächelt Grabowski ins Guckloch.
So sehen Massenmörder aus, denkt Ate, auf so ein Gesicht
fällt jeder rein. Obwohl das Kleinstadtmädchen-uncool ist,
hält sie sich an Grabowskis Pünktlichkeit fest. Irgendetwas
ist heute anders. Das Möbelstück der Freitagnacht riecht
nach Pech, Schwefel und Schuldgefühlen (sogar durch die
geschlossene Tür). Ate zählt bis 30, Strafe muss sein.

Grabowski braucht seine Jeanny mehr denn je. Denn er
hat sich hinreißen lassen, hat nicht weggesehen, als diese
Muttersöhnchen kein Feuer zustande brachten. In seinem
Kopf singt Falco darüber, dass niemals irgendetwas so ist,
wie es scheint. Falco quält sich, quält Grabowski, quält
Jeanny mit seinen Fragen, wer wen verloren hat.
Endlich öffnet sie, ist heute besonders schön. Grabowski murmelt ein »Hallo«, checkt, ob sein Stammplatz frei
ist (gerettet), und begeht den nächsten Fehler. »BOLLE
brennt lichterloh«, sagt er.
»Der Supermarkt brennt? Wer macht denn so was?« Ihre
erstaunte Stimme ritzt sich in seine Haut, das Feuermal
pocht, wie immer danach.

»Schwarzer Block, Chaoten?« Grabowski muss weg von ihr, bevor er ihr noch gesteht, dass dies sein 152. Brand ist (der dritte in dieser Größenordnung). Ihre Fragezeichen brennen in seinem Rücken. Noch ein Brand, den niemand löscht.

Wie tot liegt Christine auf dem Asphalt im Hinterhof. Eine feuchte Schnauze stupst sie zärtlich an der linken Hand (Judas), eine raue Zunge leckt gründlich über ihr Gesicht (Petrus). Sie setzt sich auf, schmiegt sich an die beiden und trocknet ihre Wangen an neonbuntem Fell. »Meine Treuen, meine Süßen«, flüstert Christine. Petrus und Judas heulen im Chor (klingt wie ein punkiges Trostduett) und Lenin auf Judas fiept dazu. Nur nach Hause will sie, den Dreckskerl und die Scham abwaschen. Die drei weichen nicht von ihrer Seite.

»Herrgott, schnarcht euer Herrchen!«, bemerkt Christine an der Ecke, wo Jesus seinen Freitagabendrausch ausschläft, und vergisst für eine Millisekunde ihre Verzweiflung. Judas nimmt eine leere Schultheiss-Dose zwischen die Zähne, Petrus macht ein Punkchen, lässt sich fallen und stellt sich tot. Wow, ein neues Kunststück, denkt Christine, die auch am liebsten tot wäre. Tränen fließen. Sie greift eine Papiertüte und schreibt aufs Peace-Zeichen: »Ate, ruf an in der WG! Wichtig!«

»SCUM!«, befiehlt Christine. Ob sie das verstehen? Oder kennen die beiden nur den Befehl »Späti«? Petrus und Judas legen die Köpfchen schief und bellen (was wie »Kapiert« klingt, klingen muss). Schwanzwedelnd tragen sie die Papiertüte Richtung SCUM.

Ronny kommt ihnen entgegen, Lenin verkriecht sich tiefer in Judas' Fell.

»Ich mach euer Scheißherrchen fertig, wenn er mir Himmler nicht zurückgibt«, lallt der Skinhead. Nicht mal ein Knurren ist diese Drohung den Mischlingshunden wert.

Vor der Tür vom SCUM wartet eine Gruppe schwäbelnder Touristen. Als Ate öffnet (Sorry, geschlossene Gesellschaft), laufen Judas und Petrus an ihnen vorbei und lassen die Papiertüte mit Peace-Zeichen und Botschaft vor Ate fallen.
»Ich darf euch nicht reinlassen, wisst ihr doch«, sagt Ate bedauernd. Petrus stupst Ate links, Judas stupst rechts, Lenin fiept, bis sie sich bückt und die Papiertüte aufhebt. »Für mich?« Judas und Petrus bellen aufgeregt. Ate kramt nach einer Münze, wirft sie den Hunden zu und Judas schnappt sich das Geldstück. Während Ate die Papiertüte betrachtet (die Nachricht ist auf der anderen Seite), taucht Anni-Frid auf, sie trägt zur Uniformhose Lederjacke und ein entzückend enges Top. »Die plündern ›Waffen Müller‹«, sagt sie statt eines Hallos. »Die Autonomen ballern da rum mit Schreckschusspistolen. Kreuzberg ist abgeriegelt.«

Oliver (den Ate am liebsten nicht reingelassen hätte, doch der Türsteherinnenkodex verbietet das, er hat ihr ja nichts getan) tanzt selbstverliebt vor der Spiegelwand, das Luftmikro in der Hand, »Get fresh at the Weekend«. Zieht er das Bein nach oder ist das sein neuer Tanzstil?
»Lesbe, ah, keene Lesbe, ick zeig's dir«, kreischt Sinalco, löst sich von Silvies Schulter, fliegt eine Attacke auf Oliver und hackt in seine gegelte Frise.
Samantha Fox singt, dass nichts und niemand sie stoppen könne, und Ate stampft auf die Tanzfläche (jede braucht mal eine Pause und die Touris vor der Tür können warten). Sie dreht sich, bis ihr schwindelt, sie beinahe fällt, dreht

sich, während Samantha schwört, dass man alles zusammen schaffen kann.

Anni-Frid und Silvie, deren Rüschenhemddekolleté bauchnabeltief ist (zugegeben sexy), schwofen eng umschlungen. Nie wieder werde ich dich lieben, denkt Ate. Rasend vor Eifersucht zieht sie an Silvies roten Haaren. DJ Jane spielt »Word Up« von Cameo und malträtiert den Plattenspieler. Ate und Anni-Frid und Silvie prügeln aufeinander ein.

Die Menge feuert die sich umeinanderwindenden Frauen an. In Grabowskis Kopf grölt immer noch Falko, dass sie Jeanny nicht finden werden, niemals. Das ist zu viel. Seine Jeanny ist kein obszönes Flittchen! Unter seinen Achseln lodert Schweiß. Grabowski öffnet den Rucksack, holt sein Brandmittel raus, muss sich Erleichterung verschaffen. Jetzt. Hier. Sofort.

Es brennt: zuerst der Strauß vertrockneter Rosen auf dem Tresen, dann die Bierdeckel, dann brennen Grabowskis Locken. Sekunden später hat Ate den Feuerlöscher in der Hand und schäumt Grabowski und den Tresen ein. Das Engelsgesicht rußverschmiert, starrt er auf seine spitzen Lackschuhe, als hätte er sie noch nie gesehen, und stammelt: »Jeanny, Jeanny …« Irrsinn lauert hinter der sanften Fassade, denkt Ate, wusste ich es doch.

Ate gibt eine Runde aus zur Versöhnung, auch für Grabowski, dann erteilt Anni-Frid ihm Lokalverbot (andere Bullen können sie ja nicht holen). Wie ein geprügelter Hund schleicht Grabowski davon. Auf einmal küsst Anni-Frid Ate und die küsst zurück. Obwohl sie am Ziel ihrer Träume ist, fühlt sie sich seltsam leer (Was ich haben kann, gefällt mir nicht?).

Stunden später

In der BAR schwingt Sunshine (die heißt wie der LSD-Trip, auf dem sie hängen geblieben ist) ihre Peitsche, knallt sie auf Marmortische, zielt auf Hände, die sich an Beck's-Flaschen klammern oder aus erbeutetem Tabak Kippen drehen und erstarren. Sie zwinkert Silvie zu, die vor den beiden knutschenden As (Anni-Frid und Ate) geflohen ist.

Auf der Frauentoilette stöhnt es tief und brünstig, gefolgt von einem hellen Echo. Es stinkt nach Hetensex und Moschus. Silvie zückt einen imaginären Colt, zielt auf die Klotür und schießt. Grinsend schlendert sie zurück zum Tresen. »Heten fickend auf Frauenklo«, sagt sie zur Barschlampe und Ötzi reicht ihr den Putzeimer voller Drecksbrühe, nicht zum ersten Mal. Silvie trägt den Eimer zurück zur Frauentoilette, öffnet die Klotür, zwinkert dem sexy Cowgirl im Toilettenspiegel zu und kippt die Drecksbrühe über die Kabinentür, hinter der es noch immer stöhnt, tief und brünstig, helles Echo, jähe Stille. Dann: »Oh. Nee. Fuck. Verdammt. Scheiße.«

Kurz darauf schleicht eine klitschnasse Frau, die einen rosa Häschen-Plüsch-Rucksack trägt (Beute aus dem geplünderten Penny-Markt), aus dem Klo. Sunshine zuckt Applaus, als stünde sie unter Starkstrom, Silvie klatscht mit, stoppt, als sie Ronny erkennt, der wutschäumend aus der Toilette in die BAR stampft, einen Barhocker nimmt, in die Spiegelwand donnert (die splittert), Silvie anstarrt, als wäre sie ein rotes Tuch, und auf sie zustürmt.

Bernd, der am Tresen Whisky trinkt (den vierten seit Feierabend), streckt das lahme Bein aus und Ronny fliegt auf den Kachelboden.

»Für mich bist du bloß Hundescheiße!«, zitiert Silvie Dirty Harry.

»Du gehörst vergewohltätigt wie Oliver seine Schlampe!«, brüllt Ronny.

»Hundescheiße kannst du vom Boden abkratzen, trocknen und in den Wind pusten, oder du trittst druff und zerquetschst se, wa.« Bernd (der ebenso Dirty Harry liebt) schiebt Ronny hinaus auf die Straße. »Und jetzt ma Klartext, wat laberst du von Oliver?«

Drüben im SCUM lehnt Oliver neben Jane am DJ-Pult, schiebt ihr seine Zunge ins Ohr und begrabscht ihre Brüste.

Der scheint drüber weg zu sein, denkt Ate. Wenn Christine das sehen könnte, ist ja widerlich. Wo ist die eigentlich?

»Ich geh mal die Lage checken in der BAR, kommst du mit?«, fragt Anni-Frid (schon süß, warum fühlt Ate dann nur Leere?). Sie schüttelt den Kopf, küsst Anni-Frid zum Abschied und schaut ihr hinterher, auf den Knackpo (vorbei das Kleinstadtmädchen-Uncool). Steht da Grabowski in der Einfahrt neben der BAR?

Grabowski starrt seine Jeanny an. Die er retten wird, retten muss, wenn er auch nicht weiß, wie. Weil sie doch zusammengehören! Grabowski hört Falco in Endlosschleife. Die Kassette leiert, Bandsalat, auch das noch! Er muss sich erleichtern. Nur wie? Er hat den Rucksack mit dem Brandmittel im SCUM vergessen.

Jemand stülpt Anni-Frid etwas Stinkendes (verbrannt plus Moschus) über den Kopf, nimmt sie in den Schwitzkasten und stößt ihr etwas zwischen die Beine, sodass sie wenig Kommissaranwärterinnen-like aufheult.

»Lass sie in Ruhe! Sie ist keine Lesbe, kein Flittchen«, sagt der Mann. Anni-Frid zwingt sich, Ruhe zu bewahren. Gerade will sie den Karatetrick anwenden, den Bernd ihr gezeigt hat (sich raushebeln, dann zuschlagen), da lässt er sie abrupt los und rennt davon. Judas und Petrus kommen jaulend (es erinnert Anni-Frid an diesen Wahre-Liebe-dauert-14-Tage-Song, aber das sind sicher die Nerven) im Mischlingshundegalopp angeprescht.

Grabowski rennt, obwohl sein Bein höllisch schmerzt. Was ist bloß eben in ihn gefahren, er tut doch Frauen nichts, niemals!

Anni-Frid reißt sich die Papiertüte vom Kopf und will die Verfolgung aufnehmen (auf zittrigen Beinen), doch da ist Grabowski schon über die Hofmauer geklettert und entkommen. Sie schnuppert an der stinkenden Papiertüte (widerlich, dieser Moschusgeruch) und entdeckt die Nachricht auf dem Peace-Zeichen.

Zurück im SCUM erzählt Anni-Frid Ate von dem Überfall. »Ich könnte schwören, das war dieser Psychopath mit der Engelsvisage«, sagt sie.
»Grabowski riecht nicht nach Moschus. Er ist seltsam, aber kein Lesbenhasser«, entgegnet Ate.
»Ruf besser mal deine Freundin an.« Anni-Frid zeigt Ate die Nachricht auf dem Peace-Zeichen.

Christine liegt in der Badewanne in der Frauen WG und rubbelt ihre Haut blutig, schrubbt Olivers Gestank, Ekel und Scham ab. Das Telefon in der Küche läutet und die Anrufbeantworterin springt an. »Wir sind die homosexuellen Frauen«, singen die Flying Lesbians (so fucking 1970er). Dann ruft die WG im Chor: »Nachrichten für Ate, Christine, Karen-Susi, Zaza und Daggi nach dem Piep.«

»Wo bist du, Süße? Was ist passiert? Geh ran! Sorry, hab deine Nachricht eben erst gekriegt. Ich bin in der BAR, im SCUM geht das Telefon nicht, ich ruf so lange an, bis du rangehst.« Ate klingt besorgt. Christine steigt aus der Wanne.

In der BAR steckt sich Ate eine Fluppe in den Mund, zündet den Filter an, drückt sie aus. Über die Reste der Spiegelwand trifft ihr Blick den von Anni-Frids Kollegen an der Bar, der sie neugierig mustert. Sie wählt noch einmal.

»Was, Süße? Oliver hat dich überfallen? ... Vergewaltigt? Dieses Drecksschwein! Wann war das? Komisch, der war doch den ganzen Abend im SCUM.«

Bernd trinkt seinen Whisky und lauscht. Verdammt, dieser Skinhead hat nicht gelogen. Oliver, dieser Hurensohn, hat es wieder getan. Wie damals mit Moni, die das angeblich gewollt hat. »Sex mit der Ex«, hat Oliver es genannt und alles zwischen ihnen kaputtgemacht. Diese Türsteherin liefert ihm auch noch ein Alibi? Das wird Bernd nicht zulassen! Diesmal kommt der Hurensohn nicht davon, dafür wird Bernd sorgen.

»Soll ich nach Hause kommen?«, fragt Ate. Christine verneint, sie will schlafen, alles vergessen. »Morgen ist auch noch ein Tag für Rache«, sagt sie und legt auf.

Bernd bestellt den sechsten Whisky.

»Bulle, du hast genug«, sagt Ötzi, die Tresentunte.

»Du ahnst jar nich, wie recht du hast, wa. Jenug is jenug«, sagt Bernd, legt einen Fuffi auf den Tresen und verlässt die BAR.

Kurz vor Sonnenaufgang

Räumfahrzeuge und Bullenwannen fahren durch die Oranienstraße, bizarre Autoskelettreste kokeln am Straßenrand, ein taubengrau-oranger Schleier liegt über dem Bezirk. Silvie torkelt durch die Oranienstraße, Sinalco sitzt schwankend auf ihrer Schulter und nuckelt an der Kapitalistenbrause, die er so liebt.

Auch Ate hat Breitseite. Sie hat Nein zu einer gemeinsamen Nacht (korrekt: einem Morgen) mit Anni-Frid gesagt. Vielleicht ist das der größte Fehler ihres Lebens, doch es fühlt sich richtig an. Ate grölt »Paul ist tot« von »Fehlfarben«. Sie löst das Haargummi aus dem Pferdeschwanz und schleudert ungeniert uncool die Haare zu ihrem herrlich bescheuerten Lieblingssong.

Gudrun verlässt wie jeden Morgen um diese Zeit mit Pudel Teddy die Wohnung (Gassigehen und senile Bettflucht). Die alte Dame biegt aus dem Treppenhaus und stößt mit Ronny zusammen. Teddy fletscht die Zähne, jault und Ronny weicht zurück.

»Nazipack«, schimpft Gudrun, doch Teddy versteht das Kommando nicht.

05.05 Uhr

»Du? Das glaub ich ja nicht. Ich dachte, du bist schwul?«, stammelt Silvie, als unter der Maske dieser Bulle zum Vorschein kommt. »Was hast du denn genommen, Wixer?«

»Wixer«, echot Sinalco.

»Das ist ein Missverständnis«, wimmert Bernd, »ich wollte dir nichts tun.«

»Noch so'n Text und ich werd dir die Ohren absägen, Bulle.« (Dirty Harry passt immer).

»Okay, okay, ich wollt dir 'nen Schreck einjagen, wa, und es Oliver anhängen. Bitte, pfeif die Tölen zurück. Und diese ekelhafte Ratte.«

»Die hören nicht auf mich«, sagt Silvie ohne Bedauern, »oder doch? Bulle, fass, fuck you, Bulle, Bulle, peace.« Nichts.

»Det mit Christine war Oliver«, beteuert Bernd. »Ich bin keen Vergewaltiger, der ist gemeinjefährlich, ich kann det alles erklären, wa.«

»Go ahead, make my day, Wixer«, sagt Silvie und Sinalco echot: »Wixer, Wixer.«

Ein beinahe normaler Samstagmorgen bricht an (nach dieser Nacht, die den Bezirk über die Grenzen der Mauerstadt berühmt-berüchtigt machen wird). Alteingesessene Kreuzberger schleppen ihre Supermarktbeute heim, Randberliner und andere Touristen nehmen die erste U-Bahn (genug der Anarchie) und Punks, Anarchos, Ökos und vereinzelte Emanzen schlafen ihren Rausch aus. Immer noch bröckelt der Putz von den Fassaden, die Parolen zieren: »Bulle, deine Angst ist begründet!« – »Liegt der Skinhead tot im Keller, war der Punker wieder schneller!« – »So36: Männerfreie Zone!«

LOLA PENNT
ODER
DURST IST SCHLIMMER
ALS HEIMWEH

Christine Ziegler

Lolas Geduld war am Ende. Seit Stunden lag sie wach im sommerheißen Schlafzimmer, behielt eine Staubmaus-Großfamilie im Auge und lauschte Pauls leisem Schnarchen. Ihre Blase und ein Blick aus dem Dachfenster bestätigten, dass es höchste Zeit zum Aufstehen war. Aber weder die Staubmäuse noch Paul bewegten sich. Lola streckte sich ausgiebig und betrachtete dabei die goldgerahmten Gemälde über dem Bett. Von jeder Lebensgefährtin gab es ein Porträt. Ihres war das letzte in der Reihe und würde es bleiben. Seine Finger hatten bereits gezittert, als sie ihm Modell gesessen hatte. Danach hatte er den Pinsel für immer weggelegt. Bevor sie traurig werden konnte, nahm sie Haltung an und machte gebieterisch: »Wuff!«

Nein, sie würde nicht winseln. Wo käme sie denn da hin? Das war weit unter ihrer Würde. Auch wenn sie als Dackel über eine gewisse Bodennähe verfügte, wäre dieses Verhalten unterirdisch, und Lola legte Wert auf gutes Benehmen. Leider half das bei ihrem neuen Mitbewohner nicht. Daher stellte sie sich auf die Hinterbeine und begann, Pauls Fuß, der unter der Decke hervorlugte, abzuschlecken. Statt wach zu werden, drehte er sich einfach um, und Lola sah sich gezwungen, einen Schritt weiterzugehen. Mit einem eleganten Satz sprang sie auf das Bett und stapfte über die Matratze bis zum Kopfkissen.

Pauls neue Freundin Cherine, die er vor einem Monat beim Brezenkaufen kennengelernt hatte, kreischte: »Raus! Aus! Weg!«

»Lass sie doch«, murmelte er. »Die macht doch nichts.«

»Sie stinkt.«

Dieses Kompliment konnte Lola postwendend zurückgeben. Cherine oder deren Parfüm, wie sollte man das bei dem flächendeckenden Einsatz unterscheiden, war eine Beleidigung für ihre empfindliche Jagdhundnase.

Paul schnupperte an Lola. »Finde ich nicht. Bei meinem Opa durfte sie sogar im Bett schlafen.«

»Der war auch nicht normal. Wer malt schon seine Hunde mit Halsketten und in Frauenkleidern und hängt sie sich ins Schlafzimmer?«

Auffordernd legte die Dackeldame ihren Kopf auf Pauls Kissen und er begann, sie hinter den Ohren zu kraulen. »Er war eben Künstler und ein wenig skurril. Jedes dieser Gemälde und auch die Namen der Hunde sind von der Schönheitengalerie König Ludwig I. inspiriert. Der Pudel Gusti von der langhalsigen Auguste Strobel, der Zwergschnauzer Isi von der bayerischen Gräfin Isabella von Weiß-ich-nicht-mehr, der Spitz Lene von der schönen Münchnerin Helene Sedlmayr und der Corgi Jane von der britischen Aristokratin Jane Elizabeth Digby. Die kleine Genießerin hier ist nach keiner Geringeren als Lola Montez, der Tänzerin und legendären Geliebten des Königs, benannt.«

Lola streckte mit geschlossenen Augen alle viere von sich.

Cherine stupste das Tier an. »Ist sie jetzt tot, oder was?«

»Nur entspannt. Wir müssen uns unbedingt mal zusammen die Bilder im Schloss Nymphenburg anschauen. Die Ähnlichkeit zwischen den Frauen und den Hunden ist verblüffend.«

Allein der Gedanke an einen Spaziergang durch den weitläufigen Schlosspark setzte Lolas Schwanz in Bewegung. Wie oft hatte sie dort ihre Nase in Erdlöcher gesteckt oder war zu den Enten und Schwänen ins Wasser gesprungen. Meistens hatte ihr altes Herrchen sie dann noch in der gobelinbestickten Hundetasche versteckt und durch das Schloss getragen. Dank eines dezenten Sehschlitzes konnte sie alles beobachten. Das Gemäuer war aber nur halb so interessant wie der Park. Aus Dackelsicht.

»Ohne mich«, lehnte Cherine ab. »Mir ist das mit dem Hundefetisch zu pervers.«

Paul setzte sich auf. »Du hast eine falsche Vorstellung. Das war nichts Sexuelles.«

Lola konnte ein empörtes Winseln nicht unterdrücken.

»Was hat sie denn jetzt schon wieder?«

»Sie will bestimmt Gassi gehen.«

»Du warst doch erst vor ein paar Stunden mit ihr draußen. Kauf ihr ein Katzenklo. Dann ist Ruhe.«

Was für eine Beleidigung. Katzenklo! Nie und nimmer würde sie so tief sinken. Katzen! Mit denen redete Lola nicht einmal, die scheuchte sie höchstens auf den nächsten Baum.

Paul schwieg und kraulte weiter.

»Es ist wirklich süß, wie du an dem Krempel hängst. Aber nur weil man etwas erbt, muss man es nicht behalten. Dein Opa ist schon über ein Jahr tot und du solltest endlich anfangen, die Wohnung zu entrümpeln und dem Dackel einen neuen Platz zu suchen.«

Lola drückte sich fester an Paul.

Auch wenn der Enkel unordentlich war, lange schlief und sie unregelmäßig fütterte, hatte sie sich an ihn gewöhnt. Und er roch gut. Nach Ölfarbe, Terpentin, Männerschweiß und Seife. Und am wichtigsten: Er war auch Maler. Natürlich kein Kunstmaler wie das Herrchen, aber die gab es scheinbar kaum noch. Seine Sachen waren viel größer, schwerer und moderner. Daher reichte ihm auch das Malzimmer nicht, sondern er hatte eine unbeheizte Doppelgarage in einem Hinterhof, in dem sie Mäuse, Ratten und Tauben jagen konnte. Ein Traum! Er ging mit ihr auch nicht in die Alte oder Neue Pinakothek, sondern in irgendwelche Galerien und Ausstellungen in Industriehallen. Da standen und hingen dann sehr sonderbare Kunstwerke. Aber wenigstens durfte Lola dort frei herumlaufen.

»Ich mag, wie es ist.« Paul stand auf. Nackt. Lola drehte sich dezent weg. Cherine nicht. Er ging ins Bad.

»Ich mag aber keine Hunde. Weder im noch über dem Bett. Du wirst dich entscheiden müssen«, rief sie ihm nach. Dann packte sie den Dackel und verfrachtete ihn zurück auf den Boden.

Und ich mag keine Bäckereiverkäuferinnen, weder im Laden noch in Pauls Bett, bellte Lola. Es hätte auch nicht geholfen, wenn Cherine in einer Metzgerei gearbeitet hätte. Lola konnte sie nicht ausstehen. So wie alle anderen, die er bis jetzt nach Hause gebracht hatte. Paul hatte einfach keinen Riecher für Frauen.

Obwohl er den letzten Satz seiner derzeitigen Freundin vermutlich nicht mehr gehört hatte, weil er bereits unter der Dusche stand, war Lola beunruhigt. Für wen würde sich Paul im Ernstfall entscheiden? Was würde dann aus ihr werden? Leise rollte sie sich in einer Zimmerecke auf Pauls Jeans ein und versuchte, nicht aufzufallen.

Mit einem Handtuch um die Hüften kam er zurück und drückte Cherine einen Kuss auf die Schulter. Offensichtlich hatte sie inzwischen vergessen, dass sie ihn vor die Wahl gestellt hatte, und wühlte am Boden in einem Bäckereistoffbeutel nach ihrem Nagellack. »Total eingetrocknet. Den muss ich wegschmeißen.«

»Warte, da kann ich dir helfen.« Er ging mit dem Fläschchen ins Malzimmer seines Opas, träufelte etwas Verdünner hinein und schüttelte es kräftig.

Cherine schien mit dem Ergebnis zufrieden und lackierte sich im Bett die Fußnägel. Dunkellila mit Silberglitter. Das war jetzt wirklich nicht normal. Hoffentlich löste das Terpentin ihre Zehen auf oder verursachte wenigstens einen ordentlichen Ausschlag.

Paul zog sich währenddessen an. Im Spiegel kontrollierte er sein Outfit. Weißes Hemd, kurze Lederhose, handgestrickte Strümpfe, Haferlschuhe. »Wie schau ich aus?«

Zum Anbeißen, fand Lola. Die Sachen ihres alten Herrchens passten ihm, auch wenn er größer und muskulöser war.

»Bescheuert, wie ein Oktoberfestmodel«, erwiderte Cherine.

Er setzte einen grünen Samthut auf und nahm eine abgegriffene Mappe vom Schrank.

»Das ist gut fürs Geschäft. Heute ist die Miete fällig und ich muss dringend ein paar Bilder verkaufen. Am Samstag sind viele Touristen in der Stadt. Das wird nicht lange dauern.«

»Und was ist mit unserem gemeinsamen Frühstück? Ich hab dir extra Kuchen mitgebracht«, schmollte Cherine.

»Den nehme ich mit und esse ihn unterwegs.«

Cherine zeigte mit dem tropfenden Nagellackpinsel auf ihn. »Und wehe, du gibst ihn wieder der alten Hexe. Obwohl das Geld aus ihrer Küchenschublade quillt, kassiert sie fett Miete, und du schenkst ihr Kuchen. Sie bringt die Scheine nicht einmal mehr zur Bank. Das hat mir Svetlana, ihre Putzfrau, erzählt.«

Paul zuckte mit den Schultern. »Ist doch ihre Sache.«

»Du bist einfach zu gut für diese Welt.« Cherine öffnete die Mappe und blätterte durch die kleinformatigen Aquarelle. »Hast du die gemalt?«

Paul setzte sich neben sie auf die Bettkante. »Von mir ist alles mit Wasser. Chiemsee, Königsee, Starnberger See, Staffelsee, Isarflimmern. Den Rest, Münchner Rathaus, Frauenkirche, Olympiastadion, Hofbräuhaus, Bavaria, BMW-Hochhaus, Oktoberfest und so, hat mein Opa gemalt. Seine Sachen verkaufen sich immer noch wie warme Semmeln.«

Nicht einmal von diesem Vergleich ließ sich die Bäckereiverkäuferin beeindrucken. Paul zog ein Blatt hervor. »Und das hier geht am besten.«

Neugierig kam Lola näher und streckte sich, um das Bild sehen zu können. Neben einem Maßkrug saß ein Dackel und blickte mit großen Augen zur Schaumkrone des Bieres. Darauf war Lola mächtig stolz.

»Irgendwann werde ich es mit Lolas Hilfe kopieren müssen.«

Cherine kicherte blöd. »Du willst mich verarschen.«

In diesem Moment platzte Lola der Kragen beziehungsweise die Blase und sie erleichterte sich auf Cherines Stoffbeutel.

Zu dritt betrachteten sie die Pfütze. Betreten senkte Lola den Kopf.

»Die Ärmste. Das ist ihr bestimmt unangenehm. Ich hätte schneller mit ihr rausgehen sollen. Meine Schuld.« Paul streichelte den Dackel.

»Dieses Vieh hat auf meinen Stoffbeutel G-E-P-I-N-K-E-L-T! Das ist allein ihre Schuld. Du wirst sie einschläfern lassen oder wenigstens ins Tierheim bringen.«

Lola zuckte zusammen.

»Das ist doch halb so wild. Den kann man problemlos waschen.« Schnell verschnürte Paul die Mappe und nahm Lolas Tragetasche. »Bis später. Dann bringe ich das in Ordnung.«

Lola rannte zur Tür.

Cherine rief aus dem Schlafzimmer: »Auch wenn sie kurz sind, hat der Hund Beine. Der kann auch alleine laufen und braucht keine Tasche.«

»Aber so kostet er in der U-Bahn nichts«, murmelte Paul, steckte die alte Taschenuhr seines Opas ein und verließ die Wohnung.

Bevor Paul ein Stockwerk tiefer klingeln konnte, öffnete Walburga Habersetzer, auf ihren Rollator gestützt, die Wohnungstür. »Heute sind Sie ja fesch, Herr Schwarz.« Sie blickte nach unten. »Und die Lola erst. Sogar das Halsband passt perfekt zu den Hosenträgern vom Herrchen.« Die alte Dame setzte ihre Brille auf und strich über Pauls breite Brust. »Federkielstickerei. Ganz was Besonderes. Das kann heutzutage kaum noch jemand. Geht ihr zwei Hübschen wieder ins Hofbräuhaus?«

Paul nickte und streckte ihr das Kuchenpaket entgegen. »Prinzregententorte. Und wegen der Miete …«

Walburga tätschelte ihm den Arm. »Die zahlen Sie mir, wenn's passt. Ist ja nicht leicht für einen jungen Maler. Aber Ihre Zeit wird kommen. Ihr Großvater, und der hat ja wirklich was von Kunst verstanden, hat immer an Sie geglaubt.«

»Sehr freundlich von Ihnen, Frau Habersetzer. Und kein Wort zu meiner Freundin Cherine, wegen dem Kuchen.«

»Ich schweige wie ein Grab. Auf mich können Sie sich verlassen. Aber ich will nicht, dass Sie wegen mir ein Risiko eingehen und Ärger kriegen.«

»Das werde ich bestimmt nicht. Ich will die Cherine wegen dem Kuchen nicht kränken. Sie meint es ja gut. Aber ich bin halt kein Süßer.«

Walburga lächelte. »Darüber ließe sich streiten. Aber in meinem Alter sage ich lieber nichts dazu.«

»Soll ich den Kuchen für Sie auspacken?«

»Das wäre sehr freundlich. Ich bin heute ein wenig zittrig auf den Beinen. Die Hitze setzt mir zu. Und vorhin hat auch schon ein freundlicher junger Mann geklingelt, der ganz viel Pech in seinem Leben gehabt hat. Er wollte mir ein Zeitschriften-Abo verkaufen. Aber damit kann ich mit meinen schlechten Augen nichts mehr anfangen. Er hat mir aber leidgetan und ich hab ihm ein Glas Limo eingeschenkt. Das hat ihn gefreut.«

»Sie sollten lieber keine Fremden in Ihre Wohnung lassen, Frau Habersetzer. Da gibt es gemeine Betrugsmaschen.«

Sie winkte ab.

»Mit dem Enkeltrick und so kenne ich mich aus. Ich schau schließlich viel fern. Krimis und sogar Aktenzeichen XY. Da wird man bestens informiert.«

Sie hielt Paul die Tür auf. »Ich lass nur die Netten rein.«
Paul betrat den Flur. Lola wartete draußen auf dem Fuß-
abstreifer.

Mit der U-Bahn ging es anschließend zum Marienplatz
und von dort zu Fuß und Pfote zum Hofbräuhaus am
Platzl. Auf dem Weg kannte Lola zwar jede Hausecke
und jeden Baum, blieb aber trotzdem oft stehen, um zu
schnüffeln. Paul ließ ihr Zeit und zog nicht an der Leine.
Nachdenklich und in sich gekehrt starrte er vor sich hin
und Lola hoffte, dass er ihr die feuchte Attacke nicht nach-
trug. Was, wenn er gerade überlegte, wie er sie loswerden
konnte? Lola schüttelte sich. Wahrscheinlich setzte ihm
nur die Sommerhitze zu und er hatte keine Lust auf die
Verkaufstour.

Vor dem Hofbräuhaus krempelte Paul die Hemdsärmel
hoch, setzte sich in den Innenhof und bestellte bei dem
indischen Kellner Krishna zwei Weißwürste und ein Helles. Möglichst beiläufig schlug er die Mappe mit den Bil-
dern auf und kam schnell mit einem amerikanischen Paar
ins Gespräch. Noch bevor die Weißwürste serviert wurden, hatte er zwei Aquarelle verkauft und 150 Euro eingenommen. Krishna drückte bei Pauls Geschäften wie immer
ein Auge zu. »Leben und leben lassen« war eben nicht nur
eine bayerische Devise.

Lola langweilte sich und hatte Hunger. Von Paul hatte
sie nur die ausgelutschten Weißwursthäute zu erwarten.
Er war viel zu beschäftigt, Touristen möglichst unauffäl-
lig ein gemaltes Souvenir anzudrehen, um sich um seinen
Dackel zu kümmern. Daher machte Lola sich selbstständig und spazierte in den großen Gastraum, die Schwemme,
schlüpfte unter den langen Bänken und Holztischen durch

und setzte sich neben den Bühnenbildmaler Franz an den Malerstammtisch.

»Da schau her, das Fräulein Lola. Braucht der Paul mal wieder Geld?« Er lachte. »Aber so kommen dem alten Stiglbauer seine Bilder wenigstens noch unter die Leut. Das ist schon recht so. Gell, Lola?« Er tätschelte ihr den Kopf. »Theres, bring dem Dackel eine Weißwurst. Kalt und ohne Haut. Schön in Scheiberl geschnitten. Und wegen der Hitze ein Schüsserl mit Wasser. Durst ist nämlich schlimmer als Heimweh.«

Lola setzte ihren dankbarsten Dackelblick auf und Franz kippte einen kräftigen Schuss von seinem Bier in Lolas Wasser.

»Sollst auch nicht leben wie ein Hund.«

Bevor Lola sich über die Wurst hermachte, schlabberte sie das Schälchen mit der Bierschorle bis auf den letzten Tropfen leer. Nach der zünftigen Stärkung war sie müde, legte sich unter die Bank und schlief, bis Paul nach ihr suchte.

»Ist die Lola bei euch?«, fragte er am Stammtisch. Sichtlich außer Atem.

»Freilich«, antwortete der Franz gemächlich. »Magst dich hersetzen?«

»Beim nächsten Mal gern.« Paul hielt dem Dackel die Tragetasche hin, damit der Hund gut einsteigen konnte. Seine Hände zitterten. »Komm. Wir müssen los. Ich trag dich, dann kannst du weiterschlafen.«

Es war bereits Nachmittag, als Paul die Haustür aufsperrte. Schnell, immer zwei Stufen auf einmal nehmend lief er die Treppe hoch und Lola wurde dadurch kräftig durchgeschüttelt. Offensichtlich waren seine Geschäfte gut gelaufen. So schwungvoll, wie er sich bewegte. Langsam öffnete die Dackeldame die Augen, gähnte und lugte durch den Sehschlitz. Hoffentlich hatte Cherine nicht gewartet.

Auf dem Treppenabsatz standen zwei Männer. »Herr Schwarz?«, fragte der Jüngere.

Paul stellte die Tasche mit Lola ab. »Ja. Ist etwas passiert?«

Sofort war Lola hellwach, krabbelte aus der Tasche heraus und versteckte sich mehr schlecht als recht hinter Pauls Wade.

»Können Sie sich ausweisen?«

Paul zog sein Portemonnaie aus der Hosentasche.

»Ganz schön viel Geld haben Sie da dabei«, stellte der Ältere fest.

»Ja, ich habe ein paar Bilder verkauft. War heute ein Glückstag.«

»Für ihre Vermieterin Walburga Habersetzer leider nicht. Sie wurde ausgeraubt und ist vermutlich an den Folgen eines Sturzes gestorben. Ihre Putzfrau hat uns alarmiert.«

»Gestorben?«, wiederholte Paul und blickte fassungslos von einem zum anderen. »Sie meinen, sie ist tot?«

Der jüngere Polizist nickte. »Wir haben einige Fragen an Sie und müssen Sie bitten, uns aufs Revier zu begleiten.«

Lola konnte spüren und riechen, dass Paul Angst bekam. »Sie denken doch nicht, dass ich etwas damit zu tun habe? Frau Habersetzer und ich haben uns immer gut verstanden. Ich hätte ihr nie etwas getan.«

»Aber Sie waren ihr die Miete schuldig und wussten, dass sie viel Bargeld in der Wohnung aufbewahrte.«

»Das war kein Geheimnis. Das weiß vermutlich das halbe Viertel.«

»Auf jeden Fall ist das Bargeld jetzt weg. Die Küchenschublade lag leer auf dem Boden und Ihr Geldbeutel ist voll. Eine Nachbarin hat heute Vormittag gehört, dass Frau Habersetzer Sie gewarnt habe«, der Polizist blätterte in seinem Notizblock, »dass Sie wegen ihr keinen Ärger riskieren sollten. Danach sind Sie zu ihr in die Wohnung gegangen.«

»Da ging es doch nur um Kuchen!«, verteidigte sich Paul.

»Sie waren bei ihr in der Wohnung?«, hakte der Polizist nach.

»Nur ganz kurz. Ich habe die Prinzregententorte ausgepackt und auf einen Teller gelegt. Sie hat sich heute nicht wohlgefühlt. Fragen Sie meine Freundin. Der Kuchen war von ihr. Haben Sie schon bei mir geklingelt?«

»Es hat niemand aufgemacht.«

Paul kaute nervös an seiner Unterlippe.

»Und wo waren Sie, nachdem Sie Frau Habersetzer besucht haben?«

»Bis ungefähr 13 Uhr im Hofbräuhaus, dann in meinem Atelier und anschließend noch im Augustiner Biergarten am Hauptbahnhof.«

»Und dafür gibt es Zeugen?«

Paul schluckte hörbar. »Im Hofbräuhaus jede Menge. Dort habe ich zufällig eine Japanerin kennengelernt. Sie hat sich ein paar meiner Bilder angeschaut und war total begeistert, wie ich Wasser male. Daher bin ich mit ihr in mein Atelier gefahren und habe ihr meine Arbeiten gezeigt. Sie hat sich tatsächlich zwei meiner Bilder ausgesucht. Danach haben wir das Geschäft im Biergarten abgeschlossen. Von dort bin ich direkt nach Hause gegangen.«

Lola traute ihren Ohren nicht. Paul hatte bisher kaum eigene Gemälde verkaufen können.

»Und mit dieser Frau waren Sie die ganze Zeit zusammen?«

Paul nickte.

»Geben Sie uns die Kontaktdaten und die Verkaufsunterlagen, damit wir Ihr Alibi überprüfen können.«

Mit dem Unterarm wischte sich Paul über die Stirn. »Ich habe leider nichts. Ich weiß nicht einmal den Nachnamen der Frau, nur den Vornamen. Miki. Wir haben uns gleich geduzt.«

»Aber es gibt bestimmt eine Rechnung oder einen Kaufvertrag, eine Kartenzahlung, die wir nachverfolgen können?«

Paul schüttelte den Kopf. »Verhaften Sie mich jetzt?«

Der Polizist nickte.

Ohne Aufforderung schlüpfte Lola wieder in ihre Tasche und ließ sich von Paul die Treppe hinuntertragen. Selbst wenn sie hätte sprechen können, hätte sie nicht als Zeugin getaugt. Sie war nicht in Frau Habersetzers Wohnung dabei gewesen, sondern hatte auf der Fußmatte gewartet und den kompletten Nachmittag in der Tasche verpennt. Sie hatte keine Ahnung, was wirklich passiert war. Aber ihr war klar: Paul steckte in der Klemme.

Auf dem Revier wurde es für Paul noch enger. Von dem Kuchen fehlte in Frau Habersetzers Wohnung jede Spur. Es gab kein Einwickelpapier und keinen benutzten Teller. Und dann steckten in Pauls Geldbeutel 2.934 Euro und 32 Cent, obwohl sein Girokonto überzogen war. Immer wieder erklärte er, dass die unbekannte Kunstliebhaberin ihm die Bilder bar bezahlt habe. 1.000 Euro pro Stück. Im Biergarten habe er sie dann auf ein Radler eingeladen. Die Getränke habe er im Selbstbedienungsbereich des Biergartens gekauft und zum Tisch getragen. Darum gab es keine Bedienung, die sich an das durchaus auffällige japanisch-bayerische Paar hätte erinnern können.

Dem jungen Maler gingen die Erklärungen aus. Nicht einmal das Bewegungsprofil seines Handys konnte ausgewertet werden, weil er es zugunsten einer altertümlichen Taschenuhr in seiner Wohnung gelassen hatte.

»Vielleicht war es ein Hausierer«, fiel Paul ein und er redete schnell weiter. »Erst heute Morgen hat Frau Habersetzer einem Zeitschriften-Verkäufer etwas zu trinken angeboten. Das hat sie mir erzählt. Wenn der das Geld gesehen hat, ist er vielleicht später noch einmal zurückgekommen.«

»Das erklärt jedoch nicht die Farbspuren«, entgegnete der Polizist.

»Es gibt Farbspuren?«, fragte Paul irritiert.

»Ja, an Frau Habersetzers Oberarm und in der Wohnung, an der Schublade und an der Tür. Als Maler haben Sie bestimmt öfter Farbe an den Händen oder an der Kleidung als ein Zeitschriftenverkäufer.«

Lola bellte aufgeregt. Das wurde ja immer bunter. Paul hingegen war inzwischen richtig blass um die Nase.

»Ich versteh das alles nicht. Ich bin unschuldig. Das müssen Sie mir glauben.«

Lola drückte sich fest an das Bein ihres neuen Herrchens. Sie würde für ihn die Pfote ins Feuer legen.

Der Polizist klopfte Paul auf die Schulter. »Wir werden sehen. Am besten wäre natürlich, Ihnen fiele der Name der Japanerin ein, die Ihr Alibi und die Zahlung bestätigen könnte. Jetzt kommen S'. Wir brauchen Ihre Kleidung, die wird untersucht, und dann bringen wir Sie in eine Zelle.«

»Und was ist mit meinem Hund?«

Zur Bestätigung fiepte Lola mitleiderregend.

»Entweder Sie haben jemanden, der ihn abholt, oder er kommt ins Tierheim.«

Paul streichelte Lola. »Ich hol dich da bald wieder raus. Versprochen. Das klärt sich alles ganz schnell auf.«

Lola blickte ihrem Herrchen fest in die Augen. Sie hätte sich am liebsten in den eigenen Schwanz gebissen, dass sie nicht besser aufgepasst, sondern träge vor sich hin gedöst hatte. Vage erinnerte sie sich an die Ortswechsel. Immer, wenn Paul die Tasche abgestellt hatte, war sie kurz aufgewacht. Durch den Sehschlitz hatte sie jedoch nur Beine und Schuhe gesehen, aber viel gerochen. Ein Duft von diesem konfusen Potpourri gehörte bestimmt zu der kunstbegeisterten Frau. Und die würde sie finden. Schließlich war sie ein Jagdhund. Erst aber musste sie vor der Polizei davonlaufen und untertauchen.

Nachdem Paul abgeführt worden war, verhielt sie sich kooperativ. Sie musste verhindern, dass man sie in einen dieser Tiertransportkäfige sperrte. Deshalb machte sie auf Befehl »Sitz« und »Platz« und gab gegen einen Käsecracker sogar Pfote.

»Ein Dackel, der macht, was man ihm sagt. Unglaublich«, staunte der ältere Polizist, wurde aber zum Glück nicht misstrauisch.

An der Leine führte er sie schließlich zum Streifenwagen. Kurz vor dem Einsteigen zwickte Lola ihn kräftig in die Wade und riss an der Leine. Erschrocken schrie der Mann auf und ließ locker. Lola sprintete los. Der jüngere Polizist nahm sofort die Verfolgung auf, stürzte jedoch über einen auf dem Bürgersteig abgestellten E-Scooter. Sag einer, die Dinger wären nicht für irgendwas gut. Schnell schlüpfte Lola durch einen Bauzaun, versteckte sich zwischen Mülltonnen und streifte mit den Vorderpfoten das bestickte Lederhalsband über den Kopf. Da es eigentlich für den Zwergschnauzer Isi angefertigt worden war, war es ihrem schlanken Dackelhals immer schon zu weit gewesen. Sie trug jetzt nur noch ihre Steuermarke an einem roten Lederriemchen und war die störende Leine los. Aufmerksam beobachtete sie den Bürgersteig, und als der Polizist weg war, dackelte sie hinter einer älteren Dame her. Ganz selbstverständlich, so als würde sie zu ihr gehören. Sie durfte auf keinen Fall Aufmerksamkeit erregen. Sonst würde sie der nächstbeste Hundefreund einfangen und doch noch ins Tierheim bringen. Als Erstes machte sie sich auf den Weg zum Biergarten, wo Paul und die Käuferin sich getrennt hatten. Vielleicht konnte sie dort eine Witterung aufnehmen. Aber erst musste sie sich erinnern. Auf halber Strecke setzte sie sich unter einen Baum, schloss die Augen und ging konzentriert die abgespeicherten Gerüche und dazugehörigen Bilder durch. Da gab es etwas künstlich Süßes, das gleichzeitig holzig-herb roch. Und dazu grasgrüne, auffallend kleine Damenschuhe und geringelte Söckchen. Die hatte sie in der U-Bahn gesehen, im Atelier und dann im Biergarten. Lola war aufgeregt. Sie hatte eine Spur.

Im Biergarten schnupperte sie sich Tisch um Tisch durch die Reihen und bekam sogar die eine oder andere Köstlichkeit zugesteckt. Aber leider entdeckte sie weder von Paul noch von der japanischen Frau eine Fährte. Auch die anwesenden angeleinten Hunde konnten ihr nicht weiterhelfen.

Es half nichts, sie musste noch einmal durch die halbe Stadt laufen und es am Hofbräuhaus probieren. Weil konzentriertes Schnuppern anstrengend war und Lolas Beinchen langsam schwer wurden, stieg sie mit ein paar Jugendlichen in die Straßenbahn.

Aber leider stellte sich auch das Hofbräuhaus als Enttäuschung heraus. Paul war zwar nicht zu überriechen. Lola wusste sogar, auf welchem Stuhl er gesessen hatte, aber das half ihr nicht weiter, sondern machte sie nur traurig. Sie brauchte die grünen Schuhe. Enttäuscht trottete sie durch den Hofgarten, mogelte sich in einem unbeobachteten Moment zu einer Limokiste auf die Ladefläche eines Lastenfahrrads und sprang mitten in Schwabing wieder ab. Inzwischen war es dunkel. In ihrer Verzweiflung sprach Lola sogar Katzen auf Fensterbrettern oder in Hofeingängen an. Anders als Hunde konnten sie sich oft noch frei bewegen.

Ein ernst blickender Kater unterbrach seine Katzenwäsche. »Du suchst eine Japanerin mit grünen Schuhen? Die ist bestimmt nicht mehr in der Stadt. Die haben für ganz Europa nur ein paar Tage.«

Eine Langhaarkatze schlich vorbei. »Die findest du nie! Gib auf und geh ins Tierheim. Da gehören herrenlose Hunde hin.«

Lola mochte keine Katzen. Die fühlten sich immer überlegen und wussten alles besser. Und das Schlimmste war, sie hatten meistens recht.

Völlig frustriert und hundemüde legte Lola sich unter eine Parkbank und vermisste ihr weiches Körbchen, ihren Futternapf, ihr Kuschelbärchen und Paul. Sie hatte Durst und Heimweh. Paul würde für Jahre im Gefängnis bleiben müssen und sie würde im Tierheim alt werden und in Gefangenschaft sterben.

Die ersten Sonnenstrahlen kitzelten die Dackeldame wach. Erst jetzt realisierte Lola, wo sie übernachtet hatte. Direkt vor der Alten Pinakothek. Die ersten Besucher verschwanden bereits durch die hohe Eingangstür in die Gemäldegalerie. Wehmütig dachte sie an ihr altes Herrchen, das sie auch in dieses Museum geschmuggelt hatte. Zusammen waren sie durch die Gänge flaniert. Vorbei an riesigen Rubens-gemälden und kleinen niederländischen Stillleben. Bei den realistisch gemalten Würsten und Braten war Lola immer das Wasser im Mund zusammengelaufen.

Plötzlich tauchte zwischen den alten Erinnerungen ein Gesprächsfetzen auf. Lolas Schwanz zuckte hektisch. Paul hatte gestern zweimal erzählt, dass sie nach der schönen Lola Montez benannt war und wo das Gemälde immer noch zu bewundern war. Einmal hatte sie dabei in Pauls Bett und beim zweiten Mal in ihrer Hundetasche gelegen. Am Nachmittag war Lola auch nur kurz aufgewacht, weil sie ihren Namen gehört hatte. Was, wenn sich die kunstbegeisterte Touristin die Schönheitengalerie selbst anschauen wollte?

Lola raste los. Die Strecke kannte sie in- und auswendig und traute sich sogar in die U-Bahn. Völlig außer Atem, mit hängender Zunge, trottete sie schließlich auf das Nymphenburger Schloss zu und setzte sich vor die Eingangstreppe. Stunde um Stunde wurde es heißer und Lola immer durstiger. Aber Lola blieb aufrecht sitzen. Sie durfte sich keine Pause, kein schnelles Aus-dem-Spring-brunnen-Trinken, kein noch so kleines Nickerchen gön-nen. Ihr war schon ganz schwummerig, als grüne Schuhe samt dazugehörigen Beinen in ihrem Blickfeld auftauchten. Die Socken waren zwar nicht geringelt, sondern gepunk-tet, aber der Geruch passte!

Laut bellend umrundete Lola die Japanerin, die sich nicht anders zu helfen wusste, als den wild gewordenen Dackel mit ihrem Nachmittags-Baumkuchen zu füttern und ihm Sprudelwasser aus der holen Hand anzubieten. Zufrieden legte Lola ihren Kopf auf den rechten Schuh. Als die Frau ihn jedoch wegzog und die Treppe hinaufging, wurde Lola panisch und lief ihr nach. Die grünen Schuhe verschwanden im Schloss und der Dackeldame blieb nichts anderes übrig, als wieder zu warten. Gut, dass es nur einen Ausgang gab.

Paul wurde aus seiner Zelle geholt. Als er Lolas Halsband auf dem Schreibtisch sah, erschrak er. »Wie geht es meinem Hund?«

Der jüngere Polizist grinste. »Bestens.«

In diesem Moment raste Lola freudig bellend auf ihr Herrchen zu und sprang an seinen Beinen hoch.

Der Polizist schüttelte den Kopf. »So was wie mit Ihrem Dackel habe ich in meiner ganzen Dienstzeit noch nicht erlebt. Ihre kleine Wadelzwickerin hat Ihnen Ihr Alibi geliefert. Sie hat Frau Watanabe vor Schloss Nymphenburg ausfindig gemacht, sich an ihre Fersen geheftet und nicht lockergelassen, bis sie ihr gefolgt ist. Frau Watanabe hat sich erinnert, dass Sie gestern beim Verkauf einen Dackel namens Lola dabeihatten, und sich gesorgt, dass Ihnen etwas zugestoßen sein könnte.«

Im Hintergrund sah Paul die Japanerin, die sich mit einem Lächeln verneigte. Paul verneigte sich ebenfalls. Tief. Bis zu Lola hinunter. Dann hob er seinen Dackel hoch und Lola schleckte ihm über die Wange. »Du bist die Beste. Sich vor der Schönheitengalerie auf die Lauer zu legen, das kann nur dir einfallen.«

Fand Lola inzwischen auch.

»Frau Watanabe hat Ihre Aussage übrigens bestätigt, Herr Schwarz.«

»Ich kann also gehen?«

»Ja. Und wie es ausschaut, haben wir auch die Täterin. Auch wenn Sie ganz schön verdächtig waren, haben wir natürlich in alle Richtungen weiterermittelt. Sie hatten sogar zwei Tropfen von der Farbe, die wir bei Frau Habersetzer gefunden haben, auf Ihrer Lederhose. In Ihrer Wohnung haben wir dann die Farbquelle gefunden. Unter Ihrem Bett lagen eine Tasche und ein Nagellackfläschchen. Der Beutel hat ganz schön streng gerochen. Wahrscheinlich hat ihn die Dame deshalb zurückgelassen. Auf jeden Fall haben wir in dem Beutel auch einen Mitgliederausweis für ein Fitness-Center gefunden. Bei der ersten Befragung hat Cherine Krass alles gestanden. Die Farbspuren stammten alle von diesem lilafarbenen Nagellack, der anscheinend ganz schlecht getrocknet ist und sich auch nicht wegwaschen ließ. Frau Krass' Finger waren immer noch lila. Bei Ihrer Freundin konnten wir übrigens über 3.000 Euro sicherstellen.«

»Cherine? Das kann ich mir nicht vorstellen.«

Lola hingegen traute Cherine alles zu.

»Sie sagt, sie war wütend, weil Sie Frau Habersetzer immer ihren Kuchen schenken, obwohl sie doch so reich war. Deshalb habe sie geklingelt und sich beschwert. Frau Habersetzer habe plötzlich gezittert und sei umgefallen. Frau Krass habe sogar noch versucht, die alte Frau aufzufangen, und sie am Oberarm gepackt. Aber Frau Habersetzer sei mit dem Kopf gegen die Kante ihres Flurschrankes gekracht und danach reglos liegen geblieben. Frau Krass habe nicht gedacht, dass man davon sterben könne. Deshalb habe sie auch nicht den Notarzt alarmiert, sondern sich ein paar Scheine aus den Schubladen genommen.«

Paul schluckte. »Das hätte ich ihr wirklich nie zugetraut.«

»Ja, man täuscht sich da schnell. Da sollten S' in Zukunft ein bisserl vorsichtiger sein. Aber jetzt nehmen S' den g'scheiden Hund und Ihre Sachen mit.«

Der Polizist händigte Paul die Bildermappe, seine Kleidung und Lolas Tragetasche aus.

Zusammen verließen sie das Polizeirevier und Paul lud Miki Watanabe zum Essen ein. Lola hoffte auf das Hofbräuhaus und war enttäuscht, als die Wahl auf ein Sushi-Restaurant fiel. Weißwürste wären ihr persönlich lieber gewesen. Aber als Miki sie fürsorglich mit Reisröllchen fütterte, musste sie zugeben, dass die besser waren als befürchtet.

Nach dem Essen holte Paul aus der Mappe seines Großvaters das Bild von Lola und dem Maßkrug heraus und überreichte es der Japanerin als Dank.

Miki war total begeistert, wie gut der Künstler den Dackel getroffen hatte.

Auf ihre Nachfrage übersetzte Paul dann noch den Titel »Durst ist schlimmer als Heimweh« ins Englische.

Nachdenklich betrachtete er dann seine Hundedame. »Wahrscheinlich stimmt es nicht. Durst ist genauso schlimm wie Heimweh.«

Erschöpft und satt rollte sich Lola in ihrer Tragetasche ein und betrachtete durch den Schlitz Mikis grüne Schuhe. Den Geruch und die Farbe würde sie ihr ganzes Leben nicht mehr vergessen.

LUISE HUHN MACHT CAMPING AM SEE

Raoul Biltgen

Luise Huhn hat sich ihren Namen nicht ausgesucht. Wer tut das schon? Aber sie mag ihn. Und nicht nur, weil sie keine Ahnung hat, was er bedeutet. Er klingt einfach schön. Luise Huhn. Sie weiß, wenn jemand diese Laute von sich gibt, ist sie gemeint. Und sie ist gerne gemeint. Dann gehört sie dazu. Auch wenn sie das nicht unbedingt zeigt. Muss man denen ja nicht ständig auf die Schnauze binden. Sonst wird es selbstverständlich. Sonst wird man selbstverständlich. Und das ist Luise Huhn ganz sicher nicht.

Luise Huhns Mensch Lani ist heute besonders früh aus dem Bett gehüpft, und sie muss schon vorher lange wach gewesen sein, so wie die sich hin und her gewälzt hat. Seit Tagen ist es schon zu spüren: Es passiert etwas. Jetzt passiert etwas. Was auch immer. Das Problem ist, Luise Huhn mag es nicht, wenn sie weiß, dass etwas passiert, aber nicht, was. Luise Huhn mag es nicht, wenn Dinge nicht so sind wie immer, denn etwas zu ändern, ist gefährlich, schließlich weiß man nie, was dabei herauskommt. Lieber alles beim Alten belassen, wenn es doch eh gut so ist, wie es ist. Aber Menschen sehen das leider anders. Immer muss was los sein. Immer muss alles neu gemacht werden. Der alte Teppich raus, dabei hat der so gut gerochen und war endlich und nach langer Bearbeitung in genau dem Zustand, in dem ein Teppich zu sein hat. Die Wände gestrichen. Merken die denn nicht, dass das stinkt? Da nützt auch kein Lüften für ein paar Stunden. Monatelang hängt das noch nach. Oder Kleider. Jeden Tag ziehen die was anderes an. Warum?

Nein, an diesem Tag geht es nicht um frische Wäsche oder neues Futter, das sagt Luise Huhn ihr Bauchgefühl. Und sie hat in letzter Zeit immer wieder einen Laut gehört, den sie kennt. Und mag. Sakura. Das ist ein Menschenname und er gehört Lanis Freundin, die nur ganz selten da ist, obwohl sie eigentlich fix zum Rudel gehören sollte, ginge es nach Luise Huhn. Zudem kann Sakura gut Ballwerfen, ohne so aufdringlich zu sein wie manch andere Zweibeiner, die glauben, wenn man einmal einem Ball hinterherrennt, will man das den ganzen Tag machen und womöglich auch noch in der Nacht. Will man nicht. Will Luise Huhn nicht. Vielleicht wollen das irgendwelche Labradore und Retriever, aber die wollen ja immer nur alles, was die Menschen wollen, Hauptsache, sie haben Spaß und machen Spaß und das war's. Und dass Luise Huhn das nicht will, liegt nicht daran, dass sie zur Hälfte ein Rauhaardackel ist, auch wenn das der Muttermensch immer wieder behauptet: »Besser nicht streicheln, weil sie ist ein stures Vieh, sie lässt sich nicht von jedem streicheln. Da kommt halt der Dackel in ihr durch.« – »Ja, den Dackel sieht man ihr an. Aber sagen Sie, was ist denn da noch drin? Ein Terrier?« – »Ein Schnauzer.« – »Oje, das macht die Sache auch nicht besser.« – »Neinnein.« Neinnein. Aber Luise muss dem Muttermenschen zugestehen, dass er damit verhindert, dass die ganzen anderen kleinen und großen Menschen sie ständig betatschen und begrabschen. Und immer auf den Kopf. Wer will denn ständig immer auf den Kopf gepatscht werden? Wie soll man denn da wissen, was diese Menschen mit ihren Händen mit einem machen, wenn die da oben außer Sicht- und Beißweite rumtun? Lasst eure Pfoten bei euch, mach ich doch auch nicht, euch gleich überall abschlecken, wenn ihr euch nicht wehren könnt.

Aber wenn das ständige Reden über Sakura bedeutet, dass sie endlich wieder den Weg zurück ins Rudel gefunden hat, dann soll's Luise Huhn recht sein. Manchmal sind Änderungen ja dann doch okay.

Und manchmal erfüllen sich bestimmte Ahnungen.

Oh, Luise Huhn weiß, dass sie nicht immer bellen soll, wenn die Klingel geht, aber es ist wichtig, dass sie bellt, denn es ist ja allgemein bekannt, dass Menschen ein Gehör wie eine Quietscheente haben, denen entgeht die Hälfte von allem. Mehr noch: Die Hälfte und noch mal die Hälfte der anderen Hälfte hören die einfach nicht, aber das ist okay, dafür können die ja nichts, dass die so ein jämmerlich ausgebildetes Gehör haben. Aber dann so tun, als würden sie eh alles mitbekommen. Und sogar noch schimpfen, wenn Luise Huhn sie freundlich darauf aufmerksam macht, dass wer an der Tür ist, weil das anscheinend das Schlimmste ist, was ein Hund tun kann: bellen. Das ist zutiefst ungerecht, schließlich erfüllt sie einfach nur die wesentlichsten Aufgaben eines pflichtbewussten Hundes. Aber so sind sie nun mal, die Menschen: menschlich. Weshalb Luise Huhn da nicht nachtragend oder beleidigt ist oder so. Sie hilft weiter gerne aus. *Sakura*, bellt sie, *Sakura, es ist Sakura, schnell, macht Sakura die Tür auf, schnell, ehe sie irgendwer wieder wegnimmt oder sie es sich anders überlegt oder … Schneeeheeeeell, Sakura ist da!*

Und Sakura ist da. *Sakura*, bellt sie, *Sakura, du bist da, es wurde aber auch Zeit, ich hab's eh schon gewusst, aber die noch nicht, aber jetzt wissen sie es, dass du da bist, habt ihr das gesehen? Sakura ist da.* Luise Huhns Hinterteil schlägt mit ihrem wedelnden Schwanz hin und her, sie freut sich und sie sieht, wie Lani sich freut, obwohl die nicht mit dem Hinterteil wackelt. Lani umarmt Sakura und Sakura umarmt Lani. *Ich auch*, bellt Luise, *ich auch, ich bin da, hier, siehst du mich?*

Sakura sieht Luise Huhn und krault ihr ganz fest das raue Fell, so fest, dass Luise Huhn fast umfällt. *Noch mal, noch mal.* Und Sakura macht es noch mal. *Da, schau, Sakura, das ist mein Bobby, den habe ich bekommen, der kann fliegen, und das ist der Ball, der kann auch fliegen, wenn man ihn wirft, wirfst du ihn?*

»Ist das Bobby?«, fragt Sakura.

Ja, sagt Luise.

»Und kann der fliegen?«, fragt Sakura.

Und wie, sagt Luise.

Und schon schmeißt Sakura Bobby durch den Flur und trifft Franzi, Lanis Schwester. Stimmt, die ist ja auch noch da. Mist, die werden jetzt sicher wieder alle Sakura ganz für sich vereinnahmen wollen, so wie Luise Huhn ihre Menschen kennt.

Muttermensch und Vatermensch, Franzi und Paul, der kleine Bruder, Lanis Rudel. Sind eh okay. Mag sie eh. Meistens. Nein, immer, Luise Huhn gehört ja gern dazu. Luise Huhns Rudel. Wie gesagt: auch wenn sie das nicht immer zeigt.

Na gut, dann geht und begrüßt Sakura, aber dann beruhigt euch endlich mal.

Sie beruhigen sich nicht. Jetzt geht's erst so richtig los.

Die Menschen mal wieder, was sie nicht immer alles anstellen. Das ganze Rudel wuselt durchs Haus. Nur Luise Huhn muss ruhig in ihrem Bettchen liegen. Muss sie nicht, sie muss genau in der Mitte vom Geschehen sein, um alles mitzubekommen, was die schon wieder vorhaben. Kennt sie, rennen rum, packen Zeug ein, ziehen sich an und gehen weg und Luise Huhn bleibt allein zurück. Tagelang. Wochenlang. Monatelang. So fühlt es sich an. Hunde sollten nicht allein zu Hause gelassen werden, dafür sind die nicht gemacht, denn woher sollen die denn wissen, ob ihre Menschen nur mal schnell die Post holen oder sich unterwegs verlaufen oder angegriffen werden von Bären oder Traktoren? Auch wenn sie dann, wenn sie endlich wieder zurückkommen, oft viel gutes Essen und so dabeihaben. Ist kein Trost. Und schon gar keine Entschuldigung fürs Fernbleiben, bitte sehr.

Aber diesmal ist es schlimmer. Es wird mehr gepackt und mehr gewuselt und vor allem herrscht viel mehr Aufregung. Selbst Sakura, die ja schon mit ihrer fertig gepackten Tasche gekommen ist, legt all ihr Zeug auf Lanis Bett und dann wieder zurück in die Tasche. Und Lani legt ihr Zeug neben Sakuras Zeug und dann in die eigene Tasche. Und dann packen sie alles aus und tauschen untereinander und packen es wieder ein. Derweil stapeln sich im Flur die Taschen und Säcke und ... ah, immerhin, der Vatermensch schüttet das Hundefutter in Beutel. Wenn Hundefutter mitgenommen wird, wird auch der Hund mitgenommen. Und weil Luise Huhn nicht bettelt, sondern einfach nur ohne irgendwelche bösen Absichten danebensitzt und ihn beobachtet, ist der Vatermensch unachtsam und verschüttet das Futter, sodass sich Luise Huhn schnell eine kleine Zwischenmahlzeit vom Boden zusammenklauben kann.

Der Vatermensch tut nur so, als wär er so ungeschickt, das weiß Luise Huhn, aber das checken die anderen Menschen nicht, deswegen tut er es, damit die nicht denken, er gibt Luise was ab. Das ist nämlich das Schlimmste, wenn der Hund was frisst, was nicht seine Mahlzeit ist.

Irgendwann wird Luise endlich das Halsband angelegt und es geht los, ins Auto. Auto ist gut. Auto an sich ist nicht gut, weil manchmal muss man im Auto kotzen, und das ist dann schad ums Fressen, das sie sich gerade so mühsam beim Vatermenschen erarbeitet hat, aber Auto, vor allem mit viel Zeug dabei und dem ganzen Rudel drin, bedeutet, dass am Ende der Fahrt das ganze Rudel den ganzen Tag zusammen verbringt. Und manchmal noch einen Tag. Und manchmal noch ein paar Tage. Und manchmal sogar so viele Tage, dass Luise Huhn gar nicht mehr weiß, wie viele Tage das jetzt waren, das ist am besten, weil es sich dann nach immer anfühlt. Einmal waren sie sehr lange unterwegs an einen Ort, da war der Sand fest und man konnte super laufen, aber das Wasser schmeckte eklig und versuchte immer, Luise unter sich zu begraben. Aber Schwimmen war trotzdem gut. Und an einem anderen Ort waren sie jeden Tag den ganzen Tag spazieren, und zwar auf Berge hinauf und wieder hinab, und dazwischen hat es bei Raststationen Speck und Brot gegeben, selbst für sie, weil diesmal dem Paul alles runtergefallen ist. Und einen See hat es auch gegeben, der war eiskalt. Aber Schwimmen war trotzdem gut. Und dann sind sie einmal …

Wie? Schon da?

Die Fahrt hat gar nicht mal lang gedauert, und als sie aussteigen, kennt Luise Huhn sich bestens aus, weil hier waren sie schon mal, das ist da, wo der Wald ganz nahe ist und am Ende des Waldes ist ein See. Der ist super, denn der macht keine Wellen, schmeckt gut und ist nicht eiskalt. Die älteren Menschen schlafen in einer großen Blechbox, die tagsüber unerträglich heiß ist, weswegen sie immer davor unter einem Dach sitzen und Karten spielen, auch wenn es regnet, dann ziehen sie halt die Füße ein. Die jüngeren Menschen außer Paul, die schlafen unter Decken, die aus Plastik sind und dreieckig aufgestellt sind und Zelt heißen. In denen ist es kuschelig, weil sie so eng sind. Wenn Luise Huhn bei Lani im Bett schlafen dürfte, wäre es genauso kuschelig. Aber das ist ja das Schlimmste, was sie machen könnte, sagen Mutter- und Vatermensch, und das ist auch das Einzige, wo sie einfach nicht versteht, warum Lani tut, was man ihr sagt, und sie nicht in ihr Bett lässt.

Und jetzt?

Jetzt schlüpfen Lani und Sakura zusammen ins Zelt und ganz kurz fürchtet Luise Huhn, Sakura könnte ihren Platz einnehmen, aber dann rufen sie sie zu sich und sie darf sich in die Mitte zwischen die beiden Mädchen legen, was superst ist, nur dass die Mädchen nicht lange liegen bleiben, schon stürmen sie wieder raus und laufen hierhin und dahin und Luise springt hinterher.

Zu Mittag brät der Vatermensch Fleisch auf einem Griller und ermahnt Luise Huhn, warum auch immer, mehrmals, ihm dabei nicht zuzuschauen. Aber fast ebenso spannend findet Luise, was das restliche Rudel am Mittagstisch bespricht, nämlich was es unternehmen will. Luise Huhn liegt in ihrem Bettchen und hört zu. Sie könnte viel besser zuhören, wenn sie gleich danebensitzen würde, aber wenn sie das tut, heißt es gleich, sie würde betteln, und Betteln scheint für Menschen das Schlimmste zu sein, was ein Hund tun kann, außer vielleicht Bellen. Bellend betteln. Und wie es scheint, glauben Menschen immer, Hunde betteln, wenn sie in irgendeiner Weise Interesse an etwas zeigen, was rein zufällig auch fressbar sein könnte. Luise Huhn versteht nicht alles, was gesagt wird, weil menschliche Sprache manchmal echt kompliziert ist, vor allem, wenn alle durcheinanderreden, aber das Wichtigste kriegt sie mit: Lani und Sakura haben etwas vor, und immer wieder sagen sie Luise Huhns Namen, das ist gut. Und »Wald« kommt vor, »Spazierengehen«, »Abenteuer«, »Schwimmen«, »See«. Alles schöne Wörter. Doch sie merkt auch, dass Lani nicht gerne hört, dass der Name des kleinen Menschen fällt, Paul, offensichtlich müssen sie ihn mitnehmen. Offensichtlich müssen Lani und Sakura dazu überredet werden, ihn mitzunehmen. Luise Huhn ist das egal. Der kleine Mensch hat am Anfang ziemlich genervt, weil er wohl angenommen hat, Luise Huhn sei so was wie ein Quietscheentchen oder ein Bobby – einfach nur ein Spielzeug, mit dem man machen kann, was man will. Aber das sind Hunde nicht. Hat Paul gelernt. Ist zwar noch ein Welpe, und das schon ziemlich lang, aber irgendwann kapieren es wohl auch die Menschenwelpen. Seither ist Ruhe. Meistens. Und Luise Huhn gesteht Paul zu, dass ein Teil ihres Namens von ihm stammt, weil er sich schwergetan hat, »Hund« zu sagen. Kommt vor. »Hühnchen, Hühnchen«, hieß es die ganze Zeit.

»Und du, Paul«, sagt der Muttermensch, »tust, was Lani dir sagt, klar?«

»Klar«, versichert Paul.

»Und du bleibst die ganze Zeit bei den anderen, klar?«

»Klar.«

»Denn sonst musst du hierbleiben, klar?«

»Klar.«

»Und ihr beiden«, der Muttermensch richtet sich an Lani und Sakura, »ihr tut, was Franzi euch sagt.«

»Aber ...«, sagt Lani.

Doch sie wird von Franzi unterbrochen: »Was hab denn ich damit zu tun?«

»Du passt auf die drei auf«, befiehlt der Muttermensch.

»Warum ausgerechnet ich?«, fragt Franzi.

»Ja, warum ausgerechnet sie?«, fragt auch Lani.

»Weil du die Älteste bist«, sagt der Muttermensch.

»Nur weil sie 14 ist«, wirft Lani ein.

»15«, verbessert sie ihre Schwester.

»Eben«, stimmt die Mutter zu.

»Mann«, meint Franzi.

»Mann«, meint auch Lani.

»Na, dann seid ihr euch ja eins«, beendet der Muttermensch das Gespräch.

Nach dem Essen packen Lani und Sakura ihre Rucksäcke: Wasseranziehsachen, Tücher, Kekse, Wasser in Flaschen, Luises Ball, yes! Und dann geht es auch schon los.

Luise Huhn kennt den Weg genau, weswegen sie immer vorauslaufen will, um ihn Sakura zu zeigen. Die kennt ihn ja nicht, weil sie ja so selten da ist. Solange sie noch auf der Straße unterwegs sind, ist Leine angesagt, was nervt, aber dann zieht sie die Mädchen halt so gut es geht vorwärts. Und Paul trappelt mit. Der ist ja nicht immer so schnell, weil seine Beinchen nicht viel länger sind als Luises, aber irgendwie nur halb so gut funktionieren. Hat ja auch nur zwei davon, die er zum Laufen benutzt, was ja auch wieder sinnlos ist. Menschen eben.

Im Wald kommt endlich die Leine ab. Wenn sich Luise Huhn etwas wünschen könnte? Ein leinenloses Leben. Ein Leben ohne Halsband um den Hals. Egal, jetzt kann sie laufen. Vor und zurück. *Kommt schon, schnell, kommt mit.*

Lani und Sakura schnabbeln die ganze Zeit vor sich hin, statt sich auf den Weg zu konzentrieren, während Franzi ihre Piepsmaschine vor sich her hält und mit irgendwem redet, den Luise Huhn nicht sehen, aber hören kann. Aber die Stimme klingt so, wie sich Menschen normalerweise nicht anhören, was irgendwie sehr irritierend ist. Und vor allem gerade nicht besonders dienlich, denn sie könnten viel schneller sein, wenn alle ihre Aufmerksamkeit auf ihr Ziel lenken würden. *Zum See, zum See.*

Und Paul ist noch schlimmer. Der redet zwar nicht, dafür schaut er. Zu den Bäumen, in den Himmel, auf den Boden, hinter Hecken, unter Blätter, unter Steine … alles scheint gerade ganz besonders interessant zu sein. Luise Huhn hat gelernt, dass die Menschen lieber schauen als schnüffeln, was zwar vollkommen ineffizient ist, aber bitte. Aber bitte doch nicht jetzt. Sie lässt auch die vielen guten Gerüche, die sie gerade von überall her anwehen, einfach außer Acht, Hase und Fuchs und Fuchskacke und Chipsreste und Fuchskacke und … Und es gibt gerade etwas viel, viel Wichtigeres: Schwimmen, yay. Und Paul gerät immer mehr in Verzug.

Die beiden Freundinnen gehen schnatternd weiter. Die kriegen gerade gar nichts mit. Und Franzi ebenso wenig. Und Luise? Sie rennt nach vorn, um den Weg anzuzeigen, dann zurück, um Franzi, Lani und Sakura anzutreiben, dann noch weiter zurück, um Paul im Auge zu behalten, dann wieder zu den Mädchen, um ihnen zu sagen, sie sollen nicht so schnell rennen, Paul kommt nicht nach, dann wieder zu ihm, der sich gerade eine besonders langsame Schnecke anschaut, die gemächlich den Weg quert, als müsste er abwarten, bis sie vorbeigezogen ist, bevor er weitergehen darf. Das Rudel driftet auseinander und Luise Huhn ist im Stress. Luise Huhn mag nicht im Stress sein. Stress macht keinen Spaß. Luise Huhn mag Spaß. Und Paul trippelt weiter vor sich hin und hat gar nicht mitbekommen, dass Franzi, Lani und Sakura abgebogen sind.

Was? Franzi, Lani und Sakura sind abgebogen? Schnell rennt Luise Huhn hin. Ja, doch, das ist der richtige Weg. Nur Paul geht ihn nicht. Luise stellt sich vor den Mädchen auf, damit sie stehen bleiben.

»Nein, wir spielen jetzt nicht, Luise, nimm dir einen Tannenzapfen für später mit«, sagt Lani.

Tannenzapfen? Stimmt, alles voller Tannenzapfen. Hat Luise gar nicht bemerkt. Wie gern würde sie jetzt mit einem Tannenzapfen spielen, die fliegen super, und wenn sie zwischen den vielen anderen Tannenzapfen landen, ist es besonders tricky, den richtigen herauszuschnüffeln, aber Luise Huhn kann das, sie ist Profi im Herausschnüffeln des richtigen … Nein, es geht gerade nicht um Tannenzapfen, es geht um den blöden kleinen Menschen, der immer weiter wegstreunt.

Also wieder zurück zu ihm.

Offensichtlich hat er einen Zahn zugelegt, denn er hat eine nicht einmal so kurze Strecke hinter sich gebracht. Aber sein Geruch liegt unverkennbar über dem Weg. Wenigstens das. Okay, da sieht Luise ihn wieder. Ah, jetzt ist klar, warum er schneller geworden ist: Er hat gemerkt, dass er sein Rudel verloren hat. Und nun will er die Distanz zwischen sich und den anderen aufholen, indem er auf seinen kleinen wackeligen Beinen hinter ihnen herrennt. Ohne zu wissen, dass er in die falsche Richtung und damit immer weiter weg von den anderen läuft. Typisch Welpe.

Nur, was soll jetzt Luise Huhn tun?

Noch mal zurück zu den drei Mädchen? Die sie ignorieren? Lieber in Pauls Nähe bleiben. Allerdings bedeutet das, dass sie selbst das Schlimmste machen muss, was ein Hund machen kann: nicht bei seinem Menschen bleiben. Und Luises Mensch ist Lani. Hunde müssen immer in Sichtweite ihres Menschen bleiben. Sagen die Menschen. Als würden die sich immer daran halten. Das ist jetzt alles andere als eine leichte Entscheidung für so einen kleinen Hundekopf. Und Paul wird schneller und schneller, gerät in Panik, heult. Da ruft wer.

Wer ruft?

Ein männlicher Mensch ruft: »He. He, du, kleiner Junge, bleib doch mal stehen.«

Paul bleibt stehen. Aus dem Gebüsch tritt ein Mann und beugt sich zu Paul hinunter. »Was ist denn los? Hast du deine Mama verloren? Und deinen Papa? Bist du ganz alleine hier?«

Paul stößt unter Schluchzern irgendwelche unverständlichen Laute aus.

»Das macht doch nichts«, sagt der Mann, »ich habe dich ja gefunden.«

Paul nickt, weiterhin weinend.

Luise Huhn hat das beobachtet. Und sie mag das nicht. Sie mag den nicht. Und sie wundert sich gerade über sich selbst, denn normalerweise, wenn sie wen nicht mag, sagt sie ihm das so laut und deutlich, dass keine Missverständnisse entstehen. Jetzt aber bleibt sie still.

»Ich helf dir«, sagt der Mann zu Paul.

Paul schaut auf.

»Du bist doch sicher vom Campingplatz, oder?«

Paul nickt.

»Komm mit, ich bringe dich zurück und dann suchen wir deine Mama und deinen Papa, ja?«

Paul nickt wieder.

»Na, siehst du«, sagt der Mann und nimmt Paul bei der Hand.

Okay, das reicht, entscheidet Luise Huhn. Der sagt zwar, dass er helfen will, der Mensch, aber er geht ja in die komplett falsche Richtung, und überhaupt, sie mag das nicht, immer weniger mag sie das, sie schreitet ein.

Mit einem Satz stellt sich Luise Huhn vor dem Mann und Paul auf.

»Hühnchen«, sagt Paul.

»Kennst du den Hund?«, fragt der Mann.

Luise Huhn setzt einen sehr bösen Blick auf und fletscht die Zähne. Knurrend geht sie ganz langsam auf den Mann zu.

»Was soll denn das?«, sagt der. Gut, seine Angst ist zu hören. Oh, noch besser, zu riechen. »Ist das dein Hund?«

Paul antwortet nicht. Ihm scheint die Sache nicht geheuer. Er will dem Mann seine Hand entziehen, doch der packt fest zu.

Luise bellt. Einmal. Laut.

Der Mann erschrickt, dabei stolpert er ein paar Schritte zurück. Paul zieht er mit sich.

Luise bellt noch mal. Und noch einmal.

»Was ist, du blöde Töle? Was willst du von mir?«, wird der Mann jetzt angriffslustig. Er geht sogar wieder einen Schritt auf Luise zu. Doch sie spürt ganz genau, dass er eigentlich nur verstecken will, dass er Schiss hat. »Ich will dem Kind doch nur helfen«, sagt er.

Luise Huhn tut das Schlimmste, das wirklich Allerschlimmste, was ein Hund jemals und überhaupt tun kann, das Allerallerschlimmste: Sie beißt zu. Sie weiß nicht, warum sie das tut, sie tut es einfach. Sie macht einen Satz und schnappt nach dem Handgelenk des Mannes. Der schreit und lässt Paul los. Luise Huhn schmeckt das Blut des Mannes in ihrem Maul und an ihren Lefzen. Der Mann springt von ihr weg und hält sich den Arm. »Drecksviech!«, schreit er. »Schau, was du gemacht hast.« Das hat Luise Huhn noch nie gemacht. Das sagt sogar der Muttermensch immer. »Sie zwickt zwar, aber beißen tut sie nicht, hat sie noch nie.« Jetzt schon.

»Ich …«, sagt der Mann. Er macht ein schmerzverzerrtes Gesicht. »Also, wenn das dein Köter ist …«, sagt er zu Paul. Doch er beendet den Satz nicht. Mit einem leisen Wimmern macht er auf dem Absatz kehrt und stapft durch den Wald. 10, 20 Meter weiter beginnt er sogar zu laufen.

Paul und Luise Huhn bleiben zurück.

»Das war aber schlimm«, sagt Paul nach einer Weile ganz leise.

Luise Huhn sagt nichts.

Laut zieht Paul den Rotz in seiner Nase hoch. »Und jetzt?«, fragt er.

Jetzt suchen wir Lani und Sakura, die beiden Quasselgören, und Franzi, und dann gehen wir schwimmen und wir können nur hoffen, dass nicht schon andere die schönsten Plätze am See für sich in Anspruch genommen haben. Womöglich andere Hunde, auch das noch, schnell, kleiner Paul, komm jetzt, es wird Zeit.

Luise Huhn geht ein paar Schritte den Weg zurück und dreht sich zu Paul um.

Na, komm.

Paul stolpert ihr hinterher.

Gut. Luise Huhn legt einen Zahn zu.

»Nicht so schnell!«, ruft Paul.

In Ordnung, nicht so schnell. Aber schnell genug, bitte schön.

Und dann bleibt er auf einmal stehen. Was ist denn jetzt schon wieder?

»Du, Luise Huhn«, sagt Paul, »wir dürfen das nicht verraten, ja? Denn das war voll schlimm, was du gemacht hast, und es war auch voll schlimm, was ich gemacht hab, dass ich Lani verloren habe, und Sakura und Franzi, denn wenn Mama das hört, dann werde ich voll geschimpft und du auch und dann darf ich nicht mehr mit zum See und du auch nicht, okay?«

Okay, aber beeilen müssen wir uns trotzdem.

Na gut, beeilen hätten sie sich gar nicht müssen, denn der Mädchenmenschengeruch nach Sonnencreme und irgendetwas Süßem – Kaugummi vielleicht? – liegt so schwer zwischen den Bäumen, dass Luise sofort ihre Spur aufnimmt. Und sie kennt ja auch den Weg. Und am See sind die beiden Mädchen immer noch so in ihre Gespräche vertieft, die haben gar nicht mitbekommen, dass Paul mal eben verloren gegangen ist. Genauso wenig wie Franzi, die in der Zwischenzeit auf einem Badetuch seltsame Posen einnimmt und immer wieder in ihre Piepsmaschine grinst. Also tut Luise das, was in einer solchen Situation das einzig Richtige ist: Sie hüpft zu Lanis Rucksack und zerrt an der Öffnung, um ihren schönen blauen Ball herauszuholen, denn der kann nicht nur fliegen, der kann auch schwimmen, und ins Wasser fliegende Bälle, die dann da schwimmen, das ist das Beste überhaupt. Endlich kapiert auch mal Lani, was Luise von ihr will, und hilft ihr, den Ball herauszuholen, und gibt ihn Sakura, die ihn ganz weit wirft, was super ist, denn Sakura kann am weitesten werfen, platsch, ins Wasser, und Luise hinterher.

»Hast du das gesehen?«, fragt der Muttermensch den Vatermenschen.

»Was denn?«, fragt der zurück.

Es regnet in Strömen und alle hocken unter dem großen Dach vor der Blechbox und vertreiben sich die Zeit. Der Muttermensch liest Zeitung, der Vatermensch liest ein Buch, Lani und Sakura spielen ein Brettspiel, Franzi drückt wie immer auf ihrer Piepsmaschine herum und Paul fährt mit seinen Autos durch den nassen Boden, dort, wo der Regen unter das Dach hereinprasselt. Und Luise Huhn riecht an einer Socke. Die hat sie sich von Lani geklaut und mit unter den Tisch genommen, an dem Mutter- und Vatermensch sitzen. Luise ist entspannt. Natürlich wäre es schöner, es würde nicht regnen, denn Menschen sind sehr empfindlich, wenn es darum geht, nass zu werden. Aber wenn das Nass aus dem Himmel kommt und sie so viel unterwegs und so oft am See waren und die Mädchen sie so wenig haben schlafen lassen im Zelt, weil die einfach den Mund nicht zubekommen, selbst in der Nacht nicht, da ist so ein wenig Rumdösen genau das Richtige.

»Da, schau«, sagt der Muttermensch zum Vatermenschen und reicht ihm die Zeitung rüber. »Das ist der Wohnwagen von diesem Typen, der jedes Jahr da ist.«

»Wer?«

»Ich weiß nicht, wie der heißt, aber der ist Dauercamper, da, siehst du, der Fahnenmast, das ist ganz klar seiner.«

»Stimmt«, sagt der Vatermensch und vertieft sich in den Artikel.

Doch der Muttermensch redet weiter, diesmal allerdings leiser, das tun die erwachsenen Menschen immer, wenn sie nicht wollen, dass die Welpen mitbekommen, was sie reden. »Da steht, er musste die Rettung rufen, weil er im Wald von einem wilden Tier angefallen und verletzt worden ist.«

»Was für ein wildes Tier soll es denn da geben?«, fragt der Vatermensch.

Aber der Muttermensch spricht, jetzt noch leiser, weiter: »Und einer der Sanitäter hat auf einem laufenden Computermonitor zufällig was gesehen, Bilder, von Kindern, du weißt … Und jetzt wurde er festgenommen, weil da ein Zusammenhang vermutet wird zu einem Kind, das letzten Sommer verschwunden ist und …« Sie unterbricht sich und schielt zu den Kindern. »… und so«, beendet sie den Satz.

»Puh«, macht der Vatermensch und schaut zu Franzi, Lani und Sakura und Paul. »Puh«, sagt er noch mal.

»Genau«, sagt der Muttermensch.

»Vielleicht sollten wir das nächste Mal woanders …?«, fragt der Vatermensch.

»Reden wir ein andermal«, antwortet der Muttermensch.

»Okay.«

Und Luise Huhn schmatzt genüsslich vor sich hin. Was ist das für ein Geschmack an ihrem Bart? Seit ein paar Tagen hat sie den, den hatte sie zuvor noch nie.

Stimmt, vorgestern, da hat sie am Kiosk ein grünes Eis gefunden, das war super. Obwohl es natürlich das Schlimmste ist, was ein Hund tun kann, etwas zu fressen, was am Boden liegt.

WAIDMANNSHEIL

Edith Anna Polkehn

- Hallo? Hallo? Können Sie mich hören? Haben Sie Schmer-
zen?
  - Sie ist wieder weg. Blutung?
  - Steht. Sieht nach Stichverletzung aus.
  - Werte?
  - Blutdruck stabil 85 zu 55, Puls 142.
  - Sie kommt wieder.
  - Hallo? Hören Sie mich? Wir helfen Ihnen. Bleiben Sie
ganz ruhig, es kann Ihnen nichts mehr passieren. Sie sind
in Sicherheit.

*

Scheiße, auch das noch! Elena schlug mit der Faust auf das
Armaturenbrett. Der Motor des kleinen Corsa ruckelte,
stotterte und verschluckte sich. Mit den letzten rollen-
den Metern schaffte sie es gerade noch in eine Bushaltestelle am Straßenrand. Erst vor zwei Monaten hatte sie fast
700 Euro in die Reparatur investiert, und jetzt muckte der
Wagen schon wieder? Es war wirklich zum Verzweifeln.
Und gerade heute! Jetzt!

Seit den frühen Morgenstunden schneite es in dicken Flocken und es schien, als wollte es nie wieder aufhören. Es war erst 18 Uhr, aber sie wünschte sich nichts sehnlicher, als heimzukommen und die Welt da draußen zu vergessen.

Elena ließ den Kopf auf das Lenkrad sinken und ergab sich für einen Moment ihrer Verzweiflung. Der ganze Tag war schiefgelaufen, nein, mehr noch, er war einfach nur beschissen gewesen. Schon morgens hatte es wild geschneit und auf den Straßen hatte Chaos geherrscht. Sie war fast eine Stunde zu spät gekommen. Als sie vom Parkplatz zum Büro gestapft war, hatte sich ihr blauer Hosenanzug bis zu den Knien mit Schneematsch vollgesaugt und in ihren Schuhen hatten Pfützen gestanden. Sie war mitten in das Meeting geplatzt. Dr. Schön hatte sie vor allen mit einer bösartigen Bemerkung bedacht und seinen Blick missbilligend über ihre nasse Hose gleiten lassen. Dieser widerliche Kotzbrocken!

In den wenigen Minuten, die sie nun in dem Haltebereich vor der Bushaltestelle stand, war die Frontscheibe bereits voller Schnee. Der Scheibenwischer ließ sich nicht mehr betätigen, der kleine Wagen war endgültig tot.

Elenas Augen brannten. Müdigkeit und Leere machten sich in ihr breit. Das Handy! Wen sollte sie anrufen? Robert? Nein. Der hatte Dienst. Den Notruf? Den ADAC? Sie konnte doch nicht hierbleiben. Gott sei Dank hatte sie wenigstens Empfang und der Akku sollte auch noch einige Zeit reichen.

Elena wählte die Nummer des Pannendienstes und tatsächlich meldete sich nach einigen Versuchen eine freundliche Stimme. »Im Moment sieht es schlecht aus. Alle Fahrzeuge sind im Einsatz. Momentan ist die Hölle los! Überall sind Fahrzeuge liegen geblieben, Polizei und Pannenfahrzeuge sind bei einem Großeinsatz. Auch da geht nichts mehr. Alle Fahrzeuge vom Winterdienst sind unterwegs. Es tut mir leid, aber einen Pannenhelfer können wir im Moment nicht schicken. Vielleicht finden Sie eine Mitfahr-gelegenheit nach Hause? Und wir regeln das mit dem Fahr-zeug morgen?«

»Nun gut, ich muss das Beste draus machen«, sprach Elena sich selbst Mut zu. »Wen kann ich anrufen?«

Robert war unabkömmlich. Vielleicht Susanne? Aber die traute sich bei dem Wetter nicht vor die Tür. Sie würde wohl noch ein wenig ausharren müssen. Wenigstens waren noch zwei Bananen in der Handtasche und eine Schachtel mit Keksen. Verhungern würde sie sicherlich nicht. Hier mit einem geladenen Handy trocken im Auto zu sitzen, das war aushaltbar, das würde sie schon schaffen. Viel-leicht käme auch bald ein Schneepflug. Dann könnte sie sich an die Straße stellen. Mit etwas Glück konnte sie bei jemandem mitfahren.

Was für ein schrecklicher Tag! Elena zog den Mantel enger um sich, lehnte den Kopf zurück und schloss die Augen.

*

- *Nicht einschlafen, nicht einschlafen. Bleiben Sie da! Schauen Sie auf meine Hand! Können Sie meine Finger sehen?*

- *Keine Angst, ich tue Ihnen nichts. Hören Sie, es geht Ihnen gut, Sie sind in Sicherheit.*

- *Wir sind bereits unterwegs ins Klinikum. Alles ist gut, haben Sie mich verstanden? Alles ist gut. Keine Angst mehr, Sie haben nichts zu befürchten.*

- Wir legen Ihnen jetzt einen Zugang. Es pikt ein wenig, erschrecken Sie nicht! Sie bekommen eine Infusion, das wird Ihnen guttun.
- Bleiben Sie! Nicht einschlafen, nicht einschlafen! Hallo …

*

Ein Klopfen an die Scheibe schreckte Elena auf.

Sie hatte das Auto nicht bemerkt, das vor ihrem Fahrzeug in die Haltebucht gerollt war. Durch die Schneeschicht auf ihrer Windschutzscheibe leuchtete rot das Rücklicht eines großen Wagens. Gerade überlegte sie, ob sie aussteigen sollte, da wischte eine Hand den Schnee auf der Seitenscheibe ihres Opel weg. Sie erschrak. Ein Männergesicht lächelte zu ihr herein. Elena kurbelte die Scheibe einige Zentimeter herunter.

»Brauchen Sie Hilfe?«, fragte der Mann. Unschwer war er als Jäger zu erkennen. Dunkler Loden, ein großer, schwerer Geländewagen. Auf seinem Filzhut mit einem frischen Tannenzweig unter dem Band sammelte sich schon eine Schicht Schnee. Es erschien Elena unhöflich, den hilfsbereiten Mann durch den dünnen Spalt abzufertigen. Deshalb ließ sie die Scheibe noch ein wenig mehr herunter. Sofort flogen ihr dicke Flocken ins Gesicht und setzten sich auf der schwarzen Innenverkleidung des Corsa ab.

»Danke, nein!«, sagte sie. »Ich warte noch ein wenig. Der Winterdienst wird sicher bald kommen. Es macht mir nichts aus, hier zu warten.«

»Ob Sie das aussitzen können?«, fragte der Mann freundlich. »Am Autobahnkreuz war eine Massenkarambolage wegen des Schnees. Jetzt sind wohl alle Schneepflüge und Abschleppwagen auf den Autobahnen unterwegs. Man soll möglichst von den Straßen runter, weil Winterdienst und Polizei wegen des Schneechaos überlastet sind. Haben Sie das nicht im Radio gehört? Sie haben gesagt, am besten sollte man zu Hause bleiben und warten, bis sich die Lage entspannt.«

Tatsächlich erinnerte sich Elena an die Radiomeldung des Verkehrsfunks. Aber da sie die Autobahn nicht benutzte, hatte sie nur flüchtig hingehört. Aber ja, die Dame vom Pannendienst hatte das Chaos auf den Straßen auch erwähnt.

»Soll ich Sie nicht doch heimbringen?«, fragte der Mann.

»Ich bin auf dem Nachhauseweg. Aber wenn Sie hier ausharren wollen, gerne! Ich will Sie nicht bedrängen. Ich habe einen Allrad, da kann ich Sie sicher mitnehmen.«

Der Mann schüttelte kurz den Kopf, um seinen Hut vom Schnee zu befreien. Das Wetter war mehr als unfreundlich. Es war dunkel und bereits empfindlich kalt in dem ungeheizten Auto. Elena durchfuhr ein Zittern. Vielleicht sollte sie ja doch nicht hier warten.

»Danke«, sagte sie. »Wenn es Ihnen wirklich nichts ausmacht, nehme ich Ihr Angebot an. Es sind aber sicher noch mindestens 20 Kilometer zu mir nach Hause. Das Auto kann ich stehen lassen und mich morgen drum kümmern.«

Der Mann lächelte. Er hatte schöne Zähne und sympathische Lachfältchen um die Augen.

»Na, dann steigen Sie mal bei mir ein. Das ist schließlich ein Ausnahmefall, ein Notfall, ein richtiger Notfall«, meinte er und ging bereits zu seinem Fahrzeug zurück. Elena überprüfte nochmals den Inhalt ihrer Handtasche, zog den Zündschlüssel ab und flüchtete durch den Schnee in das andere Fahrzeug. Sie ließ sich auf den Beifahrersitz fallen. Dann erst verschloss sie mit der Fernbedienung ihr Fahrzeug.

»Waidmannsheil«, begrüßte sie der Mann. Er zog einen frischen Tannenzweig hinter der Sonnenblende hervor und reichte ihn Elena.

*

- Sehen Sie, sie hat einen Tannenzweig in der Mütze stecken. Seltsam.
- Ja, hier ist einiges seltsam. Wie ist die Körpertemperatur?
- 33,7 Grad. Sie ist stark unterkühlt. Wärmedecke!
- Hören Sie mich? Können Sie sprechen? Sagen Sie Ja, wenn Sie mich verstehen. Können Sie mich hören?
- …
- Versuchen Sie es, versuchen Sie es!
- … ja …
- Gut, das ist gut. Wir bringen Sie in die Klinik. Ich bin Dr. Klein, ich bin für Sie da. Ihr Zustand ist stabil, Sie müssen sich keine Sorgen machen. Die Fahrt wird noch etwas dauern. Sie wissen ja, der Schnee …
- … ja …

*

»Wie nett von Ihnen«, sagte Elena und nannte dem Jäger ihre Adresse. Sie schnupperte an dem frischen Grün und steckte den Zweig in den Rand ihrer Mütze. Wie angenehm das roch! Aber sonst waberte ein seltsamer Geruch durch das Fahrzeug, modrig und irgendwie ekelhaft.

Noch bevor sie starteten, drehte sich Elena um. Im Kofferraum des Wagens, hinter einem metallenen Trenngitter, standen zwei große silbergraue Hunde und blafften kurz, als Elena sie ansah. Sie wirkten nervös und tänzelten herum, soweit es der enge Platz zuließ.

»Oh, sind die schön! Das sind Weimaraner. Die sieht man selten. Sind das Ihre Jagdhunde?«, fragte sie aus ehrlichem Interesse. Mit Hunden kannte sie sich gut aus. Opa Willi hatte auch einen Weimaraner gehabt, Lucy, eine verspielte und aktive Hündin, viel zu fordernd für Opa Willi. Weimaraner sind Jagdhunde mit großem Bewegungsdrang, das wusste sie seit damals. Oma, Opa, die Eltern, Susanne und sie selbst hatten gut damit zu tun gehabt, die agile Hündin zu beschäftigen. Aber Lucy war eine kluge und sehr einfühlsame Hausgenossin gewesen. Ach, Lucy!

»Ja, richtig! Dass Sie die Rasse kennen, wundert mich. Das sind Ludo und Kassia. Sie sind vier und knapp zwei Jahre alt. Kassia ist die Kleinere, sie ist noch in der Ausbildung, aber ich habe wenig Hoffnung für sie. Sie ist nicht scharf genug und immer noch viel zu verspielt. Ich werde sie wohl wieder abgeben.«

»Das ist sicher traurig für Sie«, meinte Elena, doch der Jäger zuckte nur mit den Schultern. »Was soll ich mit ihr, wenn sie nicht für die Jagd taugt?«

Elena konnte sich nicht vorstellen, einen Hund, den man liebte, einfach wegzugeben, aber mit der Jagd kannte sie sich nicht aus. Hier galten wohl andere Gesetze. Lucy, die sie durch Kindheit und Pubertät begleitet hatte, hätte sie niemals weggeben können. Was hatte sie Lucy nicht alles anvertraut damals? Und selbst jetzt, fast 20 Jahre später, fehlte ihr die Hündin noch manchmal.

Aber Jäger dachten da wohl anders und deshalb waren sie ihr auch ein wenig suspekt. Sie konnte sich nicht vorstellen, dass man einfach so auf ein wehrloses Tier schoss. Wildbret hatte ihr aus diesem Grund noch nie geschmeckt, doch bei Fleisch war sie sowieso recht empfindlich. Seit einigen Jahren ernährte sie sich vegetarisch, denn Massentierhaltung und andere Grausamkeiten konnte sie nicht gutheißen.

»Ich bin Elena Förg«, sagte sie, um vom Thema Jagd wieder wegzukommen.

»Thomas Burkhardt«, meinte der Jäger knapp, »aber Thomas reicht.«

Der Mann startete den Wagen und bog auf die Straße ein. Elena starrte in den Lichtkegel der Scheinwerfer. Die Flocken des Schneegestöbers flogen wild auf die Scheibe zu und ließen kaum die Fahrbahn erkennen.

Die Luft in dem Fahrzeug roch klamm. Im Fußraum des Wagens waren Erde, Tannennadeln und Feuchtigkeit. Auch die nassen Hunde konnte Elena deutlich riechen. Aber da war noch etwas anderes, ein Geruch, den sie nicht zuordnen konnte.

*

- *… bitte …*
- *Was ist? Was wollen Sie mir sagen?*
- *… bitte … Luft … Luft …*
- *Atmen Sie ganz ruhig, ganz ruhig. Sie müssen sich nicht aufregen, es passiert Ihnen nichts mehr. Sie bekommen Sauerstoff, atmen Sie ruhig und gleichmäßig.*
- *… Luft …*
- *Ein und aus, ein und aus, ja, gut so. Sie machen das wunderbar. Ganz ruhig atmen, dann geht es Ihnen besser. So ist es gut, ein und aus, ein und aus …*
- *… Robert …*
- *Ist Robert Ihr Mann?*
- *… Robert … ja …*

- Dann ist er schon verständigt. Er wartet im Kranken-
haus auf Sie.

- ... gut ...

*

Die Hunde fiepten, einer bellte mehrmals kurz auf. Elena
drehte sich zu den beiden Tieren um.

»Passt euch wohl nicht, hier im Wagen eingesperrt zu
sein«, sprach Elena die Hunde an. Ihr Herz war den beiden Tieren gleich zugeflogen, dieses zarte Fiepen war ihr
so vertraut, der aufmerksame Blick aus bernsteingelben
Augen ebenfalls. Sofort waren die Hunde still. Sie hoben
die Ohren und blickten sie klug und neugierig an. Elenas
Stimme schien sie zu beruhigen, und so redete sie weiter. »Ihr seid ganz besonders hübsche Hunde. Und solch
schöne Namen, Ludo und Kassia. Wisst ihr, dass ich mal
eine Lucy gehabt habe? Die war genauso schön wie ihr.«

Jedes der Tiere drehte den Kopf, als es den eigenen
Namen erkannte. Jetzt, da sie sich umgewandt hatte, fiel ihr
der strenge Geruch im rückwärtigen Teil des Wagens noch
viel stärker auf. Was das wohl war? Suchend sah sie sich
um, während sie weiter mit den Tieren sprach. »Ihr wollt
lieber laufen, stimmt's? Draußen spielen und toben und
euch im Schnee wälzen. Das kann ich mir schon denken.«

Die Hündin Kassia, etwas kleiner und heller als Ludo,
fiepte wieder, es schien, als wollte sie antworten.

»Ja, ich weiß schon, was Hunde mögen. Meine Lucy war
ganz wild auf Schnee. Aber ein bisschen kraulen wäre auch
nicht schlecht, oder?«

Die Hunde hörten aufmerksam zu und gaben leise Laute
von sich, wenn Elena wieder still wurde.

»Sie sollten nicht mit den Tieren sprechen, das verwöhnt sie nur. Das sind keine Schmusehunde, das sind Schweißhunde für die Jagd«, sagte der Jäger knapp und scharf. Ein seltsamer Typ, dachte sie, aber sie schwieg. Ihr Blick fiel nun auf den Rücksitz, auf dem ihr ein großer Fleck ins Auge sprang. Feucht und dunkel. Ein Wasserfleck vom Schnee. Oder etwas anderes?

Sie drückte sich etwas im Sitz nach oben, um einen Blick in den Fußraum zu werfen. Dort lag ein Plastiksack oder eine Plane. Was wohl darunter war?

»Ich habe ein überfahrenes Reh aufgeklaubt«, sagte der Jäger und einer der Hunde blaffte kurz und knurrte dann. »Erschrecken Sie sich nicht, das Reh wird Ihnen sicher nichts tun. Da sind die Hunde weit gefährlicher.«

Aha, daher kam also der unangenehme Geruch, der ihr aufgefallen war. Welch ekelhafte Vorstellung, mit einem toten Reh im Auto zu sein!

*

- *... Reh ... tot ...*

- *Was haben Sie gesagt? Reh? Nein, wir haben kein Reh gesehen. Nein, das haben Sie sicher geträumt. Es gab nirgendwo ein Reh, kein totes und auch kein lebendes.*

- *... Reh ... Auto ...*

- *Sprechen Sie von einem Autounfall? Mit einem Reh? Wir wissen nichts davon. Machen Sie sich jetzt keine Gedanken, das wird sich alles aufklären. Haben Sie keine Angst, wir sind bald in der Klinik.*

*

»Das sind wirklich sehr schöne Jagdhunde«, lenkte Elena ab. Sie wollte nichts von dem toten Reh wissen und auch nichts von dem großen dunklen Fleck auf der Rückbank. Sie wollte nach Hause, die Tür aufsperren, sich aufs Bett werfen und den schrecklichen Tag hinter sich lassen. Noch musste sie durchhalten, freundlich sein und froh, dass sie eine Mitfahrgelegenheit hatte.

»Wie gesagt, das sind Weimaraner. Gute Jagdhunde, spurwillig, aktiv, intelligent. Verletztes Wild finden sie mit absoluter Sicherheit, sie orientieren sich am Blutgeruch. Da kommen sie dann richtig in Fahrt. Nur Kassia ist als Schweißhund nicht geeignet. Aber Ludo fährt voll auf Blut ab«, sagte der Mann.

Schon wieder war er bei seinen gruseligen Jagdthemen gelandet. Elena suchte in der Tasche nach dem Handy und tat, als würde sie eine Nachricht lesen. Kein Empfang! Verflucht aber auch!

Sie sollte Robert anrufen, ja, Robert. Aber wie, wenn man keinen Empfang hatte? Der Mann neben ihr durfte ihre Angst nicht spüren. Und er sollte keinesfalls wissen, dass hier kein Empfang war.

»Ludo hat das Reh gefunden. Wissen Sie, das ist wirklich kein schöner Anblick, ein Reh, das unter ein Auto geraten ist und das sich dann in den Wald schleppt und verendet.«

Elena verstaute das Handy wieder in der Tasche und streifte den Jäger mit einem kurzen Blick. Der Mann wirkte angespannt, doch das war auch kein Wunder, denn er musste den Wagen durch den Schneesturm navigieren. Angestrengt starrte er durch die Scheibe nach vorne. Er schien ein sicherer Fahrer zu sein, denn er redete trotz seiner konzentrierten Fahrweise weiter.

»Bei der Jagd darf man keine Berührungsängste haben. Man muss manchmal einen toten Fuchs mitnehmen oder auch ein Wildschwein. Da darf man nicht empfindlich sein. Schießen ist das reine Vergnügen dagegen. Aber zimperlich darf man auch hier nicht sein, wie überhaupt im Leben.«

Die Hunde bellten wieder kurz auf, einer der beiden knurrte. Seltsam. Es schien, als wollten sie Thomas' Ausführungen genauso wenig hören wie Elena.

Nein, sie wollte nichts von toten Füchsen und Wildschweinen wissen. Sie wollte auch nicht mit einem toten Reh im Auto sein und diesen ekelhaften Geruch einatmen. Nein, nein, nein, das war nicht ihre Welt.

»Wissen Sie, wie man mit einem geschossenen Reh umgeht?«, fragte der Jäger weiter. Elena schnürte es die Kehle zu. »Man muss schon mal den Schuss so setzen, dass man nicht den Verdauungstrakt verletzt, sonst sind viele Teile unbrauchbar. Wenn der Schuss sitzt, dann ...«

»Das will ich nicht wissen!«, warf Elena energisch ein. Sie drehte sich wieder um und erzählte den Hunden das, was sie für sich selbst erhoffte. »Bald habt ihr es geschafft und dürft aussteigen. Ihr seid zwei liebe, geduldige Hunde.« Ludo und Kassia machten wieder sanfte Geräusche, ein leises Summen, zart und freundlich, fast wie das Schnurren einer Katze. Sie neigten ihre Köpfe im selben Takt, die Ansätze der Ohren bewegten sich und zeigten, wie angespannt und aufmerksam sie Elenas Worten folgten. Ob sie verstanden, was sie sagte? Oder verstanden sie nur die Befehle ihres Herrn? Konnten sie in Elenas Tonfall lesen, dass sie Hunde mochte?

»Ihr seid wirklich zwei ganz besonders schöne und kluge Hunde«, wiederholte sie und drehte sich wieder nach vorne. »Und Sie sollten sich auf die Fahrt konzentrieren. Ich will Ihre Jagdgeschichten nicht hören.«

Der Mann starrte in die weißen Flocken, die die Scheibenwischer in schnellem Takt wegwischten. Trotzdem sprach er unbeirrt weiter.

»Wenn der Schuss sitzt, dann fällt das Tier gleich um. Manche Jäger warten dann zehn Minuten, damit das Reh, sollte es nicht gleich tot sein, im Angesicht des Todes nicht noch die Angst vor dem Menschen verspürt. Sie nehmen den Hut ab und verneigen sich, aus Respekt vor dem Tod und aus Respekt vor dem Tier, dem sie das Leben genommen haben.«

*

- ... nicht ... sterben ...

- Nein, Sie werden nicht sterben. Was reden Sie? Wir haben Sie stabilisiert. Ihr Puls ist regelmäßig und schon viel kräftiger. Ihr Blutdruck ist auch besser. Alle Werte bessern sich. Sie werden nicht sterben.

- ... nein ... nicht sterben ...

- Nein, machen Sie sich keine Sorgen. Alles wird gut.

- ... Schnee ... kalt ...

- Es wird Ihnen gleich wärmer werden, keine Sorge. Alles wird gut, alles wird gut.

*

Elena starrte nun durch die Seitenscheibe in die Nacht und in den Schnee und wünschte, der Mann wäre endlich still. Bald müsste doch die Abzweigung kommen. Dann wäre das schlimmste Stück der Strecke geschafft und sie wären in wenigen Minuten auf der Bundesstraße.

»Wo sind wir? Kommt nicht bald die Abzweigung?«,

fragte sie, um das Gespräch herumzureißen. Doch er ging nicht auf ihre Worte ein.

»Manche Jäger machen das so. Aber es ist Blödsinn. Das Tier ist tot und wird auch nicht mehr lebendig. Es hat nichts von meiner Verbeugung, so ein Quatsch! Das Tier wird an Ort und Stelle aufgebrochen …«

»Jetzt hören Sie doch endlich auf! Das interessiert mich nicht. Ich will das nicht hören.«

»Haben Sie überhaupt schon mal ein totes Reh gesehen?«, fragte der Mann. Seine Augen glitzerten kalt, die Lachfalten waren verschwunden. »Oder einen toten Menschen?«

Elena fröstelte. Worauf hatte sie sich da eingelassen?

Der Mann ist verrückt, schoss es ihr durch den Kopf. *Ich sitze mit einem Wahnsinnigen im Auto und ich kann nicht einmal aussteigen.*

Der Geländewagen pflügte durch den Schnee, ruhig, gleichmäßig, fast ohne Rutschen. Ab und zu heulte der Motor laut auf, doch dann griffen die Reifen wieder auf der schneeglatten Bahn und der Wagen fuhr zuverlässig weiter. Da vorne war die Abzweigung im Licht der Scheinwerfer zu erkennen. Von hier aus wären es nur noch 15 Kilometer nach Hause, doch der Mann fuhr an der Abbiegung vorbei, geradeaus, einfach weiter.

»Wo fahren Sie hin? Sie haben die Abzweigung übersehen. Sie hätten rechts abbiegen müssen!«

In Elenas Stimme schwang Furcht mit.

»Machen Sie sich keine Sorgen«, sagte der Jäger. »Die Straße ist bei Grafenberg gesperrt, ein Unfall, das kam vorhin im Verkehrsfunk. Ich weiß eine Forststraße durch den Wald, da ist es geschützter und mehr Schnee als hier kann dort auch nicht sein. Außerdem sparen wir locker zwei oder drei Kilometer.«

Das klang vernünftig, doch das Herzklopfen ließ sich nicht abschalten. Die Hunde begannen, wie wild zu kläffen. Irgendetwas stimmte hier nicht. Das Fahrzeug holperte nun in den Waldweg. Der Motor heulte mehrfach auf, doch der Allradantrieb fing den Wagen immer wieder ab. Die Hunde hörten auf zu bellen, heulten, dann knurrten sie wütend. Elena klammerte sich an dem Haltegriff fest. Ihr Kopf knallte schmerzhaft an das Fenster.

»Sind Sie verrückt? Fahren Sie zurück auf die Straße. Ich will nach Hause. Ich will hier raus, lassen Sie mich raus!«

Panik erfasste Elena. Es war Nacht und sie hatte keine Ahnung, wohin er fuhr. Wie vertrauensselig war sie gewesen, wie dumm! Wie dumm!

Weg, weg von dem Verrückten, aber wohin? Sie konnte doch nicht aus dem fahrenden Jeep springen.

»Hören Sie, ich will nach Hause. Halten Sie an, ich will ...«

Thomas blickte kurz zu ihr. Seine Augen lächelten jetzt nicht mehr, sondern waren schwarz und kalt. Er stoppte.

*

- ... nach Hause ... bitte ... nach Hause ...

- Ja, Sie kommen wieder nach Hause. Erst fahren wir in die Klinik. Es ist nicht mehr weit. Nur noch einige Minuten.

- ... bitte ... bitte ...

- Jaja, Sie dürfen dann wieder nach Hause.

*

Stille. Kein Motorengeräusch mehr. Kein Gebell mehr. Flockenwirbel im Kegel der Scheinwerfer. Dichter Wald um sie herum. Nirgendwo ein Auto, nirgendwo ein Haus, keine Menschenseele weit und breit. Nur dieser Wahnsinnige!

Elena zerrte an der Tür, vergebens. Gesichert, abgeschlossen. Dann plötzlich Dunkelheit. Thomas hatte die Scheinwerfer ausgeschaltet.

»Na?«, sagte er lächelnd. »Wo willst du hin? Wir sind da. Dort oben ist meine Jagdhütte. Wir werden uns dort noch ein wenig die Zeit vertreiben, meine Kleine!«

Herzrasen.

Keine Luft.

Weg, weg, weg!

Wild rüttelte Elena an der Beifahrertür. Nun spürte sie ihn, hinter sich, über sich. Zu nah.

Kurz sah sie sein Gesicht.

Schöne Zähne. Und kein Lächeln.

Flockenwirbel.

Seine Hände schienen überall zu sein, an ihrem Körper, ihren Beinen. Elena schrie, keuchte, arbeitete gegen den viel kräftigeren Mann an. Dann biss sie zu, in die Hand, die ihr den Mund zuhalten wollte. Sein Schrei war lauter als ihrer.

Spitzer Schmerz, seitlich. Adrenalin, Hitze, Angst und Wärme, die sich ausbreitete. Der Geruch nach Metall.

Schnee und Nacht. Ohne Schmerz, ohne Gefühl sackte sie zusammen.

»Waidmannsdank«, hörte sie den Mann sagen.

Dunkelheit. Die Hunde heulten wie verrückt, wütend. Dann war es still.

*

- Hallo! Hallo! Wachen Sie auf. Ja, gut so, machen Sie die Augen auf. Sprechen Sie mit mir, bleiben Sie bei uns.

- ... Hunde ... bellen ... Hunde ...
- Ja, da waren Hunde. Sie haben recht. Zwei Hunde. Erzählen Sie uns davon.
- ... Ludo ... Kassia ...
- Nicht einschlafen! Sprechen Sie mit uns. Was war mit den Hunden?
- ... liebe Hunde ... nicht böse ...

*

Es dauerte, bis Elena das schabende Geräusch verstand. Das war sie, das war ihr Körper, den der Mann durch den Schnee zog. Das Geräusch verstummte sofort, als er sie neben den aufgeschichteten Holzscheiten vor der Hütte ablegte.

Wo war der Schmerz? Ihr linker Arm tat höllisch weh, doch die Seite und ihr Bauch schienen unversehrt. Sie musste sich tot stellen. Ihn nicht reizen. Vielleicht konnte sie fliehen, vielleicht, vielleicht.

Durch die halb geöffneten Lider sah Elena den Lichtkegel seiner Taschenlampe. Er ging zurück zu dem Wagen und öffnete die Heckklappe. Mit lautem Gebell stürzten die Hunde heraus und jagten durch den Schnee. Schweißhunde, wild nach Blut!

Die Tiere sprangen durch den hohen Schnee auf sie zu. Jetzt würde es gleich vorbei sein, endgültig.

Starr presste sich Elena in das kalte, nasse Weiß um sie herum. Nun war sie das waidwunde Reh, das die Hunde aufspüren und töten würden. Dunkelheit und Kälte umfingen sie, umarmten sie zärtlich. Jeder Schmerz war fern, die Panik wich so plötzlich, wie sie gekommen war.

Das Einzige, was sie noch spürte, war die Wärme der Träne, die über ihre Wange rollte. Dann fuhr eine raue

Zunge über ihre Wange, leckte die Träne weg und fuhr warm und sanft streichelnd über ihr Gesicht.

Elena wagte kaum zu atmen. Die Hunde waren doch gefährlich, hatte er gesagt. Sie liebten Blut, Schweißhunde, sie jagten blutendes Wild. Sie sind Schweißhunde, Bluthunde, sie wollen Blut. Elena blinzelte. Über ihr, groß und dunkel, erkannte sie den Kopf der Hündin. Kassia, die zur Jagd nicht geeignet war, zu sanft, hatte er gesagt, zu sanft und zu lieb. Unablässig fuhr die Zunge über Elenas Gesicht. Kassia, Lucy …

Eine Autotür fiel ins Schloss, gleich würde er kommen. Wenn es nicht die Hunde zu Ende brachten, dann er.

Schritte im Schnee, immer näher, immer näher.

Das Knurren eines Hundes, nein, zweier Hunde. Das tiefe Blaffen des Rüden, ein dumpfes Geräusch, ein Aufheulen.

Unwillkürlich öffnete Elena die Augen. Die Lampe, mit der er vorhin zum Wagen gegangen war, hing nun unter dem Vordach der Hütte. Ludo, es musste Ludo sein, lag seitlich im Schnee und klagte laut. Hatte er dem Hund einen Tritt verpasst? Brutal und grausam? Winselnd verzog sich Kassia und lief zu ihrem Gefährten.

Der Jäger stieg über Elenas Körper, öffnete die Hüttentür, zog sie über den Bretterboden ins Innere der Jagdhütte und legte sie wie totes Wild ab. Kälte kroch nun in Elenas Körper.

Das Klappern von Metall, das Knarzen einer Tür. Von draußen hörte sie das Weinen der Hunde.

»Verflucht!«, stieß er aus. Er stieg erneut über sie und ging nach draußen. Elena drehte den Kopf, erkannte einen kleinen Kanonenofen, das Türchen geöffnet. Er holte Holz, für einige Sekunden war er verschwunden, sie musste ihre

Chance nutzen. Los, aufstehen, bewegen, sich wehren. Jetzt konnte er sie nicht sehen, jetzt musste sie sich aufsetzen ... jetzt ...

Elena rappelte sich hoch. Sitzen konnte sie, aber zum Aufstehen fehlte ihr die Kraft.

Weg, weg, weg! Abstützen, aufstehen, weg! Ihre Hand suchte Halt am Boden und der Hüttenwand. Da! Metall! Ein langes Teil. Der Schürhaken!

Elena packte das Griffende. Erschöpft sank sie zu Boden und schob ihr Bein über den Haken. Er sollte ihn nicht sofort sehen. Jetzt hatte sie eine Waffe, jetzt hatte sie Hoffnung. Sie schloss die Augen, um Kraft zu sammeln.

Der Mann stieß die Tür auf. Schnee und Kälte fuhren in die Hütte. Er kniete vor dem Ofen nieder und schichtete Holz hinein. Zeitungspapier raschelte. Das Ratschen eines Streichholzes. Sie sah zum Ofen. Sein Gesicht spiegelte das Orange der Flammen wider und wirkte dennoch kalt. Unvermittelt wandte er den Kopf zu ihr und sie wusste, dass er ihren Plan erkannte.

Ein Reflex, ein Bündeln aller Kräfte, und der Schürhaken fuhr herunter. Elena hörte noch einen kurzen Aufschrei, ein Geräusch, das verriet, dass sie getroffen hatte, dann wurde sie bewusstlos.

*

- ... Jäger ... tot ... tot ...

- Ruhig, ruhig, bleiben Sie liegen. Nicht aufsetzen. Nein, alles ist gut. Sie sind im Rettungswagen. Sie sind in Sicherheit.

- ... wehren ... tot ...

- Alles gut. Das interessiert uns hier nicht. Die Polizei wird *das regeln. Erst einmal werden Sie gesund, dann wird sich die Polizei um den Vorfall kümmern.*

- ... Hunde ...

- Die Hunde haben Sie gerettet. Ein Kollege der Polizei kümmert sich um die Tiere. Ein Hund ist verletzt, aber das wird alles gut.

- ... Robert ...

- Der ist bereits verständigt, ruhig, ruhig, gleich haben Sie es geschafft.

- Sie ist wieder weg. Blutdruck wieder 80 zu 50.

*

Das Erste, was Elena wahrnahm, war der Geruch von Desinfektionsmitteln, danach die Wärme und schließlich ein gleichmäßiges Piepen. Keine Kälte, kein Modergeruch, kein totes Reh, keine Angst, kein Wahnsinniger. Alles fühlte sich richtig an, nach Sicherheit, nach Krankenhaus und Hilfe.

Wo waren die Hunde?

Ihre Lider zuckten, aber es gelang ihr nicht, die Augen zu öffnen. Sie musste sich doch aufrichten, die Augen öffnen, sehen, wo sie war. Eine Hand drückte sie nieder.

»Bleib liegen, Elena!« Robert. Roberts Stimme. Liebe und Wärme durchfluteten Elena. »Alles ist gut, es geht dir gut, du bist hier ganz sicher. Niemand wird dir etwas tun. Ruh dich aus, schlaf weiter. Ich passe auf dich auf. Du brauchst jetzt Ruhe.«

»... Hunde ...?«

Ob Robert neben ihrem Bett das überhaupt verstanden hatte? Krächzend klangen ihre Worte, alles war so anstrengend.

»Die Hunde? Die Hunde haben dich gerettet. Einer ist in der Nacht in einer Tankstelle aufgetaucht. Total aufgeregt. Er lief immer wieder zurück, als wollte er dem Tankwart zeigen, dass er mitkommen sollte. Der rief dann die Polizei. Und tatsächlich hat einer der Polizisten den Hund verstanden. Es war ein ganzes Stück Weg, aber er hat dich gefunden. Der andere Hund lag bei dir, er war verletzt, aber er hat dich gewärmt. Der Polizist hat dich in einem Jeep, der dort stand, nach unten zur Tankstelle gebracht. Und da hat bereits der Notarztwagen gewartet.«

Elena warf unruhig den Kopf herum. Und der Mann? Der Jäger?

»Die Hunde sind bei dem Polizeibeamten, der dich geholt hat, er kennt sich mit Hunden aus. Es geht ihnen gut.«

»… Jäger …«

»Er wird dir nichts mehr tun. Er ist in einer Klinik in München und wird gerade operiert. Aber jetzt schlaf, schlaf dich gesund! Alles wird gut.«

»… Robert … Hunde … behalten …«

Elenas Stimme war nur ein Flüstern, die Müdigkeit übermannte sie wieder.

»Das werden wir, das werden wir.«

NANUK, DER WOLF

Stefanie Gregg

»Der Behinderte kann nicht mit. Den müssten wir auf dem Flughafen noch mit dem Rollstuhl fahren.«

Samuels Hand umfasste das Geländer ein Stück fester. Eigentlich hatte er sich längst daran gewöhnt, dass sie ihn so nannte. Immerhin hielt sie sich meist zurück, wenn er mit ihnen im Zimmer war. Als ob er sie nicht auch außerhalb des Zimmers hören könnte. Hören konnte er sogar sehr gut. Viel besser als andere. Er hörte, ob der Schnee in Flocken oder in eisigen Sternchen auf den knirschenden Boden fiel. Er hörte, wie viele Vögel sich im Garten befanden. Er hörte sogar am Umdrehen des Schlüssels, wer das Haus betrat. Bei seinem Vater klang der Schlüssel im Schloss vorsichtig und ein wenig ängstlich. Beim peniblen Hauslehrer Johann so, als ob er sogar die Tür immer korrekt behandeln wollte. Und bei seiner Mutter hart, schnell und aggressiv.

Er merkte, dass seine Hand weiterhin das Geländer umkrallte. Nicht wegen des Wortes »Behinderter«. Sondern weil er schon gestern Abend gehört hatte, dass sein Vater von der bevorstehenden London-Reise gesprochen und seine Mutter gefragt hatte, ob sie ihn nicht für das darauffolgende Wochenende begleiten wolle. Genau genommen hatte er gesagt: »Wollt ihr nicht für das Wochenende kommen?« Ihr. Nicht du. Er hatte damit auch Samuel gemeint. Es war lange her, dass sie ihn irgendwohin mitgenommen hatten. Als kleiner Junge durfte er sie noch begleiten, aber nun längst nicht mehr. Mit seinen 14 Jahren wurde er seiner Mutter wohl noch peinlicher. Man konnte ihn nicht mehr in einem Kinderwagen verstecken.

Samuel wäre gerne mit nach London gekommen. Hätte gerne den Lärm einer Großstadt gehört, die vielen Menschen, die an ihm vorbeiströmten. Er wäre gerne mal wieder U-Bahn gefahren. Dort roch es schrecklich, aber eben auch herrlich aufregend. Er bemühte sich dann immer herauszufinden, ob sein Gegenüber rauchte. Der Zigarettendunst umgab Raucher meist noch lange. Am Parfum wiederum erkannte er, ob Frauen oder Männer ihm gegenübersaßen. Oft roch Samuel sogar, ob junge oder ältere Menschen ihm gegenübersaßen. Sie benutzten unterschiedliche Düfte. Die jüngeren fruchtige, leichte, auch flüchtigere, weil sie wohl günstiger waren. Ältere Damen nahmen gerne schwere, teure Moschus-Bouquets, die noch lange in der Luft hingen. U-Bahnen bildeten Duft-Räusche für Samuel. Auch Schweiß, Schmutz, manchmal Angst und Stress konnte er riechen, alle Gerüche erzählten von Menschenleben, von sehr unterschiedlichen.

Das Gespräch über die London-Reise hatte er von seinem Zimmer aus gehört. Wenn Samuel seine Tür offen ließ und niemand die Wohnzimmertür geschlossen hatte, hallten die Worte im großen Treppenhaus empor und kamen, wenn auch leicht verklingend, noch bei ihm oben an. Manchmal ließ er die Tür offen, um auch das zu wissen, was man ihm lieber verschwieg. Wer wohin fuhr. Ohne ihn natürlich. Wer wen besuchte. Ohne ihn natürlich. Wer zu welchem Empfang, zu welcher Party ging. Ohne ihn natürlich.

Manchmal schloss er auch die Tür, um nicht zu hören, wie seine Mutter über ihn sprach. Über ihn, die große Last, die Bürde, das Ungeheuer mit den verdrehten Augen, die wohl so schrecklich aussahen. Auch zu Hause zog er mittlerweile immer die dunkle Brille an, um nicht auch noch ihren Ekel zu spüren, wenn er ins Zimmer kam. Natürlich, seine Mutter ließ ihn also nicht mit nach London kommen. Dieser winzige Funke Hoffnung gestern Abend verblasste als einfach nur albern. Er löste seine immer noch in das Geländer verkrallte Hand und wischte die Träne fort, die über seine Wange lief. Und dann spürte er etwas Kühl-Nasses an seiner Hand. Nanuk stupste ihn mit seiner feuchten Schnauze an und leckte ihm über die Hand. Samuel ließ sich einfach auf die Treppenstufe sinken und verbarg sein Gesicht in dem weichen Fell des großen Hundes. Ihn hatte er. Nanuk stand immer bei ihm, ganz besonders wenn Samuel traurig war. Offenbar konnte Nanuk noch besser riechen als er selbst. Glück und Traurigkeit und alle Stimmungen dazwischen. Nun leckte er Samuel auch noch über das Gesicht. Wenn seine Mutter das sah, begann sie zu kreischen und der Ekel-Geruch von ihr schwallte über Meter hin zu Samuel. Er wusste nicht genau, wen sie mehr verabscheute. Ihn oder Nanuk. Sie ekelte sich vor ihnen beiden. Sie hatte den Hund erst zugelassen, als man ihr erklärte, dass ein Hund Samuel helfen würde, sich allein zurechtzufinden, im Haus, im Garten, bei Spaziergängen, und ihm vielleicht als Erwachsenem sogar ermöglichen könnte, ein eigenständiges Leben außerhalb des Elternhauses zu führen. Das hatte ihr eingeleuchtet. Die Vorstellung, Samuel schon jetzt mehr aus dem Haus haben zu können und in absehbarer Zeit vielleicht sogar ganz, schien ihr zu gefallen. Da hatte der Erleichterungs-Geruch sogar ihren Ekel-Geruch verdrängt.

Nanuk war mit zwei Jahren zu ihnen gekommen. Ausgebildet als Blindenhund. Wenn Samuel den noch jungen Hund im Garten freiließ, tollte er herum, apportierte stundenlang die ihm hingeworfenen Bälle.

Auf der Wiese, die nicht weit vom Haus entfernt lag, trafen sie andere Hunde. Wenn Samuel Nanuk vom Geschirr ließ, spürte er seine Ausgelassenheit und Lebensfreude, wie er rannte, spielte und mit den anderen Hunden balgte. Sogar seine etwas tieferen und grummeligen Töne in Richtung der anderen Rüden und die weicheren, freundlich auffordernden, fast einschmeichelnden bei weiblichen Hunden.

Die Lebenslust, die Nanuk ausstrahlte, ging auch auf Samuel über. Kurz bevor er Nanuk kennengelernt hatte, hatte Samuel gerade seinen 13. Geburtstag gefeiert. Zu der Zeit war ihm schmerzlich bewusst geworden, dass er am Leben seiner Altersgenossen nicht teilhaben konnte. Früher hatte er mit anderen spielen, neben ihnen seine Spielzeugautos fahren lassen, Legotürme aufbauen oder alle Teddybären zu Bett legen können. Aber als Jugendlicher auf Partys zu gehen, zu shoppen oder gar eine Freundin zu haben, blieb undenkbar. Erst recht, nachdem er nicht mehr auf die allgemeine Schule gehen durfte. Als Samuel Nanuk bekam, vertrieb dieser die unendliche Traurigkeit, die sich wie ein zentnerschwerer Schleier auf ihn gelegt hatte. Mit Nanuk konnte Samuel wieder Lebensfreude spüren. Hinausgehen, in die Natur, sich an Sonne, Regen oder Schnee gleichermaßen freuen. Alles war schön.

Noch etwas geschah auf der Hundewiese. Dorthin kamen andere Herrchen und Frauchen. Und sie sprachen mit Samuel. Zumindest als sie sich daran gewöhnt hatten, dass er ebenso wie sie mit dem Hund zur Wiese lief und ihn dort mit den anderen Hunden spielen ließ. Dass er ebenso stehen blieb und den Hunden, auch wenn er sie nicht sehen konnte, so doch zuhörte. Bald hatten die Menschen, die fast täglich zur Wiese kamen, verstanden, dass Samuel nicht sehen, aber sehr wohl reden konnte. Vermutlich gab es einige Hundebesitzer und Hundebesitzerinnen, die ihn nur ansahen und nicht ansprachen, er erkannte diese an ihren Hunden, deren Bellen und Rennen er genau unterscheiden konnte. Doch andere unterhielten sich mit ihm. Endlich hatte er wieder Kontakt zu Menschen.

Nach der Grundschule hatte ihm seine Mutter einen Privatlehrer besorgt, der ihn täglich im Studierzimmer des großen Hauses unterrichtete. Angeblich, weil er so optimal betreut wurde. Samuel glaubte eher, dass es ihr zu beschwerlich war, ihn in die Behindertenschule zu fahren. Und zu peinlich. Herr Johann sprach immer freundlich zu Samuel und lehrte ihn auf kluge und sachliche Weise den Stoff. Statt eine ganze Horde Kinder in einer Klasse zu betreuen, die er mit seiner sanften, leisen Stimme und der übervorsichtigen und etwas menschenscheuen Art wohl nicht hätte bändigen können, zog er es vor, Samuel allein zu unterrichten. Samuel liebte die Stunden bei ihm. Herr Johann beherrschte alle Fächer. Über etwas anderes als den Schulstoff allerdings sprach er nie.

Auf der Hundewiese redeten die Menschen über alles Mögliche. Über das Wetter, über ihre Krankheiten, über ihre Kinder oder die Arbeit. Und natürlich über ihre Hunde. Sie unterhielten sich, während die Vierbeiner tobten, und schlossen Samuel mit ein, der immerhin auch beim Wetter und den Hunden mitsprechen konnte.

*

Herbert lag auf der Matratze in seinem Wohnwagen und rauchte eine Zigarette. Er sah den Rauchkringeln nach, die langsam nach oben zur Decke stiegen, die das Nikotin bereits ziemlich gelb verfärbt hatte. Eine Pfote legte sich auf seinen Bauch. »Nein, Bella, wir sind doch gerade erst draußen gewesen.« Die Pfote schob sich noch ein wenig weiter und ein Hundekopf legte sich daneben. »Und heute Nacht musste ich arbeiten. Ich bin müde.« Bella schien das nicht zu beeindrucken, denn nun legte sie auch noch die zweite Pfote auf ihn und drückte sich mit ihrem Bauch quer über seine Brust. Diese Zeichen waren unmissverständlich. Selbst wenn er ihr jetzt noch mehr erklären würde – und dass sie ihn genau verstand, daran bestand kein Zweifel –, würde sie ihm nur so lange das Gesicht lecken, bis er endlich aufstand. »Ich habe von drei Uhr nachts bis fünf Uhr gearbeitet«, versuchte er es noch mal, obwohl ihm völlig klar war, dass sie das keinesfalls als Argument respektieren würde. Nun ja, um eine richtige Arbeit handelte es sich ja nicht. Aber eben doch um eine Nachtarbeit. Allerdings sah Bella das anders.

»Okay, okay.« Er stand auf, drückte die Kippe im Aschenbecher aus, der auf der Matratze stand, und zog sich die Jacke an. Bella wedelte mit ihrem kleinen Stummelschwanz. Als Straßenhund kam sie aus Rumänien. Irgendjemand hatte ihr wohl den Schwanz abgeschnitten. Solche Arschlöcher, hatte Herbert gedacht, als man ihm das erzählt hatte. Er hatte die magere, gestreifte Mischlingshündin, die selbst er als objektiv hässlichsten Hund der Welt ansah, Bella getauft, denn für ihn schien sie trotz aller Objektivität die Schönste. Als ob das Äußere zählte. Sein Äußeres mochten auch viele nicht. Klar, er kam höchstens einmal die Woche ins Schwimmbad zum Duschen. Oder ins Obdachlosenheim, das er aber hasste. Es gab eben kein fließendes Wasser hier im Wohnwagen. Immerhin das Chemie-Klo, das er hinter dem Wagen in den kleinen Schuppen gestellt hatte. Dass sein Onkel ihm dieses kleine Grundstück am Waldrand hinterlassen hatte, wurde zu seinem großen Glück. So kam er einigermaßen durch. Auch mit den nächtlichen Runden.

Er und die Schönste aller Schönen verließen den Wagen und gingen zur Hundewiese.

*

Dass der Mann, der sich neben ihn stellte, ein Raucher war, bemerkte Samuel sofort, denn nach dem Klicken des Feuerzeugs qualmte die Zigarette.

»Hi«, sagte dieser.

»Hi«, antwortete Samuel.

»Gestern wohl zu viel gefeiert, was?«, fragte der Mann und lachte.

Samuel verstand die Frage nicht und zuckte nur leicht mit den Schultern.

»Da sind wir beide heute wohl die Schwarze-Sonnenbrillen-Combo. Ich muss auch meine Augenringe verdecken.« Kumpelhaft stieß er Samuel an.

Samuel grinste etwas in sich hinein. Für die Hundewiese zog er nie die gelbe Armbinde an. Der Raucher glaubte wohl, er trüge die Brille zum Schutz vor der Sonne. Und der Mann glaubte, er sei ein Jugendlicher, der gestern zu lang gefeiert hatte. Das fühlte sich schön an für Samuel.

»Welcher ist deiner?«, fragte der Raucher.

»Der da, der aussieht wie ein Wolf.« Samuel deutete in die Richtung, wo er Nanuk hörte. Er wusste, dass mit dieser Beschreibung alle seinen Hund sofort erkannten. Oft genug hatte man ihn gefragt, ob sein Hund ein Wolfshund sei, so ähnlich sah er diesem Wildtier. Nanuk war eine Mischung aus einer weißen Schäferhündin und einem Vater, der wiederum ein Mix aus Labrador und Husky-Berner-Sennenhund war. Manchmal stellte Samuel ihn, wenn die Leute fragten, als »Schähulabese« vor, worauf die anderen bedeutungsvoll nickten und nur selten nachfragten. Falls es doch mal jemand tat, erklärte er: »Ein Schäferhund-Husky-Labrador-Berner-Sennenhund – ein Schähulabese eben.« Dann lachten die Leute und das Eis war gebrochen, die Wand verschwunden, die sonst immer schwebte zwischen ihm, dem blinden Jungen, und den anderen, die sich offenbar fürchteten, mit ihm Kontakt aufzunehmen. Dann wurde gefachsimpelt über Hunderassen, Charaktere und spezifische Krankheiten. Über Mischlingshunde und deren Vorteile.

Nanuk lernte so schnell und klug wie ein Schäferhund. War so liebevoll und kuschelig wie ein Labrador, so aufmerksam und treu wie ein Husky und so gutmütig wie ein Berner Sennenhund. Ein sehr besonderer Hund, bestätigten ihm immer auch die anderen auf der Hundewiese. Den anderen Hunden gegenüber kontaktfreudig, freundlich, vorsichtig und voller Spiellust. Ein helles Gesicht, das nach oben in ein dunkles Goldbraun verlief. Eine wollweiße, weiche Brustbehaarung. Und ein graubrauner Ton des Rückens. Die anderen sagten es ihm. Nanuk sah edel aus, außergewöhnlich, wunderschön. Und eben wie ein Wolf.

»Wow. Das ist ein cooler Hund«, sagte der Raucher. »Da kann meine Töle nicht mithalten«, lachte er und zeigte vermutlich auf seinen Hund. Seine vom Rauchen raue Reibeisenstimme klang bei diesem Satz voller Liebe und Freundlichkeit. Er legte auf das Aussehen seiner Hündin offensichtlich keinen Wert. Ebenso wie Samuel, für den Nanuk der klügste, liebevollste und treueste Begleiter war, sein bester Freund eben. Sein einziger.

Der Raucher sah, Samuel hörte dem Spiel der Hunde zu. »Nanuk mag sie, Ihre Hündin«, sagte Samuel, der ihr Geschlecht an den weichen Tönen erkannt hatte. »Wie heißt sie?«

»Bella.« Wieder lachte der Mann. »Wie sonst!«

Samuel verstand, dass sie wohl für andere Augen nicht besonders gut aussah. »Ich finde sie wunderschön«, erklärte er.

»Du bist mein Kumpel«, hörte Samuel ihn noch sagen, bevor ihn ein heftiger Schlag auf die Schulter traf. Ein freundschaftlich-herber Männerschlag. Doch dieser völlig unerwartete Hieb brachte ihn ins Wanken. Er versuchte, einen Schritt zur Seite zu gehen, stolperte dabei über eine Wurzel und fiel der Länge nach hin. Mit dem Kopf auf einen Stein. Ein stechender Schmerz durchfuhr ihn.

»Scheiße«, hörte er den anderen neben sich sagen. Der Mann hatte sich zu ihm gekniet. Dann folgte Stille. Samuel richtete sich auf und spürte, dass seine Brille bei dem Sturz heruntergefallen war. Und er spürte genauso das Erstaunen des Mannes, der nun wohl sah, dass Samuel keine Augenringe mit der dunklen Brille verdeckt hatte, sondern seine Augen, die den Gegenüber nicht fixierten.

»Scheiße«, wiederholte er und brauchte anscheinend noch einen Moment, um zu erfassen, dass der Jugendliche neben ihm nichts sehen konnte. »Scheiße.« Ein drittes Mal. »Du blutest.«

Samuel fasste sich an die Stirn und erfühlte die warme Flüssigkeit.

»Nicht gut.«

Samuel versuchte aufzustehen, aber ihm wurde schwindelig. Der Mann griff ihm unter den Arm und hielt ihn fest.

»Meine Brille«, sagte Samuel und wollte sich bücken. Sie musste auf dem Rasen liegen.

Der Mann hielt ihn fest. »Sachte, junger Mann, die ist eh hin.« Wieder ein seltsamer Moment des Schweigens. »Also weißt du, ich finde, die brauchst du auch nicht. Du musst ja keine Augenringe verbergen.« Samuel lachte. Und der andere schlug ihm mit seiner freien Hand noch einmal kumpelhaft auf die Schulter, hielt ihn aber fürsorglich mit der anderen fest. »Tut mir leid, ich wollte dich wirklich nicht umhauen.«

»Ist klar«, antwortete Samuel. »Nanuk!«, rief er und spürte nur Sekunden später den Hund an seiner Seite.

»Wow. So hört meine süße Töle nicht.«

Samuel wollte sich bücken, um Nanuk das Geschirr anzulegen, das er in der Hand hielt. Er schwankte, noch immer fühlte er sich schwindelig.

»Hey, du kannst kaum gerade stehen. Und das Blut fließt dir schon übers Kinn. Also, mein Wohnwagen steht gleich da hinten. Und ich habe einen Verbandskasten. Du kommst jetzt erst mal mit zu mir.«

Samuel hatte keine Wahl, denn er fühlte sich kaum in der Lage, den Weg nach Hause zu gehen. Aber er wollte auch gar nicht widersprechen. Der Mann neben ihm roch nach Rauch und nach Freundlichkeit. Auch Nanuk lief um ihrer beider Beine und wedelte dabei mit dem Schwanz.

Samuel konnte fühlen, dass er den Mann mochte. Und darauf war Verlass.

»Ich heiße Herbert«, sagte der Raucher. »Bescheuerter Name«, fügte er hinzu und Samuel spürte sein Grinsen dabei. »Ich sollte eigentlich John heißen oder Dave oder so ein cooler Western-Name. In meinem Herzen bin ich ein Cowboy.«

Samuel lachte. »Hi, John.«

Er ließ sich von ihm führen und stieg zwei Stufen hoch in einen Wohnwagen. Die beiden Hunde folgten ihnen. In einem Wohnwagen hatte Samuel noch nie gestanden. Fast so aufregend wie in der U-Bahn. Es roch muffig, aber nach Leben. Nach Erlebnissen, nach Reisen, nach Spaß und Party. Und ein klein wenig nach Einsamkeit. Diesen Geruch kannte er aus seinem eigenen Zimmer.

Herbert alias John kramte irgendwo herum und brachte dann einen metallen scheppernden Verbandskasten mit. Zuerst drückte er minutenlang mit einem Wattebausch auf die Wunde, bis Samuel selbst merkte, dass das Blut aufhörte zu laufen. Dann nahm John eine Mullkompresse, legte sie über die Wunde und klebte sie mit einem Fixierpflaster fest.

»So. Ein wenig Blut hast du verloren. Aber das verkraftet ein Junge wie du schon. Soll ich dich jetzt nach Hause bringen?«

Samuel schüttelte den Kopf. Wie auch immer John-Herbert aussehen mochte, mit Sicherheit nicht so, dass seine Mutter begeistert wäre, wenn er Samuel nach Hause führte. »Nanuk bringt mich zurück. Kein Problem!«

»Echt nicht?«

»Echt nicht.«

»Okay. Aber dann bleibst du erst noch hier, bis ich sicher weiß, dass du nicht umkippst beim Nachhausegehen.«

»Okay«, sagte Samuel.

Dann begannen sie zu sprechen. Nicht über das Wetter. Sondern irgendwie über alles. Über die Schule, die John-Herbert besucht hatte und in der sich die Jungs jeden Tag die Nase blutig geschlagen hatten. Nur wer zur Gang gehörte, kam durch. Über Samuels Lehrer Herrn Johann, der so sanft auftrat, dass ein Windhauch ihn hätte umhauen können. Und über die Ausbildung eines Blindenhundes.

»Wie ist das passiert?«, fragte der Raucher und zündete sich die dritte Zigarette an.

Samuel verstand die unvermittelte Frage sofort. »Es war schon immer so«, erklärte er. »Ich bin zu früh geboren. Und war blind.«

»Siehst du gar nichts mehr?«

»Gar nichts.«

Und dann fragte Herbert nach dem Blindsein. Was noch nie jemand getan hatte. Wie es sei. Ob es schwarz sei – nein, Samuel sah nur eben nichts. Ob Samuel sich Farben vorstellen könne – nein, aber er verbinde die Farbe Rot mit dem Duft einer Rose. Weil man ihm gesagt habe, sie sei rot. Gelb mit der Sonne. Blau mit dem Wasser. Er rieche die Farben, er spüre sie.

Wie bewegte man sich, fragte der Mann weiter – indem man fühle. Oder mit Nanuk. Nanuk sei seine Augen. »Mein Ein und Alles«, sagte Samuel.

»Wie für mich meine Bella«, antwortete der Mann.

Wie Samuel lerne, wollte John-Herbert wissen – wie jeder andere auch, nur ohne Heft. Ja, er beherrsche die Braille-schrift, habe er von Anfang an gelernt, aber er schreibe selten etwas auf, er habe es in seinem Kopf.

Tausend andere Fragen, die ihn noch nie jemand gefragt hatte. Es fühlte sich richtig an, dass er gefragt wurde, und gut, sein Blindsein zu erklären, und am schönsten, dass Herbert dies wissen wollte und ihm zuhörte. Während sie miteinander sprachen, lagen Nanuk und Bella eng aneinandergekuschelt zu ihren Füßen.

So begann die Freundschaft zwischen dem blinden Samuel und Wohnwagen-John. Weil beide sich mochten. Weil es keine Bedeutung mehr hatte, wie John aussah. Und ebenso bedeutungslos, dass Samuel nicht sehen konnte. Fast jeden Nachmittag trafen sie sich an der Hundewiese, unterhielten sich, dachten gemeinsam nach, philosophierten und erzählten sich ihre Wahrheiten. Dass John eine ziemlich verkrachte Existenz hatte, nie einen Beruf gelernt oder ausgeübt hatte. Dass Samuel einsam war.

John erklärte ihm, dass Samuels Mutter scheiße sei und er dies auch denken und fühlen dürfe und sogar ihr ins Gesicht sagen solle und dass er in wenigen Jahren frei sei. Samuel erklärte John, dass er so leben dürfe, wie er wolle, sich nicht für seinen Wohnwagen schämen müsse und seine alten Freunde wieder einmal besuchen solle.

Und sie beide taten, was der andere riet. Denn sie waren Freunde.

*

Was er hörte, klang nicht wie das aggressive Aufschließen seiner Mutter, aber genauso wenig wie das vorsichtige des Vaters oder das korrekte von Herrn Johann. Samuel richtete sich in seinem Bett auf und tastete auf die Blindenuhr. 3:35.

Es war ein Knacken. Im Haustürschloss. Aber ein Knacken, das sagte, dass die Tür dies eigentlich nicht wollte. 110, schoss es Samuel durch den Kopf. Alles klar. Er langte auf das Nachtkästchen neben sich, er tastete, kein Handy. Er hatte es im Studierzimmer gelassen, für ihn bedeutete ein Handy nicht so viel wie für andere in seinem Alter. Zum Spielen konnte er es nicht gebrauchen. Er konnte nur Sprachnachrichten sprechen und hören.

Er könnte nach seinen Eltern rufen. Doch die schliefen unten und seine Rufe würde der Einbrecher hören. Denn daran bestand kein Zweifel, es musste ein Einbrecher sein. Nanuk war aufgewacht, wie immer, wenn Samuel sich aufrichtete, und stand neben seinen Beinen. Samuel durchfuhr eine Angst, die er selten verspürt hatte. Gleich würde Nanuk knurren, hinunter zum Feind rennen. Wenn der Einbrecher eine Waffe hatte, würde er den Hund erschießen. »Pst«, er berührte Nanuks Schnauze.

Samuels Gedanken rasten. Ginge er hinunter, liefe er dem Einbrecher genau in die Arme. Unsinn. Er blieb einfach hier. Der wollte sicher nur Geld. Sollte er doch alles nehmen, was sich hier befand. Samuel würde sich nicht rühren, dann würde ihm auch nichts geschehen. Und seine Eltern hatten das leise Knacken des Schlosses sicher nicht gehört.

Samuel hörte Schritte unten im Flur. Dann nahm er ein Huschen wahr, ein Streifen. Nanuk war losgelaufen. »Nanuk«, flüsterte er, doch der Hund befand sich bereits auf dem Weg die Treppe hinunter. Angst stieg in Samuel auf. Nicht Nanuk. Auf keinen Fall, nichts durfte ihm geschehen. Nun gab es kein Zögern mehr. Er stand auf und lief zur Tür. »Nanuk«, wiederholte er leise. Der Hund kehrte nicht zurück. Jetzt war es Panik, die Samuel Schritt für Schritt vorwärtstrieb. Die Treppe hinunter, die Hand auf dem hölzernen Griff. Ob der Einbrecher Licht gemacht hatte und ihn sah? Unwahrscheinlich. Samuel konnte leise schleichen.

Er wusste, ab wann andere Menschen etwas hörten. Stufe für Stufe hinunter. Warum knurrte Nanuk nicht? Warum kam er nicht zurück zu ihm? Er blieb sonst immer an seiner Seite. Wieder hörte er etwas knacken. Er kannte das Geräusch nicht. Das Klicken einer Pistole?

Er schrie. »Nanuk!«

»Scheiße.«

*

»Samuel?« Die Stimme seines Vaters erklang.

Samuel erstarrte. Er hörte ein leises Winseln von Nanuk. Und er wusste ganz genau, was dies zu bedeuten hatte.

»Samuel?«

Samuel hörte, wie sein Vater aus dem Bett aufstand. »Alles ist gut!«, rief er schnell. »Nur ein Traum. Alles gut. Schlaft weiter.«

»Entsetzlich«, kommentierte seine Mutter. »Ein entsetzliches Kind.«

Sein Vater legte sich offenbar zurück ins Bett.

Stille.

Und dann noch mal, dieses ganz eigene, unverkennbare Winseln von Nanuk. Alles war nun klar. Und doch absolut unverständlich.

Es gab nur eine einzige Hündin, bei der Nanuk dieses liebevolle Winseln von sich gab. Und nur einen Menschen. Bella. Und John-Herbert.

Er lief weiter. Unhörbar. Und doch glaubte er, dass ihn von unten jemand ansah.

Und noch mal hörte er: »Scheiße.«

»John«, sagte Samuel leise.

Es kam keine Antwort, aber er spürte das Nicken.

Und dann roch er es. Die unendliche Traurigkeit. Eine Traurigkeit von Ertapptsein und Scham. Eine Traurigkeit, die man nur vor einem Freund haben konnte, der einen bei etwas erwischt hatte, das man selbst nicht tun wollte, das sich nicht gut anfühlte.

Samuel ging die letzten Stufen hinunter. Er roch ihn, direkt vor sich. Dieser starke Dunst von Rauch. Und die Freundlichkeit. Und Freundschaft. Er holte mit der Hand aus und hieb ihm fest auf die Schulter. »Hi, Kumpel.«

John-Herbert schwankte nicht, aber in ihm schien alles zu zerfallen. Kein John mehr, nur noch ein Herbert. Der sich schämte.

Nun spürte Samuel Nanuk, der zwischen ihren beiden Beinen stand und mit dem Schwanz wedelte. So wie damals, als Samuel und John-Herbert sich zum ersten Mal getroffen hatten. Wie ein Hund, der seine zwei Lieblingsmenschen begrüßt und zueinanderbringt.

*

Samuel drehte sich um und entfernte sich ein paar Schritte von Herbert. Nanuk rannte zwischen den beiden hin und her. Ein Hütehund, der möchte, dass seine Herde, seine geliebte Familie, zusammenbleibt. Verwirrt, verwundert, entsetzt.

»Samuel«, flüsterte es in seinem Rücken. »Bitte geh nicht. Bitte.«

Samuel lief weiter. Ins Wohnzimmer hinein. Hinter sich hörte er Schritte, die ihm folgten. Verzweifelte Schritte, bittende Schritte.

»Verachte mich nicht. Bitte.«

Noch einen Schritt weiter. Bis Samuel vor der Wand stand.

Dann nahm er ein Bild herunter. Dahinter verbarg sich ein Tresor, den er mit einer Zahlenkombination öffnete. Seine Mutter verwendete natürlich nur ihren eigenen Geburtstag.

Er nahm etwas heraus, drehte sich um, fasste Herberts Hände, öffnete sie und ließ es hineinfallen.

»Nein, bitte. Samuel, verachte mich nicht. Ruf die Polizei. Aber bitte, verachte mich nicht.«

Samuel schloss Herberts Hände, sodass sie etwas Spitzes umfassten. »Meine Mutter liebt sie. Sie holt sie manchmal heraus und lässt sie nur durch ihre Hände gleiten. Nicht weil sie schön sind. Sondern weil sie wertvoll sind.«

»Nein.«

»Doch. Fünf Karat. Geh.«

Er ging, und Samuel fühlte, dass Herbert nicht mehr John bleiben konnte. Dass die nächtlichen Streifzüge aufhören würden.

Samuel drehte sich um und lief, gefolgt von Nanuk, die Treppe hinauf. Auf dem Weg zu sich selbst.

VITAE DER AUTOR*INNEN

Catharina Aydemir wurde in München geboren. Nach dem Grafikdesign-Studium und über einem Jahrzehnt in einer Werbeagentur war sie in einem Buchverlag tätig und arbeitet nun als freie Grafikerin und Autorin.

Wie ihre Protagonistin ist sie hauptsächlich als Urlaubssitterin auf den Hund gekommen. Ihre Liebe zu Tieren ist trotzdem groß. Unter dem Pseudonym Catharina Eidinger veröffentlichte sie das Kochbuch »Bayerische Küche vegan«. Seit einigen Jahren lebt sie mit ihrem Mann, ihren beiden Kindern und vier Schildkröten im Süden von München.

*

Raoul Biltgen, geboren 1974 in Esch/Alzette, Luxemburg. Hat seinen ursprünglichen Beruf als Schauspieler nach vielen Jahren an den Nagel gehängt, um neben dem Schreiben von Theaterstücken, Romanen und Kurzprosa seinem zweiten erlernten Beruf als Psychotherapeut nachgehen zu können. Lebt seit mittlerweile 30 Jahren in Österreich, seit Kurzem in einem Dorf im Burgenland, was vor allem Hunde-Dame Maroni sehr freut, weil die Wiese vor der Tür und der Wald ums Eck liegen. Der Rauhaardackel-Schnauzer-Mischling (kurz Schnackel) war auch schon in zwei (bisher unveröffentlichten) Kinderromanen rund um Lani, Franz, Paul

und Sakura Vorbild für die sturköpfige Luise Huhn. Raoul Biltgen hat mehrere Auszeichnungen für seine Theaterstücke, die in ganz Europa und darüber hinaus gespielt werden, erhalten, er hat aber auch mit der fünften Nominierung innerhalb von sieben Jahren 2021 den renommierten Glauser-Preis in der Kategorie Kurzkrimi gewonnen.
www.raoulbiltgen.com

*

Als Kind brachte **Bettina Brömme** es in ihrer Heimatstadt Karlsruhe nie weiter als bis zu einem Meerschweinchen – Hunde waren ihr, genau wie dem Helden ihrer Geschichte, komplett suspekt. So wurde sie auch Germanistin und nicht Biologin, auch wenn sie während ihres Volontariats bei einer Zeitschrift die »grüne Seite« betreute. In ihrer heutigen Münchner Heimat freut sie sich über die netten Zamperl ihrer Nachbar*innen, die sie gerne mal streichelt, knuddelt und bespielt. Aber dennoch ist sie nach wie vor froh, wenn sie sich verpflichtungsfrei an ihren Schreibtisch setzen und weiter ungestört Romane, Hörbücher und Kurzgeschichten für Jugendliche und Erwachsene schreiben darf.
www.bettinabroemme.de

*

Nadine Buranaseda ist gebürtige Kölnerin mit thailändischen Wurzeln väterlicherseits und lebt bei Bonn. Sie studierte Deutsch und Philosophie und wurde im Hörsaal entdeckt. 2005 veröffentlichte sie ihren ersten Krimi – einen Jerry-Cotton-Roman, dem bis heute mehr als ein Dutzend folgten. Die mehrfach ausgezeichnete Autorin war von

2015 bis 2018 Chefredakteurin des SYNDIKATs. Nach zweieinhalb Jahren als feste Lektorin bei Bastei Lübbe hat sie sich 2019 mit typo18 – für gute texte als Lektorin und Autorencoach selbstständig gemacht. In ihrer Freizeit trailt sie mit ihrem Flat Coated Retriever Birdy, der sie zu ihrer Geschichte inspiriert hat.

www.nadineburanaseda.de und www.typo18.de

*

Stefanie Gregg, geboren 1970 in Erlangen, studierte Philosophie, Germanistik und Theaterwissenschaften. Sie promovierte über »Das Lachen«.

Sie schreibt Romane, Kriminalromane und Kurzgeschichten.

Ihr großer, seit Kindheit unerfüllter Traum war ein Hund. Als ihre Tochter diesen Traum tränenreich unterstützte, stand ihr Mann »plötzlich« vor zehn wuselnden Wollknäueln. Auch ihm war klar, dass es kein Entkommen mehr gab. Während Mutter und Tochter sich eigentlich auf ein »Mädchen« verständigt hatten, deutete der Vater auf einen kleinen Rüden und sagte: »Wenn schon, dann der da.« Und der war es dann auch, er wurde ein Familienmitglied und ließ auch die Vorurteile des Mannes dahinschmelzen. Er war eine faszinierende, wolfsartige Mischung aus weißem Schäferhund, Berner Sennen, Husky und Labrador. Über viele Jahre war er Stefanie Gregg ein treuer Begleiter, ihr geliebter, wundervoller, einzigartiger Nanuk, dem sie mit der Kurzgeschichte in diesem Band eine Hommage erweisen konnte.

www.stefanie-gregg.de

*

Laszlo Hartmann lebte in einem von Frauen besetzten Haus und jobbte als erste weibliche Türsteherin Kreuzbergs in einer Szenediskothek. Nebenbei studierte sie Allgemeine und Vergleichende Literaturwissenschaften und Publizistik. Bis 2019 arbeitete sie als TV-Autorin, Redakteurin und Regisseurin, seitdem in der Öffentlichkeitsarbeit. Sie schreibt Kurzprosa, bereits zahlreich veröffentlicht, ist eine Mörderische Schwester und arbeitet an ihrem ersten Roman. Ihr Leben in der Großstadt und als Selbständige passte nie wirklich zum eigenen Hund. Sie sittet jedoch leidenschaftlich die Hunde der Nachbarn, Freundinnen und Kollegen.

www.hauptsache-geschichten.com

*

Thomas Kastura, geboren 1966 in Bamberg, studierte Germanistik und Geschichte und arbeitet seit 1996 als Autor für den Bayerischen Rundfunk. Er hat zahlreiche Erzählungen, Jugendbücher und Kriminalromane geschrieben, u. a. »Der vierte Mörder« (2007 auf Platz 1 der KrimiWelt-Bestenliste). Unter dem Pseudonym Gordon Tyrie schreibt er Thriller, die auf den Hebriden angesiedelt sind, zuletzt erschien »Schottenkomplott« (2022). Für die Erzählung »Genug ist genug« ist er 2017 mit dem Glauser-Preis ausgezeichnet worden. Mit dem ebenso treuen wie wehrhaften Pudel Sissi verbindet ihn eine schmerzensreiche Freundschaft.

*

Beatrix Mannel war nach ihrem Theater- und Sprachwissenschaftsstudium als Redakteurin und später auch als

Autorin für verschiedene Fernsehsender, Produktionsfirmen und das Radio tätig. Seit 2001 hat sie über 40 Bücher geschrieben. Sie liebt es, ihre Erfahrung als Autorin in kreativen Schreibkursen und Coachings weiterzugeben.

Auf den Hund ist sie schon als Kind gekommen: Da waren der lustige Nicky, Omas Cockerspaniel, und die schwarzen Pudeldamen der jüngsten Tante. Angst hatte sie vor Arko und Quigley, den zwei fiesen Collies ihrer Patentante, die ganz und gar nicht wie Lassie waren und die sie in ihrem Roman »Alabasterball« böse verewigt hat. Zum Glück wartete zu Hause immer die liebe Flora, eine unendlich geduldige Dackeldame. Doch all diesem Hundeglück wurde jäh ein tragisches Ende gesetzt – Auftritt: die Hundeallergie.

www.beatrix-mannel.de

*

Edith Anna Polkehn liebt Krimis und begeht gerne Morde am Papier, aber im realen Leben hat sie ein großes Herz: Vor vielen Jahren hat sie ein in einem Mülleimer ausgesetztes Hundebaby aufgenommen und großgezogen. Der Border-Collie-Mischling Socki durfte natürlich für immer bleiben und war für 17 glückliche Jahre nicht nur Spielkamerad ihrer Kinder, sondern auch Wanderbegleiter und Seelenfreund für die ganze Familie. Die mit mehreren Literaturpreisen ausgezeichnete Autorin setzt mit der Kurzgeschichte »Waidmannsheil« der Intelligenz und der bedingungslosen Liebe des Hundes ein Denkmal.

www.edithpolkehn.de

*

Barbara Saladin wurde an einem Freitag, dem 13., geboren und lebt heute als freie Autorin, Journalistin und Texterin in einem kleinen Dorf im Oberbaselbiet/Nordwestschweiz. Sie schreibt Kriminalromane und Kurzgeschichten, Reiseführer und Theaterstücke, Sach- und Kinderbücher, Artikel und Reportagen; sie textet, fotografiert, recherchiert, lektoriert, moderiert und organisiert. 2017 erhielt sie den Kantonalbankpreis Kultur. In ihrer Krimireihe rund um den Hofhund Vasco schreibt sie u. a. auch aus der tierischen Perspektive. Im wahren Leben ist sie seit Jahrzehnten mit Hunden unterwegs und seit 2023 Chefredaktorin der Fachzeitschrift »Hunde« der Schweizerischen Kynologischen Gesellschaft SKG.

www.barbarasaladin.ch

*

Ingrid Werner hatte das große Glück, 15 Jahre, 7 Monate und 7 Tage mit der besten, liebsten und klügsten Hündin der ganzen Welt zusammenleben zu dürfen. Ihrer Sammi widmet sie diese Anthologie. Neben Hunden liebt Ingrid Werner die Welt der Bücher und der Bilder. Sie arbeitet als Autorin und NeuroGraphik-Trainerin.

www.werner-ingrid.de

*

Christine Ziegler ist in Garmisch-Partenkirchen aufgewachsen. Sie studierte Restaurierungswissenschaften und arbeitete an unterschiedlichen Museen.

Heute schreibt und lebt sie mit ihrer Familie in der Nähe von München. Oft trifft man sie jedoch nicht am Schreibtisch, sondern unterwegs, wo sie Menschen, Hunden oder Kunstwerken zuhört. Alles und jeder erzählt. Daraus entstehen ihre Geschichten. Krimis schreibt sie übrigens auch unter ihrem mörderischen Pseudonym Leonie Kramer.

www.tine-ziegler.de und http://www.madlfing.de/

*Weitere Titel finden Sie auf den
folgenden Seiten und im Internet:*

WWW.GMEINER-VERLAG.DE

René Laffite
Der tote Bäcker vom Montmartre
Kriminalroman
320 Seiten, 13,5 x 21 cm,
Klappenbroschur
ISBN 978-3-8392-0577-8

Commissaire Geneviève Morel gilt als eine der erfolgreichsten Ermittlerinnen der Pariser Polizei. Ihre Aufklärungsquote ist legendär. Kein Wunder, denn sie entstammt einer Familie von Kunstdieben und hat das Geschäft der anderen Seite von Kindheitsbeinen an gelernt. Doch der Familiensegen hängt schief. Welcher Meisterdieb will schon einen »Flic« in den eigenen Reihen haben? Bei der Aufklärung des Mordes am bekanntesten Pariser Bäcker muss Geneviève alle Register ziehen – und das bedeutet auch, die kriminellen Kontakte der eigenen Familie zu nutzen.

GMEINER SPANNUNG

WWW.GMEINER-VERLAG.DE
Wir machen's spannend